# 实体门店业绩增长100招

郑国发 ———— 著

清华大学出版社
北京

## 内 容 简 介

《实体门店业绩增长100招》是一本专为实体门店经营者量身打造的实战指南。本书系统总结了提升门店业绩的100种策略,涵盖引流获客、成交转化及员工激励等10个章节10重维度。书中策略兼具实用性与创新性,不仅提供了具体的操作方法,还辅以丰富案例解析,帮助读者快速理解并应用。本书特色在于其全面性与可操作性,通过科学的逻辑分析与实战技巧结合,助力实体门店在竞争激烈的市场中脱颖而出。适合所有希望提升门店业绩、增强客户黏性的实体门店创业者和管理者阅读。

本书封面贴有清华大学出版社防伪标签,无标签者不得销售。

版权所有,侵权必究。举报:010-62782989,beiqinquan@tup.tsinghua.edu.cn。

**图书在版编目(CIP)数据**

实体门店业绩增长100招 / 郑国发著. -- 北京:清华大学出版社,2025.4.
(新时代·营销新理念).--ISBN 978-7-302-68677-4
Ⅰ.F717
中国国家版本馆CIP数据核字第20253ME105号

责任编辑:刘 洋
封面设计:方加青
版式设计:张 姿
责任校对:王荣静
责任印制:刘 菲

出版发行:清华大学出版社
    网 址:https://www.tup.com.cn,https://www.wqxuetang.com
    地 址:北京清华大学学研大厦A座 邮 编:100084
    社 总 机:010-83470000 邮 购:010-62786544
    投稿与读者服务:010-62776969,c-service@tup.tsinghua.edu.cn
    质 量 反 馈:010-62772015,zhiliang@tup.tsinghua.edu.cn
印 装 者:大厂回族自治县彩虹印刷有限公司
经 销:全国新华书店
开 本:170mm×240mm 印 张:17 字 数:295千字
版 次:2025年6月第1版 印 次:2025年6月第1次印刷
定 价:79.00元

产品编号:101183-01

# 前言
## PREFACE

### 感受增长的味道，开一家真正赚钱的实体门店

在我近二十年的零售行业的浸润中，营销与增长始终是我职业生涯的核心议题。每当与实体门店的经营者交流时，我总能感受到他们那份对业绩提升的渴望与焦虑。不论市场风云如何变幻，怎样为店铺带来持续的客源与盈利，始终是每一位店主心中的头等大事。

记得某次偶然的机会，我在一个不知名的小镇上，遇到了一位经营老年人服装店的老板。他的店铺看似不起眼，却已经营了十几年。交谈中，他向我倾诉了心中的困惑："郑老师，您在这方面这么有经验，能不能给我出出主意，怎么让我的店铺业绩再上一层楼？"他的眼神中充满了期待，他的苦恼也让我意识到，这样的需求绝非个例，而是广大实体门店经营者普遍面临的挑战。

从那时起，我便暗下决心，要将自己多年的营销增长经验进行总结与提炼，为更多像他一样的实体门店经营者提供切实可行的策略与指导。于是，便有了这本书——《实体门店业绩增长100招》。

这本书不仅是我对过往经验的总结，更是我对实体门店未来发展的深度思考。我相信，尽管市场环境在不断变化，但实体门店作为商业的重要组成部分，其地位与价值并未减弱，反而有着更多的潜力与机会等待我们去挖掘。

### 第1章：准备——业前五点准备好，后期增长见奇效

在开店之前，充分的准备工作是确保后续业绩增长的关键。我们常说"不打无准备之仗"，实体门店的经营也是如此。从入行选择、品类定义、

Logo 设计，到租赁关系处理、空间规划，每一个环节都蕴含着提升业绩的可能性。

例如，在入行选择时，应尽量避免盲目跟风，而是要结合自身的兴趣、资源与市场需求，选择具有增长潜力的行业与品类。同时，对店铺的 Logo 与品类名称进行优化，让顾客看一眼就能记住并产生兴趣，也是提升引流效果的重要手段。

在租赁关系处理上，与房东进行良好的沟通与合作，不仅能够降低租金成本，还能在店铺运营过程中获得更多支持与便利。而空间规划则直接关系到顾客的购物体验与店铺的销售效率，科学合理的布局能够显著提升顾客满意度与购买意愿。

## 第 2 章：引流——五个维度做引流，增长之源自然有

引流是实体门店业绩增长的第一步，也是至关重要的一步。通过线下门店、产品设计、价格策略、服务体验以及线上渠道等多个维度进行引流布局，可以全方位吸引顾客进店消费。

在线下门店引流方面，我们可以利用装修围挡、开业活动、地推等方式吸引周边顾客关注。同时，通过优化收银小票内容、设置精准地图标签等方式提升顾客到店转化率。

产品设计引流则强调产品的独特性与差异化。通过打造具有市场竞争力的 SKU 组合、推出爆品与赠品等方式吸引顾客眼球。同时，合理的定价策略也是提升产品销售量的关键。例如，我们可以利用价格锚定效应引导顾客选择高价值商品；通过限时折扣、买一赠一等促销活动激发顾客购买欲望。

服务体验引流则强调提升顾客在店铺中的整体感受。从员工的服务态度、专业技能到店铺的环境氛围、售后服务等方面进行全面优化。例如，通过一杯专属的菊花茶让顾客感受到店铺的用心与关怀；通过专业的顾问式服务帮助顾客解决购物过程中的疑惑与困扰。

线上渠道引流则是当前市场环境下不可忽视的一环。通过大众点评、小

红书、抖音等平台进行品牌推广与口碑营销；利用社群运营、分销裂变等方式扩大顾客群体。这些线上引流手段不仅能够覆盖更广泛的潜在顾客群体，还能有效提升店铺的知名度与影响力。

### 第3章：锁客——六种方式来锁客，增长有数又有趣

锁客是实体门店业绩增长的重要环节之一。通过会员制度、充值优惠、预付定金等方式将一次性顾客转化为长期客户是锁客策略的核心目标。

例如，我们可以推出会员卡制度为会员提供积分累积、专属折扣等福利，增强会员的归属感与忠诚度；通过充值优惠活动引导顾客进行预付费锁定未来消费；利用预付定金策略降低顾客流失率，提升订单转化率。

此外，我们还可以通过设置游戏化的锁客活动，如攒小黄鸭送礼品等方式，激发顾客的参与热情与购买欲望；通过扫码进群抢红包等社交互动方式增强顾客与店铺之间的黏性。

### 第4章："鱼塘"——六个步骤用"鱼塘"，增长稳定更久长

"鱼塘理论"是实体门店增长策略中重要一环。通过将目标客户群体视为"鱼塘"并通过精准定位、个性化服务、持续创新等方式进行深度开发与维护可以实现业绩的稳定增长。

在"鱼塘"构建过程中我们需要明确目标客户群体的需求与偏好；通过提供个性化的产品与服务满足他们的实际需求；通过持续的创新与升级保持与他们的紧密连接。同时，我们还需要注重与潜在客户的互动与沟通，以此建立信任关系并引导他们转化为实际客户。

### 第5章：成交——尽管大胆去成交，增长业绩有高招

成交是实体门店业绩增长的关键环节。通过优化销售话术、创造产品场景、提供独特的购物体验等方式，提升顾客的购买意愿与满意度是成交策略的核心目标。

例如，我们可以通过调整服务流程中的微小细节如邀请顾客坐下交流等

方式，提升顾客的购买体验；通过设计富有创意的产品陈列与展示方式吸引顾客的眼球；通过提供专业且贴心的咨询服务，帮助顾客解决购物过程中的疑惑与困扰。

此外，我们还可以利用成功案例分享、口碑传播等方式增强顾客对店铺的信任感与认可度；通过限时折扣、满额赠品等促销活动激发顾客的购买欲望并促进成交转化。

### 第6章：追销——八大工具去追销，增长就是这么巧

追销策略是实体门店业绩增长的重要手段之一。通过再销、增销、减销等多种方式引导顾客进行二次或多次消费可以实现业绩的持续增长。

例如，我们可以推出"第二杯半价"等再销活动吸引顾客追加购买；通过推荐高配版产品或服务，提升单次交易的客单价；通过提供性价比更高的减销方案满足顾客的实际需求并促进成交转化。此外，我们还可以利用跨销、搭销等方式提供个性化的产品组合与搭配建议，满足顾客的多样化需求并促进整体销售量的提升。

### 第7章：裂变——八大策略来裂变，增长有了就变现

裂变策略是实体门店实现快速增长的有效途径之一。通过口碑传播、邀请裂变、拼团活动等方式，吸引新客户并激活老客户，可以实现客源的不断扩张与销售量的持续提升。

例如，我们可以建立会员推荐制度，鼓励现有客户邀请亲朋好友加入会员行列并享受额外福利；通过举办拼团活动，吸引新客户参与并享受团购优惠；通过社交媒体等渠道分享购物体验，吸引更多潜在客户关注并实现转化。此外，我们还可以利用分销裂变、炫耀裂变等方式进一步扩大品牌影响力与市场份额。

### 第8章：数据——科学分析七数据、业绩倍增更有利

数据分析是实体门店业绩增长的重要支撑。通过对营业额、分类货品

销售额、畅销款与滞销款、坪效、人效、客单价等关键数据的深入分析，可以揭示业绩增长背后的规律与趋势，为制定精准有效的营销策略提供有力支持。

例如，我们可以通过分析营业额数据了解店铺销售趋势与市场需求变化；通过分析分类货品销售额优化库存管理与商品陈列；通过分析畅销款与滞销款数据调整产品结构与营销策略；通过分析坪效数据提升店铺空间利用效率；通过分析人效数据激发员工潜能并提升工作效率；通过分析客单价数据挖掘客户消费潜力并促进消费升级。

### 第9章：员工——不用PUA员工，也会拼命来打工

员工是实体门店业绩增长的核心力量。通过提供有竞争力的薪酬福利、建立完善的培训体系、营造积极向上的工作氛围等方式，可以激发员工的工作热情与创造力，为门店业绩增长注入源源不断的动力。

例如，我们可以通过比约定时间提前发放工资等方式增强员工对门店的归属感与满意度；通过设置即时奖励机制激发员工的销售动力与工作积极性；通过引入创富岗等方式为员工提供额外收入来源并促进店铺业绩增长；通过颁发荣誉证书等方式表彰优秀员工并树立榜样力量。

### 第10章：番外——专属增长的攻略，打造赚钱的门店

除了以上各章节所介绍的策略之外，本书还提供了许多富有创意与实效性的番外攻略供读者参考与借鉴。这些攻略结合了不同行业与场景的特点，具有广泛的适用性与可操作性。

例如，我们可以从顾客视角出发，优化购物体验并提升顾客满意度；通过成为专家顾问型老板，为店铺运营提供科学指导与专业建议；通过DIY小攻略实验，结合店铺实际情况进行创新与尝试等。

作为在零售行业做营销做增长多年的人士，这些年我接触了太多的大概念、新术语，但回归到经营的本质，我们发现，大多实体门店做营销、做增长，真正能落地的，结果也有效的，往往是一些小策略、小

创新、小优化，真正能带来小提升。本书提供的100个小策略，就是这样。不会给你带来焦虑，不会给你带来压力，有些你看了，立刻就可以行动、可以落地。不一定100个招数对你都适用，但看完本书，哪怕只有1个招数适合你，且做到了，起效了，带来了一点点小提升，这也是我的荣幸。

郑国发

# 目录
## CONTENTS

### 第1章
### 准备——业前五点准备好，后期增长见奇效

第1招　入行这招用得好，业绩增长不发愁 …………………………… 002

第2招　品类加个定义词，业绩增长不延迟 …………………………… 004

第3招　门店没有大Logo，业绩增长也不少 …………………………… 006

第4招　租赁关系处得巧，业绩增长无烦恼 …………………………… 008

第5招　店面空间用得巧，业绩增长不会少 …………………………… 011

### 第2章
### 引流——五个维度做引流，增长之源自然有

第6招　装修围挡用好了，业前流量就有了 …………………………… 016

第7招　开业活动搞得好，一天引流来不少 …………………………… 018

第8招　收银小票别忽视，引流顾客显身手 …………………………… 022

第9招　地推不要看不起，作为引流不过时 …………………………… 024

第10招　停车场的小指引，也成流量的高地 ………………………… 026

第11招　一个灯箱加上去，当天客满出奇迹 ………………………… 028

第12招　店铺SKU不在多，组合巧妙显丰富 ………………………… 031

第13招　人无我有的产品，溢价空间没得比 ………………………… 033

第14招　设计一款大爆品，品牌赋能该产品 ………………………… 035

第15招　产品名字起得好，自动销售不得了 ………………………… 038

第16招　科学定价，比99尾数定价更有效 …………………… 041

第17招　不要轻易去降价，降价反而卖不掉 …………………… 044

第18招　要想商品卖得快，价格锚定很重要 …………………… 047

第19招　超低价格的引流，赚多赚少心有谱 …………………… 049

第20招　免费产品做引流，其实不亏还赚有 …………………… 051

第21招　超级赠品去引流，超级满意再回流 …………………… 054

第22招　增值服务到位，人气自然会有 ………………………… 055

第23招　从容做服务，客户更满意 ……………………………… 058

第24招　一杯专属菊花茶，客户惦念还想来 …………………… 060

第25招　顾问式的好服务，高单客户留得住 …………………… 062

第26招　精准设置地图标，客户来店更好邀 …………………… 064

第27招　即使没有花钱推，大众点评也有你 …………………… 067

第28招　小红书上多种草，就有客人来拔草 …………………… 069

第29招　不花钱的神操作，抖音一搜客就多 …………………… 072

第30招　不用经营公众号，一篇图文就好了 …………………… 075

第31招　分类信息占个坑，这个流量长期用 …………………… 078

第32招　论坛连载开店记，客人来了超有趣 …………………… 080

第33招　社群运营不用多，一个微信五千多 …………………… 082

第34招　群里不用发广告，引流转化也高效 …………………… 084

第35招　门店没有客人时，就是线上忙碌时 …………………… 088

# 第3章
## 锁客——六种形式来锁客，增长有数又有趣

第36招　只要开业来现身，就可再来三十天 …………………… 092

第37招　攒小黄鸭送礼品，买完还想拼拼拼 …………………… 094

第38招　扫码进群抢个包，客群关系就变妙 …………………… 096

第39招　会员权益的疗效，常用常新就见效 …………………… 098

第40招　充值不要直接送，话说补贴更有用 …………………… 102

第 41 招　定金订金诚意金，用好"三金"见真金……………… 104

# 第 4 章
## "鱼塘"——六个步骤用"鱼塘"，增长稳定更久长

第 42 招　"钓竿"产品和服务，这是增长的要务……………… 110

第 43 招　"鱼塘"目标和市场，这是增长的天堂……………… 113

第 44 招　"鱼苗"的需求，这是增长的角度…………………… 116

第 45 招　"鱼线"带来更多客户，业绩曲线稳定上升………… 119

第 46 招　别出心裁的"鱼饵"，这是增长的利器……………… 123

第 47 招　"鱼钩"让你不拒绝，这是增长的关键……………… 126

# 第 5 章
## 成交——尽管大胆去成交，增长业绩有高招

第 48 招　一个简单的调整，业绩翻倍就呈现…………………… 130

第 49 招　创造产品使用场景，用户下单不自禁………………… 132

第 50 招　门店多配一工具，客单立马就上去…………………… 135

第 51 招　他没有卖我产品，我却消费六七千…………………… 137

第 52 招　不去推荐产品，客户选择更自由……………………… 139

第 53 招　客户体验重如山，成交之路更宽广…………………… 141

第 54 招　成功案例多分享，成交信心更增强…………………… 143

第 55 招　只要话术变得佳，首次消费就充卡…………………… 145

第 56 招　多了这么一句话，后面客户都办卡…………………… 147

第 57 招　门口多放一辆车，客流来了转化多…………………… 149

第 58 招　礼品挑选要精心，成交概率自然增…………………… 152

第 59 招　门前水牌改个字，当月销售提上去…………………… 154

第 60 招　细节关怀人心暖，促成交易机会多…………………… 156

第 61 招　好的广告促销语，可能来自销冠语…………………… 158

第 62 招　产品陈列有高招，做好自动去成交…………………………… 160

## 第 6 章
## 追销——八大工具去追销，增长就是这么巧

第 63 招　再消第二杯半价，要不再来续一杯……………………………… 164

第 64 招　增销出来高配版，要不加点选这款……………………………… 166

第 65 招　减销这件更优惠，两者对比就破费……………………………… 168

第 66 招　跨销别类再推荐，轻松让你再卖件……………………………… 170

第 67 招　搭销组合搭配妙，客户买了还感谢……………………………… 172

第 68 招　赠销感觉免费赠，其实这单你已赚……………………………… 174

第 69 招　捆销套装或套餐，业绩增长真见效……………………………… 176

第 70 招　锁销一次交易后，增长持续更牢靠……………………………… 179

## 第 7 章
## 裂变——八大策略来裂变，增长有了就变现

第 71 招　口碑裂变零成本，更多客户不忘本……………………………… 184

第 72 招　邀请裂变老带新，增长客源会更新……………………………… 186

第 73 招　拼团裂变买家得实惠，卖家业绩增长成本低…………………… 189

第 74 招　分享裂变一变百，增长多了乐开怀……………………………… 191

第 75 招　助力裂变多朋友，朋友多了增长有……………………………… 193

第 76 招　分销裂变来销售，省去工资业绩增……………………………… 196

第 77 招　炫耀裂变晒的图，我的荣誉我追求……………………………… 198

第 78 招　认同裂变你想要，我的增长我想要……………………………… 200

## 第 8 章
## 数据——科学分析七数据、业绩倍增更有利

第 79 招　营业额数据分析，增长目标更清晰……………………………… 204

第 80 招　分析分类货品销售额，看看哪个占大头………………………… 206

第 81 招　分析五大畅销款数据，资源管理更准确………………………… 208

第 82 招　分析五大滞销款数据，放弃这些找代替………………………… 210

| 第 83 招 | 坪效数据做分析,节约空间创业绩 | 213 |
| 第 84 招 | 人效数据做分析,员工潜能好激励 | 215 |
| 第 85 招 | 分析客单价,客户消费力来挖掘 | 218 |

## 第 9 章
## 员工——不用 PUA 员工,也会拼命来打工

| 第 86 招 | 最好的销售服务,就是最好的销售 | 222 |
| 第 87 招 | 让利的钱给员工,激发员工积极性 | 224 |
| 第 88 招 | 做好迎宾咨客揽客员,进店人数立飙升 | 226 |
| 第 89 招 | 员工干得好,即时奖励不可少 | 228 |
| 第 90 招 | 设置一个创富岗,即使下班也不跑 | 230 |
| 第 91 招 | 精神奖励证书,效果更胜物质 | 233 |
| 第 92 招 | 员工名字来命名,有利团结又有名 | 235 |
| 第 93 招 | 工装设计有讲究,员工下班也爱穿 | 237 |
| 第 94 招 | 员工命名的新产品,销量当天第一名 | 240 |
| 第 95 招 | 制定门店的 SOP,效率提升 37% | 242 |
| 第 96 招 | 提前一天发工资,反向操作显奇效 | 244 |
| 第 97 招 | 离开公司两年多,每年收礼还多多 | 246 |

## 第 10 章
## 番外——专属增长的攻略,打造赚钱的门店

| 第 98 招 | 顾客视角多体验,增长心里更有数 | 250 |
| 第 99 招 | 专家顾问型老板,保障增长更见长 | 252 |
| 第 100 招 | DIY 小攻略实验,让增长立竿见影 | 254 |

## 结语:实体门店经营仍有无限可能

第1章

## 准备
——业前五点准备好，后期增长见奇效

在实体行业摸爬滚打近二十年的我，见证了无数门店的兴衰。门店业绩增长，可以从很多维度挖掘机会点。但应该开业前提前谋划准备，若准备不足，开业后再在某些维度做增长，付出的成本会更高，收获的增长机会也有限。本章，我们从行业选择、品类定义、Logo设计、租赁关系、空间规划等5个方面设计5个小招数应对实体门店开店前的准备，谋定而后动，增长更主动。

## 第1招

# 入行这招用得好，业绩增长不发愁

俗话说得好，"男怕入错行，女怕嫁错郎"。这话放在如今的创业圈里，同样贴切。选对行业、赛道和品类，就像是给门店铺设了一条金光大道，业绩增长水到渠成。但很多创业者往往在面对"现在××店好做吗？""开一家××店还有机会吗？"这类问题时感到迷茫。其实，我的建议是：不妨先找个门店，踏踏实实地去"卧底"学习一番。

打工也是一门学问。如果你真心想开一家奶茶店，与其坐在家里空想，不如直接找一家奶茶店去打工。带着学习的心态去工作，如果你有积极的态度并勤奋好学，相信每个人都愿意教你几招。

> **案例1-1：奶茶店的"卧底"经历**
>
> 我有一位朋友小李，就是通过这种方法成功开起了自己的奶茶店。小李一直对奶茶行业充满兴趣，但他并没有盲目投资，而是先到当地一家知名的奶茶店工作。
>
>
>
> 第一步：明确目标
>
> 小李先明确了自己的兴趣点——水果茶。他发现，随着健康饮食观念的普及，低糖、新鲜的水果茶越来越受消费者欢迎。
>
> 第二步：实地考察
>
> 小李利用周末时间，走遍了城市的大街小巷，考察了多家奶茶店。最终，他选择了一家口碑好、生意火爆的奶茶店去"卧底"。
>
> 第三步：岗位体验
>
> 小李应聘了茶饮师岗位，从清洗水果、调配饮品到与顾客交流，每一个环节他都认真对待。他发现，这家店的成功不仅在于独特的配方，更在于员工对工作的热爱和对细节的极致追求。
>
> 第四步：勤奋学习

> 小李每天都是最早到店，最晚离开。他不仅在工作中学习，还利用业余时间研究市场趋势、顾客需求，甚至自己动手在家创新不同的配方。他记下了厚厚一本笔记，里面全是他的学习心得。
>
> 第五步：结交人脉
>
> 小李与店里的每一位同事都相处得很好，大家经常一起分享工作经验和心得。他还利用这个机会，结识了几位行业内的资深人士，可以为他日后的创业之路提供宝贵的指导和资源。
>
> 第六步：总结反思
>
> 每天晚上，小李都会花时间整理一天的学习成果和工作经验。他发现自己的优势在于对市场趋势的敏感把握和创新能力，但同时也意识到自己在财务管理和团队建设方面能力有所欠缺。
>
> 收获满满，创业启程。经过几个月的"卧底"学习，小李对奶茶行业有了深入的了解和独到的见解。他辞去工作，开始筹备自己的奶茶店。凭借"卧底"期间积累的经验和资源，他的店铺很快在当地打响了名头，生意蒸蒸日上。

小李的故事告诉我们，选择入行前先去相关门店打工学习，不仅能够降低创业风险，还能为日后的经营管理打下坚实的基础。通过亲身体验和实践操作，创业者能够更直观地了解行业特点、顾客需求和市场竞争态势，从而制定切实可行的经营策略。

### ||| 落地时刻

如果你也想开一家实体店，不妨先找一家相关行业的门店去打工学习吧！在这个过程中，你会遇到各种各样的挑战和机遇，也会结识一群志同道合的朋友和前辈。记住，一年入行、三年懂行、十年成王。在成为行业大佬之前，先躬身入局、踏实学习吧！用你的勤奋和智慧去积累宝贵的经验和资源，为日后的创业之路打下坚实的基础。加油！

**你的行动**

## 第2招

# 品类加个定义词，业绩增长不延迟

我们在日常生活中，经常能看到各式各样的店铺招牌。它们或是华丽夺目，或是简洁明了，但你是否发现，有些店铺虽然招牌显眼，却鲜有顾客光顾？这其实与店铺的品类命名有很大关系。今天，我们就来聊聊如何给品类加个定义词，让顾客看了招牌就有进店的欲望，从而提升店铺的客流量和业绩。

走在繁华的街道或是热闹的商场，你会发现大多数店铺的招牌都是"品牌名+品类名"的组合，比如"老张火锅店""小李服装店"等。尽管这样的命名方式直接明了，但往往缺乏吸引力，难以在众多店铺中脱颖而出。那么，怎样的品类名才能让人眼前一亮，忍不住想进店一探究竟呢？

招牌吸睛关键在于给品类名加上一个定义词，让这个名称变得独特而有记忆点。比如"鲜榨果汁吧"可以改名为"鲜果乐缤纷果汁吧"，"传统小吃店"可以变成"老街味道传统小吃馆"。这样的改动，不仅保留了原有的品类信息，还增加了吸引顾客的亮点，让人一听就心生好奇。

### 案例2-1：让品类名活起来

以餐饮行业为例，我们来看看给品类定义的案例，比如"××八刀汤·汤鲜肉香小吃棒"。"××八刀汤"这个名字，听起来充满乡土气息和原始风味，再加上"汤鲜肉香小吃棒"的说明，更是让人对这家店的菜品充满了期待。见此招牌，立刻让顾客想到食物香气四溢，仿佛已经闻到

了店内美食那诱人的味道。这样命名，不仅清晰地传达了店铺的主营产品，还激发了顾客的食欲，让人忍不住想进去尝尝。这样的品类名，不仅易于记忆，还能给顾客留下深刻印象，也方便顾客口口相传，达到广而告之的目的。

那么，如何给你的品类名加上一个定义词呢？这里有几个小技巧供你参考。

（1）突出产品特色：如果你的产品有独特的制作工艺或原材料，不妨在品类名中体现出来，比如"手工拉面馆""土鸡炖汤屋"。

（2）强调口感或风味：用形容词来描述食物的口感或风味，让顾客一听就流口水，比如"麻辣鲜香火锅城""甜蜜满屋烘焙坊"。

（3）加入地域文化元素：如果你的店铺主打地方特色美食，可以在品类名中融入地域文化元素，比如"湘味小炒馆""东北饺子王"。

（4）创造记忆点：一个有趣或富有创意的品类名，往往能让人过目不忘，比如"一口香串串香""笑口常开糕点屋"。

### ||| 落地时刻

现在就行动起来，重新审视你的店铺品类名。按照上述技巧进行修改和完善，让你的品类名成为吸引顾客的亮点。记住，一个好的品类名就像是一块磁铁，能够牢牢吸引住路过的顾客。不要犹豫，开始你的品类名升级之旅吧！

**你的行动**

_____
_____
_____
_____
_____
_____

## 第 3 招

# 门店没有大 Logo，业绩增长也不少

这些年我常被问到这样一个问题："郑老师，能不能帮我设计个门店 Logo？"每次听到这个问题，我都是先笑笑，然后给出一个"不准确"的答案："这可得看你的预算了，从 200 元到 200 万元不等。"

没错，像小米这样的大品牌，可以请得起日本著名的平面设计师原研哉，花三年时间重新设计 Logo。但如果你预算有限，也可以在网上下单，200 元就能设计一个。甚至，现在还有自动生成 Logo 的网站和软件，填上关键信息，分分钟就能生成一个，连 200 元都省了。

不过，每当有人提出这样的需求时，我总会反问他们："你真的需要一个 Logo 吗？"

我知道，很多人听到这个问题都会觉得奇怪，甚至觉得我在胡说八道。毕竟，Logo 对于一个品牌来说，那可是门面啊，怎么能不重要呢？别急，听我慢慢道来。

想象一下，你刚刚走过一条繁华的街道，两边是各种各样的店铺：服装店、小吃店、便利店、彩票店、美发店、银行、口腔门诊、宠物店，数不胜数。现在，请你闭上眼睛，回想一下，你记住了哪一家店铺的 Logo，它是什么样的？

是不是觉得有点难？其实，这就是我想说的。对于创业实体，尤其是第一家门店来说，Logo 并不是最重要的。因为在这个信息爆炸的时代，人们精力有限，消费者更关心的是商家能提供什么服务，而不是门店的 Logo 有多漂亮。

> **案例 3-1：Logo 没了，生意更好了**
>
> 一位开小吃店的老板，花了大价钱请人设计了一个非常漂亮的 Logo，然后把它高高地挂在门头上。但是，他的店铺开业后，顾客并不多。后来，我给他提了个建议，让他把门头上的 Logo 换成更大、更醒目的品牌名和品类名。结果，没过多久，他的店铺就火了起来。

为什么会这样呢？因为对于小吃店这样的创业门店来说，顾客更关心的是你能提供什么好吃的，而不是你的Logo有多漂亮。所以，把品牌名和品类名放在门头的黄金位置，让顾客一眼就能看到，这才是最重要的。

当然，我也不是说Logo完全没用。当你的品牌发展到一定规模，有了多家门店，需要统一品牌形象时，Logo就显得非常重要了。但是，在创业阶段，你更应该关注的是如何吸引顾客，如何让他们记住你的店名。

那么，对于初创品牌来说，应该如何设计门头呢？我有几个建议供大家参考。

（1）突出品牌名和品类名：把门头的黄金位置留给品牌名和品类名，让它们成为顾客第一眼就能看到的信息。这样，即使你没有漂亮的Logo，也能让顾客记住你的品牌。

（2）简洁明了：门头设计不要过于复杂，要简洁明了，让顾客一眼就能看懂。不要为了追求艺术感而牺牲实用性。

（3）考虑成本：初创品牌往往资金有限，所以在设计门头时，要考虑成本。不要花大价钱去追求华丽的Logo，而要把钱花在刀刃上，比如提升产品质量、优化顾客体验等。

（4）灵活调整：随着品牌的发展，门头设计也需要不断调整。当你有了多家门店，需要统一品牌形象时，可以考虑设计一个简洁、易记的Logo。但是，在创业阶段，还是要以实用为主。

> **案例3-2：几家店之后才决定放大Logo**
>
> 　　一位创业者，开了一家小型超市。开业之初，他也曾考虑设计一个漂亮的Logo。但是，后来他决定把门头的黄金位置留给店名，只在门头的角落放了一个小小的Logo。结果，他的超市生意非常火爆，顾客都记住了他的店名。现在，他的超市已经开了多家分店，他也开始考虑统一品牌形象的问题了。但是，他并没有后悔当初的决定。因为他知道，品牌的初创阶段，吸引顾客才是最重要的。而他现在的成功，也证明了当初的决定是正确的。

在本案例中，小型超市老板明智地将门头黄金位置用于突出店名，而非追求华丽的Logo。这一决策符合创业实体门店吸引顾客关注的核心需求，有效提升了店铺记忆点。随着生意火爆及分店扩张，老板适时考虑统一品牌形象，体现了灵活调整的经营策略。此案例验证了创业阶段，店名的直接展示比Logo更为重要，是门店业绩增长的关键因素。

### ||| 落地时刻

如果此刻,你正在为门店设计门头,不妨重新审视一下,你真的需要一个大的 Logo 吗?也许,你可以把门头设计得有大大的店名,让顾客一眼就能看到,好识好记。这样,你的门店业绩也许会有意想不到的增长哦!

**你的行动**

---
---
---
---

## 第 4 招

# 租赁关系处得巧,业绩增长无烦恼

在实体门店经营的过程中,租赁关系往往是创业者绕不开的一道坎。提到租赁,大家的第一反应可能就是甲乙双方冷冰冰的合同条款和不断增加的租金。但实际上,租赁关系如果处理得当,不仅能减少烦恼,还能助力门店业绩的增长。今天,我们就来聊聊如何巧妙地处理店铺租赁关系,让门店业绩增长无烦恼。

### 1. 绕开二房东

在租房市场上,二房东是个绕不开的话题。他们的目的,往往是通过转租从中赚取差价。对于创业者来说,直接与二房东签约,往往会面临额外的租金负担和一系列潜在的纠纷。那么,如何避免这些隐患呢?请看下面这个案例。

> **案例 4-1:**
> 
> 小张想开一家咖啡店,看中了一间位于商业街的旺铺,但这家店是二房东在转租。小张没有急于签约,而是经过一番周折,找到了房东的

联系方式。小张提出，他愿意支付一定的咨询费给二房东，条件是二房东协助他与房东直接签约。最终，小张成功地绕开了二房东，直接与房东签订了三年租期的合同，不仅租金更合理，还避免了后续可能产生的纠纷。

启示：尽量避免与二房东签约，如果实在无法避免，也要想方设法直接与房东建立联系、进行沟通，确保合同的公平性和透明度。

### 2. 签订长期合同，稳定经营预期

实体门店的经营，稳定至关重要。而租赁合同约定的期限，则是经营稳定与否的关键。我建议大家在签订租赁合同时，尽量争取更长的租期，至少三年以上。

为什么这么说呢？因为实体门店的前期投入往往很大，包括装修、设备采购等。如果租期过短，一旦合同到期，房东提价或不再续租，门店将面临巨大的经营风险，而长期合同则能有效规避这一风险。它能让创业者有更长远的经营规划，减少不确定性带来的损失。当然，租金的递增方式也需要事先约定清楚，以避免后期产生不必要的纠纷。

启示：签订长期租赁合同，为门店的稳定经营打下基础。同时，要明确租金递增方式，确保双方的权益。

### 3. 水电气等细节不容忽视

在签订租赁合同时，很多人往往只关注房租和租期，却忽略了水电气等相关细节问题。但实际上，这些细节往往直接关系到门店的正常运营和成本控制。

**案例 4-2：**

我曾遇到一家新开的烘焙店，在选址时没有仔细考察水电气的配置情况。开业后才发现，由于电压不足，烤箱等大功率设备无法正常使用，不得不花费大量资金进行增容改造，给门店经营带来了不小的经济负担。

因此，在选址和签约前，一定要仔细考察水电气的配置情况。特别是一些

对电力需求较大的行业（如烘焙、餐饮等），更要留意电压、电流等参数是否能够满足需求。同时，要与房东或物业方明确责任划分和维修义务，以免后续产生不必要的纠纷。

启示：水电气等细节不容忽视，要在签约前仔细考察并明确责任划分。

### 4. 把房东变成你的贵人

很多人可能觉得房东只是提供场地的出租方，与自己只是简单的租赁关系。但实际上，如果处理得当，房东完全有可能成为你的贵人，能为你的门店业绩增长助力。

**案例4-3：**

有一家美容院，是定期邀请房东参加门店的庆典等活动，让房东感受门店的繁荣、了解其发展潜力。同时，美容院老板总是提前支付租金，并主动告知房东款项已到账。这些小小的举动让房东感受到了美容院经营者的诚意，一来二去，租赁双方建立了良好的关系。后来，当门店需要扩大规模时，房东主动提出将隔壁的空铺租给美容院，并给予一定的租金优惠。这无疑为门店的业绩增长提供了有力支持。

启示：与房东建立良好的关系至关重要。通过邀请房东参加活动、提前支付租金等方式表达你的诚意和尊重，可以使房东成为你的贵人。

### ||| 落地时刻

现在，让我们回到现实中来。如果你正在为门店选址和签约而烦恼，不妨试试以上几个策略：绕开二房东、签订长期合同稳定经营、仔细考察水电气等配置情况以及与房东建立良好的关系。记住，租赁关系不仅仅是冷冰冰的合同条款和租金支付，更是一种人情世故和合作共赢的体现。只有处理好租赁关系，才能为门店的业绩增长奠定坚实的基础。

> 你的行动

_____

_____

_____

_____

## 第 5 招

# 店面空间用得巧，业绩增长不会少

在日常的商业观察中，我们不难发现，许多餐饮店铺如烘焙店、咖啡厅等都精心设计了宽敞明亮的座位区和候客区，希望以此吸引顾客驻足。然而，实际效果往往不尽如人意，从店外望去店内显得冷清，缺少人气。这不禁让人思考：为什么精心打造了座位区却无法吸引顾客呢？

面对这样的困惑，不少创业者向我提问："郑老师，我的店面也像×××大牌那样，设计了舒适的座位区，可为什么就是坐不满人呢？"其实，这个问题的答案并不复杂，关键在于我们是否真正理解生意的本质和获客的逻辑。

学大牌，更要懂生意本质。很多创业者喜欢模仿知名品牌的设计风格，认为只要店面装修得像大牌一样，就能吸引顾客。然而，他们往往忽视了最重要的一点：大牌之所以成为大牌，并不仅仅是因为装修豪华，而是它们找到了吸引顾客的核心要素。但是，对于初创品牌来说，盲目模仿大牌的设计并不可取。因为顾客对你现有品牌的认知度不高，即使你模仿得再像，也很难达到与大牌同样的效果。相反，如果把座位区设计得过于豪华，而忽略了产品的核心吸引力，反而会让顾客觉得你的店铺华而不实，从而望而却步。

那么，初创品牌应该如何设计店面空间呢？关键在于找到你的吸客利器，并将它放置在最显眼的位置。请看下面两个案例。

**案例 5-1：**

以烘焙店为例，如果你的店铺是初创品牌，那么最好不要一进门就是座位区。相反，你应该把现烤出炉的面包放在离店门口最近的地方，通过色香味俱全的面包来吸引顾客。当顾客被面包的香气吸引时，自然会走进店内查看，甚至购买。这样一来，你的店铺就会因为面包的吸引力而变得热闹起来。

**案例 5-2：**

再来看潮汕牛肉粿条店的例子。在深圳的大街小巷中，那些生意火爆的店铺往往在门口就支起一口大锅，现煮现卖。顾客可以直观地看到食物的制作过程，感受到食物的新鲜和美味。这种明档的设计方式不仅让顾客吃得放心，也增加了店铺的吸引力。相比之下，那些把大锅藏在后厨的店铺就显得冷清许多。

参考以上两个案例，得到启发，在空间规划时，我们应该结合自己行业和品类的特点，找到最适合的设计方案。不要把精力和资金都投入到座位区的装修上而忽视产品的核心吸引力。相反地，我们应该把最能吸引顾客的元素放在最显眼的位置，让它成为店铺的"金字招牌"。

所以亲爱的创业者们，当你站在自己的店铺前思考如何吸引顾客时，可以参考以下几点。

（1）理解生意本质：不要盲目模仿大牌的设计而忽略了生意的本质。每个品牌和品类都有其独特的吸客要素，应找到它并放大它。

（2）找到吸客利器：仔细分析你的产品和服务，找到最能吸引顾客的元素并把它放在最显眼的位置，比如烘焙店的现烤面包、潮汕牛肉粿条店的大锅等。

（3）结合实际情况：在空间规划时要结合自己行业和品类的特点以及店铺的实际情况来制定最合理的方案；不要一味追求店面装修的豪华和舒适而忽略了产品的实用性和吸引力。

### ||| 落地时刻

所以，不是不能学大牌，而是要结合自己行业自己品类的实际，找到生意的本质,在空间规划时,应该把自己门店最好的东西或者说是最吸客的东西放在前面。

**你的行动**

第 2 章

# 引流
## ——五个维度做引流,增长之源自然有

我们开实体门店,在线下花租金租个店铺,其实就是在这个位置买一个流量,店铺租金有贵的也有便宜的,取决于其流量的多与少,这是商圈决定的。我们可以做的是,如何让走过路过的流量,变成店铺的进店流量,且是经常重复来的流量。本章我们通过5个维度共计30个招数,分享门店如何最大化地获得流量,并长期获取流量。

## 第6招

# 装修围挡用好了，业前流量就有了

在实体门店的筹备阶段，装修围挡往往被视为一个不得不使用的临时设施，大多数店主只是简单地贴上"正在装修，敬请期待"的字样，便匆匆了事。然而，你可曾想过，这不起眼的装修围挡，其实是门店开业前引流的黄金阵地？现在，就让我们一起揭开装修围挡的引流秘籍吧。

装修围挡，被忽视的精准"自媒体"！想象一下，你的门店正处于装修阶段，周围是熙熙攘攘的人流。这时候，装修围挡就像一块巨大的广告牌，每天吸引着无数路人的目光。实际上，装修围挡不仅是施工期间的保护屏障，更是门店开业前的首个自媒体平台。它能精准地锁定门店周边的潜在顾客，是引流的重要渠道。那么，如何才能让这块围挡发挥最大价值呢？

### 1. 清晰展示品类，吸引需求顾客

对于创业门店而言，顾客可能并不熟悉你的店名，但他们一定关心你能提供什么服务或产品。因此，在装修围挡上，不仅要标注店名，更要清晰地展示你的经营品类。比如，如果你是一家餐厅，不妨把招牌菜或者特色菜品直接印在围挡上，吸引那些对美食感兴趣的顾客。

**案例 6-1：**

某家主打川菜的餐厅在装修期间，将经典的麻婆豆腐和水煮鱼照片印在了围挡上，并配以诱人的文字描述。路过的行人纷纷驻足观看，不少顾客甚至提前预订了开业当天的座位。这样的围挡设计，让店铺提前进入了顾客的视野，激发了消费者的期待感。

## 2. 变身招聘利器，精准吸纳员工

招聘员工是每个门店开业前的重要任务。与其花费大量时间和金钱在招聘网站上发布广告，不如利用装修围挡这个现成的招聘渠道。将招聘信息直接印在围挡上，不仅能吸引周边居民的注意，还能让有意从事餐饮、零售等行业的人主动上门应聘。

> **案例 6-2：**
>
> 一家烘焙店在装修围挡上醒目地打出了"加入我们，共创甜蜜事业"的招聘广告，并附上了联系方式。结果，不到一周时间就收到了数十份简历，其中不乏经验丰富的烘焙师和热情的服务员。这样的招聘方式不仅高效，还大大节省了招聘成本。

## 3. 公布开业活动，提前锁定顾客

开业活动是吸引顾客进店的重要手段。然而，很多门店往往在开业当天才匆忙宣传，导致效果大打折扣。其实，装修围挡就是一个开业活动宣传阵地。将开业优惠、折扣、赠品等信息提前公布在围挡上，让顾客在装修期间就对门店开业产生期待和关注。

> **案例 6-3：**
>
> 一家新开的咖啡馆在装修围挡上提前公布了开业首周的买一赠一活动及预约电话和微信公众号二维码。不少顾客提前关注了公众号并预约了开业当天的座位，确保了开业当天的火爆场面。

## 4. 私域引流入口，构建顾客社群

在移动互联网时代，私域流量成为门店运营的重要资产。利用装修围挡进行私域引流，不仅可以提前构建顾客社群，还能为后续的精准营销打下坚实基础。在围挡上印制店长或老板的微信二维码，并注明添加好友即可享受开业优惠或专属福利，引导顾客主动扫码加入。

**案例 6-4：**

一家美容院的装修围挡上醒目地印着"扫码加店长微信,享受开业专属美容套餐"的提示语。不少路过的爱美女性纷纷扫码添加,不仅提前锁定了开业当天的顾客资源,还通过私域社群不断传播门店口碑,吸引了更多潜在顾客。

案例 6-1 至案例 6-4 均展现了装修围挡作为门店开业前引流阵地的巨大潜力。通过清晰展示品类、变身招聘利器、公布开业活动及构建私域社群,各门店有效吸引了潜在顾客和员工的关注。这些案例验证了装修围挡不仅是施工保护屏障,更是精准自媒体平台,能够精准锁定周边顾客,为门店开业后的业绩增长打下坚实基础。

||| **落地时刻**

现在,你已经了解了装修围挡的四大引流策略。如果你正在或即将进行门店装修,不妨尝试一下这些方法吧!记住,装修围挡不仅是保护施工现场的屏障,更是门店开业前的黄金引流阵地。通过精心设计和巧妙利用,你一定能在这个临时设施上收到意想不到的效果。

**你的行动**

_____
_____
_____
_____

**第 7 招**

# 开业活动搞得好,一天引流来不少

对于一家实体门店来说,新店开业无疑是一场盛大的庆典,也是吸引顾客、提升知名度的黄金时机。然而,如何最大化地利用这一天,吸引足够多的流量,为日后的经营打下坚实的基础,却是许多店主面临的难题。今天,我们就来聊聊这个话题,看看如何让你的开业活动更加吸引人,更加有效。

### 1. 让员工成为主角,激发参与感

开业当天,很多店主都喜欢亲自上阵,充当活动的焦点。但实际上,让员工成为主角,往往能取得意想不到的效果。想象一下,当店员们身着统一的工装,面带微笑,积极参与到开业剪彩、迎宾等各个环节中时,那种由内而外散发出的热情和活力,会感染每一位进店的顾客。

**案例 7-1:**

张女士开了一家特色甜品店,开业当天,她并没有选择自己站在聚光灯下,而是让店长带领全体店员一起进行剪彩仪式。她给每位店员都准备了一份开工利是,里面虽然钱不多,但这份心意让每位员工都感到被尊重。结果,店员们工作像打了鸡血一样,不仅服务周到,还自发地在朋友圈分享开业的喜悦。一时间,甜品店的曝光量大大增加,吸引了大量顾客前来尝鲜。

### 2. 邀请贵人助阵,扩大影响力

开业活动不仅仅是店主和员工的舞台,更是展示店铺实力、吸引潜在顾客的好机会。因此,邀请一些重要的"贵人"来助阵显得尤为重要。这些"贵人"可以是房东、商场运营商代表、核心供应商等。他们的到来不仅能增强活动的权威性,还能通过他们的社交圈为店铺带来更多的顾客。

**案例 7-2:**

李先生在某购物中心开了一家潮牌服装店。开业前夕,他特意邀请了购物中心的运营经理和几位核心供应商来参加剪彩仪式。活动当天,

> 这些"贵人"的到来吸引了众人目光，不少人路过都被这场面吸引，纷纷进店一探究竟。更让李先生惊喜的是，购物中心还通过官方公众号推送了服装店的开业信息，为店铺带来了大量的线上流量。

### 3. 感谢送花篮者，传递温情与尊重

开业当天，亲朋好友、供应商和客户都会送来花篮表示祝贺。对于这些送花篮的人，店主千万不能忽视他们的心意。一个简单的感谢电话或短信，甚至是发送一张特写照片或一段小视频表达谢意，都能让对方感受到被重视。而这种情感互动，很可能转化为实实在在的客流量。

> **案例 7-3：**
>
> 王女士的美容院在开业当天收到了不少花篮。她特意安排了一位店员负责拍摄这些花篮的照片和视频，并将它们分享到了微信朋友圈和顾客群里。同时，她还给每位送花篮的人发去了感谢短信，表达了自己的感激之情。这一举动让送花篮的人们感到非常温暖和被尊重，他们纷纷在自己的社交圈中为王女士的美容院打 call，吸引了更多潜在顾客前来咨询和体验。

### 4. 发放感谢卡或邀请卡，亲近邻里关系

如果你的店铺开在社区附近，那么与邻里之间的关系就显得尤为重要。开业当天，你可以准备一些感谢卡或邀请卡，向周围的邻居们表达感谢之情，并邀请他们来店体验。这种亲近邻里关系的做法不仅能增加店铺的曝光率，还能让顾客感受到你的诚意和用心。

> **案例 7-4：**
>
> 赵先生的便利店在社区内开业时，他特别印制了一批感谢卡和邀请卡。开业当天，他亲自带着这些卡片挨家挨户地发放给周围的邻居们。在卡片上，他不仅表达了对邻居们在店铺装修期间给予的理解和支持的感谢之情，还附上了一些开业优惠信息和小礼品。这一举动让邻居们感到非常温暖和贴心，不少人都选择在开业当天前来捧场。

### 5. 与商场合作，共享流量资源

如果你的店铺开在购物中心或商业综合体内，那么与商场的合作就显得尤为重要。商场本身就是一个巨大的流量池，如果能够与商场建立良好的合作关系，共享流量资源，那么你的开业活动无疑会更加成功。

> **案例 7-5：**
>
> 陈女士的咖啡馆开在了一家知名购物中心的二楼。开业前夕，她主动联系了商场的运营团队，提出了与商场合作的意向。经过协商，她准备了一篇图文并茂的开业介绍文章，并投稿给商场的官方公众号。文章发布后，商场的不少顾客都被吸引过来。同时，商场还在咖啡馆开业当天为其提供了显眼的宣传位置和广告支持。这些举措让咖啡馆的开业活动取得了圆满成功。

案例 7-1 至案例 7-5 展示了开业活动吸引流量的多种策略：让员工成主角激发其参与感，邀请贵人助阵扩大影响力，感谢送花篮者温情传递，发放感谢卡亲近邻里，与商场合作共享流量。这些案例验证了开业活动不仅是庆典，更是展示实力和诚意的渠道，能有效吸引顾客、提升知名度，为门店日后经营打下坚实基础。

### ||| 落地时刻

开业活动不仅是一场庆典或营销活动那么简单，它更是你向顾客展示自己实力和诚意的渠道。因此，请务必认真对待每一个环节和细节，让这场活动成为你店铺成长道路上的一个重要里程碑吧！再检查一下你的开业活动事项清单，以上几项都能落实执行得好吗？

**你的行动**

_____

_____

_____

_____

## 第8招

# 收银小票别忽视，引流顾客显身手

在实体门店的经营中，收银小票是顾客购物拿到的付款凭证，看似不起眼，却蕴含着巨大的引流潜力。许多门店忽视收银小票，仅将其视为商品交易的凭证，而实际上，收银小票完全可以变成门店引流的得力助手。今天，我们就来深入探讨如何充分利用收银小票，将其转化为吸引顾客的利器。

在任何一家线下门店购买商品后，收银员都会递上一张收银小票，上面列明了购买的商品、价格和总金额。然而，大部分门店的小票内容单调，仅仅停留在基本信息展示层面，未能充分发挥其营销价值。有些门店甚至习惯于不将小票交给顾客，任由其躺在收银台上成为废纸，这无疑是对资源的极大浪费。那么应该怎么利用好这个引流新阵地呢？

### 1. 丰富内容，传递价值

首先，我们可以从内容入手，让小票成为传递门店价值和优惠信息的载体。

（1）活动预告：在小票上明确标注当前正在进行的优惠活动或即将推出的新品信息。例如，"即日起至本月底，充值500元即赠100元购物券"，这样的信息能迅速吸引顾客的注意，促使顾客考虑再次光顾。

（2）优惠明细：清晰展示顾客本次购物的优惠金额，让顾客直观地看到实实在在的优惠。比如，"您本次消费原价××元，享受优惠后仅需××元，节省××元"，这样的表述能让顾客感受到购物的超值感。

（3）个性化署名：收银员或营业员在小票上留下自己的真实姓名，不仅增加了亲切感，拉近了与顾客的距离，也为后续可能的售后问题提供了直接的对接人。这种人性化的细节处理，能显著提升顾客的满意度和对店铺的忠诚度。

（4）私域引流：如果门店正在布局私域流量，可以在小票上添加店长或老板的微信二维码，并附上简洁的引流话术，如"扫码加好友，享受更多专属优惠"。这种方式能够有效引导顾客进入私域池，为后续的精准营销打下基础。

**案例 8-1：**

某连锁咖啡店在收银小票上做了大胆创新。他们不仅列出了顾客购买的咖啡品种和价格，还在小票底部加上了"关注我们的福利官，下次消费立减 5 元"的提示语，并附上了二维码。这一举措迅速吸引了大量顾客扫码关注，社群粉丝数量短时间内激增，为门店带来了持续的流量和复购。

在这个案例中，连锁咖啡店通过在收银小票上添加福利官二维码和立减优惠提示，成功吸引了大量顾客扫码关注，社群粉丝激增，为门店带来持续流量和复购。这验证了收银小票作为引流利器的有效性，通过丰富内容、传递价值、主动给予和持续优化，小票不仅能作为交易凭证，更能成为传递门店优惠信息、增强互动、吸引顾客的重要工具。

### 2. 主动给予，增强互动

除了内容上的创新，门店还需要确保收银员能够主动将小票递到顾客手中。很多时候，收银员因为忙碌或其他原因忽略了这一步，导致小票滞留在收银台上。而主动给予小票，不仅是对顾客的尊重，也是商家增强与顾客互动、传递价值的关键环节。

当顾客拿到一张内容丰富、设计精美的小票时，往往会仔细阅读上面的信息，进而因为某些优惠活动而产生再次光顾的想法。这种潜移默化的作用，正是收银小票作为引流利器的魅力所在。

现在，重新审视你的收银小票，不妨从以下几个方面进行改进。

（1）内容升级：立即调整小票模板，增加活动预告、优惠明细、个性化署名和私域引流等内容。确保小票上的每一条信息都能为顾客带来价值，激发他们的购物欲望。

（2）员工培训：组织收银员进行专项培训，强调主动给予小票的重要性。同时，教授他们如何有效传达小票上的优惠信息，提升顾客的购物体验和满意度。

（3）持续优化：定期收集顾客反馈，了解他们对小票内容的接受程度。根据反馈结果不断调整和优化小票内容，确保它始终能够吸引顾客的眼球并激发顾客的购买兴趣。

### ||| 落地时刻

现在，请打印一张你的收银小票出来，重新审视收银小票上的内容信息，根据实际情况，在后台设置并更新你的收银小票内容。同时，观察你的店员，是否把结账小票给到每一位顾客的手上。如果没有，这个动作接下来要规定为标配动作。收银小票虽小，但其引流潜力巨大。只要我们用心去做，就能成为门店业绩增长的新引擎。行动起来吧！从今天开始，让你的收银小票成为吸引顾客的又一大利器。

**你的行动**

___

___

___

___

## 第9招

# 地推不要看不起，作为引流不过时

地推是什么？地推是面对面推广公司产品或服务的营销行为，地面推广人员也简称地推。地推的主要工作地点通常是在商场、地铁站、小区等人流密集处，或者是线下门店的门口。地推人员通过发放宣传资料，如DM单，来介绍产品，吸引顾客。

然而，在移动互联网的浪潮下，地推似乎逐渐被边缘化，被一些商家视为"过时"的营销方式。他们更愿意将精力和资金投入到短视频、直播等新兴渠道上，以期获得更快的增长和更多的曝光。但是，地推并未过时，它依然是一种行之有效的引流手段。

让我们来看一个真实的案例，了解地推如何帮助一家餐饮面食快餐品牌实现业绩逆袭。

**案例 9-1：**

某品牌门店位于一个二线城市的大型商场里，由于是非知名品牌，获客能力相对较弱。2022年上半年，该店一直在盈亏平衡点上挣扎。期间，他们也尝试了新媒体宣传、线上外卖等多种引流方式，但效果并不理想。直到2022年7月，换了第四任店长后，情况才出现了转机。

新店长上任后，并没急于求成，而是先对门店的周边环境进行了深入的分析。他发现，商场内汇聚了众多商户，这些商户的员工和老板都是潜在的消费者。于是，他决定采用地推的方式，逐一拜访这些商户。

接下来的几天，他带着个人名片和宣传资料，从商场负二层到地上三层，挨家挨户地拜访商户。他向商户介绍自己的店铺，推荐工作餐，并主动加微信好友。这一举动看似简单，却取得了意想不到的效果。

通过地推，这位店长不仅成功地将商场内的商户转化为自家的客户，还建立了长期的合作关系。当周，门店的营业额就实现了47%的环比增长。这一成绩，使之前的其他引流方式都黯然失色。

这个案例，说明了地推在实体门店引流中的重要作用。新任店长通过深入分析门店周边环境，精准定位潜在客户群体，采用地推方式逐一拜访商户，成功转化客户并建立长期合作关系，实现营业额大幅增长。这验证了地推作为接地气、见实效的引流手段，对于实体门店来说依然不可或缺。结合店铺实际开展地推活动，是提升业绩的有效策略。

地推之所以能够有效引流，是因为它接地气、见实效。与线上推广相比，地推能够直接与潜在客户进行面对面的交流，传递更真实、更直观的信息。同时，地推还能够根据客户的反馈和需求，及时调整推广策略，提高转化率。

对于实体门店来说，地推更是一种不可或缺的引流方式。无论是商场店、社区店还是城中村店,都可以通过地推来发掘周边的潜在客户,建立稳定的客户关系。

如果你的店是商场店,不妨像上述案例中的店长一样,逐一拜访商场内的商户,将他们转化为你的客户。如果你的店是社区店,可以利用地推的方式,与附近的邻里建立联系,将他们转化为长期复购的客户。如果你的店铺在相对封闭的城中村,地推更是一种简单有效的引流方式,能够帮助你快速打开市场。

### ‖ 落地时刻

现在,是时候重新审视你的引流方式了。你是否忽视了地推这一最基本、最接地气的营销手段?是否应该结合你店铺的实际情况,开展一次地推活动?

**你的行动**

___

## 第 10 招

# 停车场的小指引,也成流量的高地

在驾车出行群体越发庞大的今天,停车场的流量价值不容小觑。停车场广告因其高精准性、高曝光度、高重复率、高转化率,成为精准高效引流的一大利器。应用好停车场指引广告,就能把流量价值转化成营销价值。

但是,纵观停车场场景里的广告海报,大多还是常用的地面广告的标准做法,精美的画面、详尽的信息,甚至还附有二维码等信息,看上去广告信息齐全,全然忘了停车场这一特殊场景,大多时候是客户开着车找停车位,匆忙停好车赶快找电梯进商场,其实客户并没有足够的时间和耐心去欣赏广告。这个

第 2 章　引流——五个维度做引流，增长之源自然有

时候需要更有效、更符合停车场场景的指引广告。

> **案例 10-1：**
>
> 　　某餐饮品牌，门店在某商场三楼，刚好处于观光电梯门正对面。该餐厅在商场负一楼停车场里做了大量的海报广告，与别的商家无大区别。美美的招牌菜品图片＋品牌名＋楼层信息。但广告引流效果不明显，来的更多的还是自然流量。
>
> 　　后来，我们帮这家餐厅优化了海报内容。广告还是以前的位置，还是以前的画面大小，还是以前的灯箱片广告材质，但内容变了。简单粗暴，两排字一个箭头，呈现内容为"此处上三楼，出门吃××"，在停车场里很明显，大家最敏感的就是箭头符号，这里又恰好指示了可以直接上到三楼，并暗示出电梯门就可吃到 ××。
>
> 　　广告更新后，我们发现一个非常有意思的现象，在商场观光电梯三楼的门口，经常能听到"就这家餐厅，到了"这句话，也会在餐厅门口咨客台处经常听到另一句——"刚在停车场看到你们广告，你们这里可以吃 ×× 对吧？"你看，这就是指引广告的奇妙之处。

　　通常，在没有强烈偏好的情况下，大多数顾客购买某类产品的时候，会下意识地去试试最近看到的一个品牌。另一个常见的例子，就是当我们在未决定吃什么的情况下驾车前往某商场吃饭，是不是大概率选择刚刚在停车场看到的广告宣传的餐厅？人们进入停车场，停好车，下一步就是到商场消费。这个信息接收场景和消费场景的时间、空间间隔非常短，这将极大地驱动消费决策行为，大幅度提高消费转化率。

> **案例 10-2：**
>
> 　　两个地产项目，相隔大概 500 米，两个楼盘的售楼中心对着同一条快速车道。这条大道比较长，双向 8 车道，掉头车道大概 1000 米外，所以第一家售楼中心错过了，要到 1 公里处掉头回来，大概率中途可能

027

就进了第二家售楼中心。

　　在销售代表接待客户的过程中，经常发生客户错过售楼处最终到了隔壁家的情况。后来做了简单的改善，在第一家和第二家之间入口停车场位置，做了个日常指示牌3倍大小的"P停车"指引。大指示牌安装以后，停车场车流明显地多了，后经了解才知道，不但第一家的客户能精准地进来，连原本到第二个楼盘的客户也先到了这里，毕竟在快车道上开着车找停车场的顾客，最先看到的就是这个大大的"P停车"指引。

　　你看，当我们花大力气去外部引流获客的时候，有时却忽视了门口流失的客户。而一个简单的停车场指引牌不但能清晰地指引客户，还能带来增量客户。

　　认真观察一下你的店铺位置，附近有停车场吗？楼下有停车场吗？客户是否大多是开车来的？如果是，可以重视一下停车场指引广告这个引流利器了。

　　停车场广告、指示牌正在或者说已经成为一个重要的流量入口。

### ||| 落地时刻

　　你家店有停车场吗？怎样利用好这个流量入口？

**你的行动**

_____

_____

_____

_____

## 第11招

# 一个灯箱加上去，当天客满出奇迹

　　在熙熙攘攘的都市生活中，每一家实体门店都面临着激烈的竞争。如何在众多竞争者中脱颖而出,吸引顾客的目光,是每个店家都在思考的问题。今天,我要分享一个简单却极为有效的引流方法——在门店外挂上一个醒目的灯箱,它可能会为你的业绩增长带来奇迹。

### 案例 11-1:

有一位设计行业的资深人士,怀揣着创业梦想,决定开一家快捷酒店。广告设计出身的他,设计品牌的VI(视觉识别系统)自然不在话下。酒店从品牌Logo到前台灯光,再到文化墙的设计,都充满了格调,甚至在线上的点评和携程平台上,也打造出了大牌酒店的形象。开业之初,一切都显得那么完美,朋友们纷纷送来祝福,期待他的生意能够红红火火。

然而,几个月过去,酒店的客房入住率始终没有达到预期。店主苦恼不已,开始四处寻求破解之道。在一次朋友聚会上,大家集思广益,提出了一个看似简单却直击要害的建议:或许,是时候放下对"格调"的执着,转而在显眼的位置挂上一个大大的"住宿"灯箱了。

这位朋友听后,立刻行动起来。他联系了广告公司,第二天下午,一个醒目的大灯箱赫然出现在酒店屋顶,上面用大号字体写着"住宿"二字。傍晚时分,灯光亮起,从街口远远望去,那两个字异常耀眼。令人惊讶的是,当晚酒店的客房全部售罄,而且其中一半以上的客人都是灯箱指引来的。

这个案例告诉我们,有时候,最直接、最简单的方法往往最有效。在特定的情境下,一个简单的灯箱,就能成为吸引顾客的强大武器。

灯箱引流,各行各业的智慧应用还有以下一些场景。

(1)美发店的旋转彩灯:走在街头巷尾,不难发现许多美发店门口都挂着一个旋转的彩灯,这几乎成了美发店的标志性装饰。尤其是夜晚时分,这个旋转的彩灯总能第一时间吸引路人的注意,它就像一个路标,指引着顾客前来光顾。

(2)住宿行业的关键字灯箱:对不知名的住宿场所来说,最重要的是让顾客知道这里提供住宿服务。因此，在显眼位置挂上一个"住宿"或"宾馆"字样的灯箱，往往比复杂的店名、品牌名更能吸引顾客。正如前文提到的快捷酒店案例所讲的那样，一个简单的灯箱就带来了意想不到的效果。

（3）汽车美容店与洗车行：在繁忙的都市中，汽车美容店和洗车行比比皆是。将这些店铺的主营业务——"洗车"二字做成灯箱外挂，能让过往的司机一目了然，有效提升获客量。

（4）早餐店与宵夜店：早餐和宵夜是人们日常生活的重要组成部分。然而，很多餐饮店虽然提供这些服务，却往往因为标识不明而错失顾客。一个简单的"早餐"或"宵夜"灯箱，就能在第一时间告诉顾客这里的服务时间，吸引那些急需解决早餐或夜宵问题的食客。

现在，是时候重新审视你的门店了。不妨从以下几个方面入手。

（1）分析行业属性：首先，要明确你的门店所属行业及其特性。不同的行业有不同的顾客群体和消费习惯，了解这些有助于你精准地设计灯箱内容。

（2）提炼关键字：根据门店主营业务和服务特色，提炼出最能吸引顾客的关键字。这些字应该简洁明了、易于识别。

（3）选择合适位置：选择一个显眼且合规的位置来悬挂灯箱。这个位置应该是顾客容易看到且不易被遮挡的。

（4）设计灯箱内容：在设计灯箱内容时，要注意字体大小、颜色搭配和排版布局。确保灯箱在夜晚也清晰可辨，并易于引起顾客的注意。

（5）及时维护与更新：定期检查灯箱的照明效果和清洁度，确保其始终保持最佳状态。同时，根据季节变化或节假日等特殊情况，适时更新灯箱内容以吸引更多顾客。

### ||| 落地时刻

现在重新审视下自己的门店，分析下自己的行业品类属性，看是否能把其中的主营业务关键字提炼出来，再加个外挂甚至是移动灯箱亮起来。不要觉得灯箱没格调，引流获客是关键。

## 第12招

# 店铺 SKU 不在多,组合巧妙显丰富

在实体门店的经营中,我们常常会陷入一个误区:商品种类越多,顾客的选择就越丰富,生意自然就会越好。然而,现实往往并非如此。很多店主发现,尽管店铺里堆满了各式各样的商品,但顾客依然抱怨找不到心仪的产品,甚至觉得店铺杂乱无章。这背后的原因,往往与SKU(Stock Keeping Unit,库存量单位)的管理息息相关。

什么是SKU?简单来说,SKU就是库存进出计量的单位,它可以是件、盒、包等形式,用于标识和追踪每一种独特的商品。在实体店中,每个商品都有一个对应的SKU,方便我们进行库存管理和销售分析。

### 案例12-1:SKU过多的困扰

小李经营着一家时尚配饰店,初期为了追求商品的全面性,他店里备货几乎涵盖了市场上所有流行的配饰类别。然而,好景不长,顾客开始抱怨选择困难,很多商品因为款式过时或市场需求不足而积压在仓库里。这不仅占用了大量的资金,还影响了店铺的整体运营效率。

事实上,SKU过多会带来一系列问题。

(1)选择困难:过多的商品种类让顾客在挑选时感到迷茫,反而降低了购买意愿。

(2)库存管理复杂:每个SKU都需要单独管理,增加了库存成本和工作量。

(3)资金占用:滞销商品会占用大量资金,影响店铺的现金流。

(4)影响坪效:过多的SKU导致货架拥挤,降低了顾客的购物体验度。

如何合理管理SKU?

那么，如何才能在保证商品丰富度的同时，避免SKU过多呢？关键在于巧妙组合SKU，让有限的商品发挥最大的销售潜力。可以参考以下3个原则。

原则一：减少库存，提高周转率

管理SKU的首要原则是减少不必要的库存积压。小张的烘焙店在这方面做得很好。每当他考虑引入新的烘焙原料时，都会仔细评估这些原料能否在多种产品中使用。这样，即使某种原料的销售情况不佳，也能通过其他产品来消化库存，避免浪费。对于店主来说，要学会做"减法"，定期清理滞销商品，把有限的资金和货架空间留给更受欢迎的产品。

原则二：引流产品，吸引客流

引流产品是提高店铺人气的关键。小王的便利店通过超低价的散鸡蛋成功吸引了大量顾客。这些顾客在购买鸡蛋的同时，也会顺便浏览店铺内的其他商品，从而产生额外的购买行为。

因此，店主可以选择一些价格敏感度高、受众广泛的商品作为引流产品，通过低价策略吸引顾客进店，进而带动其他商品的销售。

原则三：巧妙组合SKU，提升客单价

单一商品的吸引力是有限的，但通过巧妙的组合，我们可以创造出更多的销售机会。这种策略不仅满足了顾客的多样化需求，还提高了店铺的客单价和整体销售额。时尚服装店也可以借鉴这种做法。比如，将基础款、时尚款和特色款进行合理搭配，通过组合销售提升顾客的购买欲望。同时，根据季节变化灵活调整SKU组合，确保店铺始终保持新鲜感。

**案例12-2：某时尚服装店的SKU管理策略**

某时尚服装店在SKU管理方面做得非常出色。他们首先将店铺的商品分为基础款、时尚款和特色款三大类。基础款满足顾客的日常穿着需求；时尚款紧跟流行趋势；特色款则具有独特的设计元素，吸引追求个性的顾客。

在陈列方面，他们采用了分层展示的方式。一进门是当季的热销款和特色款，吸引顾客的注意力；往里走则是基础款和时尚款的混搭区域，方便顾客挑选搭配。同时，他们还定

期推出季节特惠套餐和搭配建议，引导顾客成套购买。

通过精细化的 SKU 管理策略，这家服装店不仅提升了顾客的购物体验，还显著提高了销售业绩。顾客在这里总能找到适合自己的商品组合，满足多样化的穿着需求。

案例 12-1 与案例 12-2 对比鲜明，展示了 SKU 管理的重要性。小李的配饰店因 SKU 过多导致顾客选择困难、库存管理复杂及资金占用等问题出现，而时尚服装店则通过分类管理、分层展示及组合销售等策略，成功提升了顾客购物体验和销售业绩。这验证了合理管理 SKU、巧妙组合商品对于实体门店经营的关键作用。店主应科学分析各方面因素，制定最佳 SKU 策略，以提升业绩。

### ⦀ 落地时刻

现在，请你打开盘点表和店内 SKU 清单，结合因人（管理者）、因事（经营的具体情况）、因市（市场环境）、因地（地理位置）、因时（节假日）、因季（季节特点）等各方面进行科学分析，统筹规划和综合考量，组合出属于你家门店的最佳 SKU 策略。

> 你的行动

_____

_____

_____

_____

## 第 13 招

# 人无我有的产品，溢价空间没得比

在熙熙攘攘的商业街区，每一家实体店都在努力吸引顾客的眼球，但真正能在顾客心中留下深刻印象的并不多。其中，有一个简单却深刻的道理——

"无特色不开店"。尤其在竞争激烈的餐饮市场中这句话得到了淋漓尽致的体现。想想"海底捞",它以无微不至的服务赢得了口碑;"巴奴",则凭借独特的毛肚和菌汤在火锅界独树一帜。这些成功的例子告诉我们,想要在市场中站稳脚跟,就必须有自己的独门绝技。

什么是"独特"?"独特",简单来说,就是别人没有。它可能是一款新产品,也可能是一种全新的服务体验,甚至可能是一个小小的细节创新。这种独特性,必须能够满足顾客的某种特定需求,让他们感受到实实在在的价值,而且难以在其他地方找到替代品。

**案例 13-1:**

某创意书店,位于城市的文化中心地带,不仅拥有琳琅满目的图书,更推出了独家自制文创产品系列,成为书店的一大亮点。这些文创产品,如城市主题笔记本和手账,不仅设计独特,融入了城市的历史文化元素,还具有一定的收藏价值。此外,书店还定期举办与文创产品相关的互动体验活动,如手绘工作坊、创意写作课程等,进一步提升了顾客的购物体验。

这些"人无我有"的产品和服务,不仅让书店在众多竞争对手中脱颖而出,还创造了高额的溢价空间。顾客愿意为这些独特的文创产品支付更高的价格,因为它们不仅满足了购物需求,更在精神层面与顾客产生了深度共鸣。书店因此吸引了大量忠实顾客,销售额和利润持续增长,成为城市文化地标之一。这一成功案例再次证明了,通过独家产品和独特服务,实体店完全有能力在激烈的市场竞争中占据一席之地。

如何做到"人无我有"?

(1)寻找独家产品

独家产品是店铺差异化的直接体现。这要求店主具备敏锐的市场洞察力和独特的选品眼光。比如,一家位于热门旅游景点的文创店,可以设计一系列与该景点文化紧密相关的纪念品,如手绘地图、定制纪念币等。这些产品独一无二,自然能吸引大量游客购买。

(2)快速响应市场

市场变化莫测,快速响应是制胜的关键。当季节更替或节假日来临时,迅速推出应季产品或节日特惠活动,可以吸引大量顾客关注。比如,在秋天来临之际,奶茶店可以适时推出"秋天里的第一杯奶茶"活动,既应景又贴心。

(3)运用逆向思维

在激烈的市场竞争中,逆向思维往往能带来意想不到的效果。当大多数商家都在拼价格、拼服务时,你不妨换个思路,从顾客的心理需求出发,提供独特的购物体验或服务。比如,在直播带货盛行的今天,你可以尝试通过讲述产品背后的故事、分享使用心得等方式来吸引顾客,让他们感受到你的真诚和专业。

### ||| 落地时刻

现在,是时候重新审视你的店铺了。问问自己:我的店铺有哪些独特之处?我能否为顾客提供他们在其他地方找不到的产品或服务?如果答案是否定的,那么,是时候采取行动了。

**你的行动**

_____
_____
_____

## 第14招

# 设计一款大爆品,品牌赋能该产品

在实体门店的海洋里,每个商家都在努力寻找那把能开启顾客心门的钥匙。而"爆品",就是那把闪闪发光的万能钥匙。它不仅能迅速吸引顾客的眼球，还能成为门店业绩增长的强大引擎。今天，我们就来聊聊如何设计一款大爆品，并用品牌的力量为其赋能，让你的产品在市场上独树一帜。

### 1. 爆品，不只是爆款

首先，我们要明确一点：爆品和爆款，虽然只有一字之差，但内涵大相径庭。爆款可能只是某个时间段内销量领先的商品，而爆品则是能持续吸引顾客、具有强大品牌影响力的明星产品。比如，星巴克的拿铁咖啡，就是一款典型的爆品，它不仅持续热销，还成了星巴克品牌的代名词。

### 2. 与品牌定位紧密相连

爆品的设计，必须从品牌定位出发。想象一下，如果你的门店主打年轻、时尚的风格，那么你的爆品就应该与年轻、时尚元素相联系。比如，某潮流服饰店推出的限量版联名T恤，因其独特的设计感和稀缺性，迅速成为年轻消费者追捧的对象。这件T恤不仅代表了品牌的前沿时尚态度，更成为品牌与消费者之间的情感纽带。

### 3. 塑造差异化记忆点

在同质化严重的市场中，差异化是爆品脱颖而出的关键。你需要给你的产品找一个独特的记忆点，让它能在顾客心中留下深刻的印象。比如，一家甜品店推出了一款"会冒烟"的冰激凌，独特的视觉效果加上独特的口感体验，让这款冰激凌迅速走红网络，成为门店的标志性产品。

### 4. 追求高性价比与大利润空间

爆品不仅要让顾客觉得物超所值，还要确保门店有足够的利润空间。这听起来有点矛盾，但并非不可能。关键在于创新和生产效率的提升。比如，某家家居用品店推出了一款多功能收纳盒，通过优化设计和采购渠道，大大降低了生产成本，同时以亲民的价格推向市场。这款收纳盒不仅满足了消费者的需求，还为门店带来了可观的利润。

### 5. 品牌力量赋能爆品

品牌是爆品的灵魂。一个强大的品牌能够为爆品提供源源不断的动力和支持。在打造爆品的过程中，要注重品牌与产品的深度融合，让品牌成为爆品的坚强后盾。

## 第 2 章 引流——五个维度做引流，增长之源自然有

**案例 14-1：**

××包子铺，在竞争激烈的餐饮市场中，凭借其招牌鲜肉包成功打造了一款爆品——"××汤包"。这款汤包不仅选用了上等鲜肉和秘制调料，还采用了独特的制作工艺，使得汤包皮薄馅大、汤汁鲜美，深受消费者喜爱。

为了进一步提升这款爆品的品牌影响力，包子铺进行了一系列的品牌推广活动。他们邀请了知名美食博主进行试吃评测，通过社交媒体平台分享给广大粉丝；同时，还在门店内外设置了醒目的广告牌和宣传海报，吸引顾客的眼球。此外，他们还推出了"买××汤包送小菜"等优惠活动，增加了顾客的购买意愿。

这些举措使得"××汤包"在市场上迅速走红，成为消费者心中的爆品。每当提起××包子铺，人们首先想到的就是那款美味的汤包。这款爆品不仅提升了门店的销售额和利润，还增强了消费者对该品牌的认同感和忠诚度，为门店的持续发展奠定了坚实的基础。

在本案例中，××包子铺成功打造爆品"××汤包"，关键在于其爆品与品牌定位紧密相连，塑造了差异化记忆点，并通过推广活动增强了品牌影响力。这款爆品不仅提升了门店销售额和利润，还增强了消费者对品牌的认同感和忠诚度。这验证了设计爆品需从品牌定位出发，注重差异化，并借助品牌力量赋能，以在消费者心智中形成明确认知，降低选择成本，促进消费决策。

### ‖ 落地时刻

既然开店，那么就不会缺产品，通常缺的是爆品。爆品对于门店的最大意义在于形成差异化的认知，现在从你的所有产品中，梳理并设计打造一款属于你们店的爆品。在消费者心智中形成认知：××门店有某一款爆品。减少消费者的选择成本，让消费者在选择门店以及产品的时候，有个非常明确的目标，以免在犹豫中最终放弃消费。

> 你的行动

_____

_____

_____

_____

## 第 15 招

# 产品名字起得好，自动销售不得了

在琳琅满目的商品世界里，一个好的产品名字就像一盏明灯，能在第一时间照亮消费者的心房，引领他们走向购买。给产品起个好名字，不仅仅是为了好听，更是为了激发消费者的购买欲望，让产品在众多同类中脱颖而出。今天，我们就来聊聊如何通过巧妙的命名策略，让你的产品实现"自动销售"。

名字，不只是符号。想象一下，你走进一家烘焙店，面对琳琅满目的面包，你会被哪个吸引？是那些平平无奇的"原味面包""红豆面包"，还是那些充满创意和诱惑力的"抹茶红豆恋曲""法式可可诱惑"？答案不言而喻。一个好的产品名字，能够瞬间提升产品的附加值，让消费者在第一眼就感受到产品的独特魅力。

给产品起名字，可不是随随便便的事情。下面，我将为你分享几种实用且有效的命名策略，帮助你打造出让消费者一见倾心的产品名称。

### 1. 制法命名法：匠心独运

这种方法特别适合那些有着独特制作工艺或研制过程的产品，比如"手工揉制全麦面包""古法熬制阿胶糕"。这样的名字不仅突出产品制作精良，还让消费者感受到制作者背后匠心独运，从而增加顾客对产品的信任度，进而提升产品的吸引力。

## 案例 15-1：

一家传统糕点铺推出了一款"纯手工芝麻糖",与普通的"芝麻糖"相比,这个名字更能吸引那些追求手工制作、健康饮食的消费者。

### 2. 效用命名法：直击需求

直接通过产品名称传达其主要性能和效用,让消费者一目了然。比如,"美白祛斑霜""快速充电宝"。这种命名方式尤其适合功能性强的产品,让消费者在第一时间了解产品的核心价值。

## 案例 15-2：

某品牌推出了一款针对熬夜族的眼霜,命名为"熬夜修复神器"。这个名字直接指向了目标消费群体和产品的核心效用,有效吸引了经常熬夜的年轻人。

### 3. 吉祥物或象征词命名法：文化认同

结合特定的风俗文化背景,使用吉祥物或象征性词汇来命名,能够引发消费者的情感共鸣和文化认同。比如"龙凤呈祥喜饼""年年有余年糕",这样的名字富有文化内涵和美好寓意,让人心生欢喜。

## 案例 15-3：

一家茶庄推出了一款高端茶叶礼盒,命名为"龙凤团茶"。这个名字不仅寓意吉祥,还体现了中国传统文化的精髓,吸引了众多追求文化底蕴的消费者。

### 4. 人物命名法：名人效应

借助历史人物、传奇人物或产品创造者的名字来命名，可以迅速提升产品的身份和品质感，比如"东坡肉""西施豆腐"。当然，这里需要注意的是，要确保所选人物与产品之间有一定的关联性，人物也应为正面形象。

**案例 15-4：**

一家餐厅推出了一款特色菜肴，以餐厅创始人的名字命名为"老李红烧肉"。这个名字让消费者感受到了家的味道，增加了菜肴的亲切感。

### 5. 场景命名法：情境代入

针对特定消费场景进行命名，让消费者在听到名字时就能联想到使用场景，从而增加购买欲望。比如"旅行便携水杯""情人节限定礼盒"。

**案例 15-5：**

一家花店在情人节推出了一款特别的花束，命名为"浪漫告白花束"。这个名字立刻让人联想到情人节告白的浪漫场景，吸引了大量情侣前来选购。

### 6. 美好愿望命名法：激发憧憬

根据消费者的愿望和期待来命名产品，让消费者在购买时充满对未来的美好憧憬。比如"瘦身成功套餐""青春焕颜面膜"。

**案例 15-6：**

一家健身房推出了一款健身课程套餐，命名为"塑形达人计划"。这个名字直接瞄准了那些希望塑造完美身材的消费者，激发了他们的购买欲望。

案例 15-1 至案例 15-6 展示了不同命名策略的成功应用。通过制法命名强调手工与传统，效用命名直击消费者需求，吉祥物命名引发情感共鸣和文化认同，人物命名借助名人效应，场景命名代入消费情境，美好愿望命名激发消费者憧憬。这些策略均有效提升了产品的吸引力和销售额，验证了巧妙命名对于激发消费者购买欲望、实现产品自动销售的重要性。

### ‖‖ 落地时刻

现在，是时候拿起你的产品清单，重新审视一下产品名称吧。结合上述命名策略，开始给你的产品起既贴切又吸引人的名字吧！记住，一个好的产品名字应该具备简洁易懂、好传播、易接纳的特点。它不仅让人过目不忘，还能有效激发消费者的购买欲望。让你的产品会说话。

**你的行动**

_____
_____
_____
_____

## 第 16 招

# 科学定价，比 99 尾数定价更有效

在实体门店的经营中，有效的产品定价策略是提升销售业绩和确保盈利的基石。受固定成本、有限的货架空间以及商圈流量的制约，我们需要更加巧妙地运用定价策略。特别是在商品和服务高度同质化的今天，如何定价不仅关系到毛利率，更与整体的经营策略紧密相关。此时，一个科学且富有创意的定价策略就显得至关重要。

许多商品的价格常以 99 作为尾数，这背后其实蕴含着消费者心理学的原理。人们往往对数字的"左位数"更为敏感，例如，大脑容易将 9.99 元解读为更接近 9 元而非 10 元，这种心理现象被称为"左位数效应"。尽管这种定价方式在提升销售方面有一定效果，但它并非万能。消费者的购买动机多种多样，包括追求经济实惠、注重商品美观和新颖性，以及看重品牌和高质高价等。因此，我们需要根据不同的消费者需求，灵活多变地制定价格策略。

然而，过度使用以 9 尾数的定价方式可能会引发消费者的逆反心理。原本旨在营造"定价准确、物超所值"的感觉，可能会逐渐转变为"定价不透明、有欺骗性"的负面印象。因此，我们需要寻找新的定价策略，以适应不断变化的市场环境和消费者心理。

以餐饮行业为例，某些菜品定价为 22 元可能比定价 20 元更受欢迎。这是因为消费者往往对价格的"相对差异"非常敏感。定价 20 元可能让消费者觉得这道菜不便宜，而定价 22 元则可能让人感觉价格适中。此外，一些商家还巧妙地利用吉利数字如 6 或 8 作为价格尾数，以迎合消费者的心理预期。但值得注意的是，数字 7 也可以作为一个有效的价格尾数，它会给消费者一种价格更亲民的感觉。

价格不仅仅是一个简单的数字，它还能触发消费者不同的心理活动。基于这一原理，我们可以探索更多的定价策略。

（1）尾数定价法：适用于基本生活用品，通过设定以 9 或 99 结尾的价格，让消费者感觉价格更实惠。

（2）整数定价法：对于礼品或奢侈品等特定商品，整数定价能够彰显其高端品质，满足消费者对身份和地位的追求。

（3）招徕定价法：通过设置高价商品作为"锚点"，吸引消费者关注并带动其他商品的销售。例如，某商场推出天价打火机，虽然销量有限，但成功吸引了大量顾客，提升了其他打火机的销量。

（4）分割定价法：对于高价商品，通过采用更小的单位进行定价，可以降低消费者的价格敏感度。例如，金戒指按克而非按公斤定价，更容易被消费者接受。

（5）错觉定价法：通过调整价格与数量的表述顺序或引入无关的大数字，让消费者产生价格便宜的错觉。例如，"70 个 29 元"比"29 元 70 个"更能让消费者感觉价格实惠。

在实际操作中，我们需要根据自身的产品特点和服务定位来选择合适的定价策略。同时，价格并非一成不变，而是需要随着市场环境和消费者需求的变化进行及时调整。

**案例 16-1：**

某家时尚饰品店面对激烈的市场竞争，采用了独特的定价策略。该店发现，以 99 作为尾数的价格虽然常见，但容易让消费者产生审美疲劳。于是,他们决定采取以数字7作为尾数的定价方式。例如,一款原本定价为99元的耳环,被重新定价为87元。这一变化不仅让消费者感到新鲜,还让消费者产生了"这款耳环比原价便宜不少"的错觉。结果,该店的销售额在短期内实现了显著提升。

在本案例中,时尚饰品店打破常规,采用以7结尾的定价方式替代常见的9结尾,成功吸引了消费者注意并提升了销售额。此策略验证了科学定价的重要性,即根据消费者心理和市场环境灵活调整定价策略,而非仅依赖传统做法。通过创新定价,店铺不仅创造了价格新鲜感,还利用了消费者的错觉,实现了业绩增长。

总之,定价策略是实体门店经营的关键。通过打破常规、科学定价,门店不仅可以提升销售业绩,还能在激烈的市场竞争中脱颖而出。

### ||| 落地时刻

我们花了那么多时间研究"定价",那价格一旦"定"下来,是不是就能去喝口茶,喘口气了呢?并不能。价格,从你定下来那天开始,就要准备好随时调整。结合自身店铺产品及服务,看是否有比99结尾更好的定价策略?

**你的行动**

第17招

# 不要轻易去降价,降价反而卖不掉

在经营实体门店的过程中,很多老板一遇到业绩下滑,首先想到的就是降价促销。这种做法似乎成了提升销量的"万金油",但实际上,降价促销可能并不是长久之计,甚至可能带来一系列负面效应。今天,我们就来聊聊为什么不要轻易降价,以及如何在不降价的情况下提升销售业绩。

降价促销的陷阱:降价促销看似简单直接,短期内或许能带来销量的激增,但长远来看,却可能隐藏着不少问题。

(1)损害品牌形象:频繁降价会让消费者怀疑产品的真实价值,认为产品原本就不值那么多钱,从而损害品牌形象。消费者在做购买决策时,除了价格,还会考虑品牌信誉和产品质量。一旦品牌形象受损,再想挽回就难了。

(2)降低产品价值感:降价往往让消费者觉得"便宜没好货",即便降价后销量增加,也难以提升消费者的忠诚度。相反,消费者可能更加期待下一次降价,形成"等降价再买"的心理预期。

(3)利润缩水:降价虽然能带来短期销量的提升,但如果降价幅度过大,很可能侵蚀利润空间,导致门店整体盈利能力下降。长此以往,门店可能陷入"降价—销量增加—利润减少—再降价"的恶性循环。

**案例 17-1:**

一家女装店的老板发现,降价促销能迅速提升销售额,于是频繁进行特价活动。然而,好景不长,降价促销带来的短期效益很快消失,门店生意反而越来越差。恢复到原价后,产品几乎无人问津。最终一算账,降价促销非但没有带来利润增长,反而导致门店整体亏损。

## 第2章 引流——五个维度做引流，增长之源自然有

不降价的智慧。既然降价促销有这么多弊端，那么如何在不降价的情况下提升销售业绩呢？这里有几个实用的策略分享给大家。

（1）为促销找个合理的由头

消费者喜欢占便宜，不喜欢被当作"冤大头"。因此，降价促销时，一定要给消费者一个合理的解释。比如店铺周年庆、回馈会员、新品上市特惠等。这些由头能让消费者感受到店家的诚意和关怀，从而提升购买意愿。

**案例17-2：**

一家知名咖啡店在周年庆期间推出了"买一赠一"活动，并明确告知消费者这是为了庆祝店铺开业××周年。活动吸引了大量顾客光顾，不仅提升了销量，还增强了品牌美誉度。

（2）针对特殊身份或事件进行促销

会员是门店的宝贵资源，通过为会员提供专属优惠，可以增强会员的归属感和忠诚度。同时，针对特殊事件，如节假日、纪念日等进行限时促销，也能有效刺激消费。这些促销方式既不会损害门店形象，又能精准触达目标客群。

**案例17-3：**

一家高端餐厅在情人节当天推出了情侣套餐特惠活动，吸引了众多情侣前来就餐。套餐不仅价格实惠，购买套餐还赠送精美的情人节礼物。这次活动不仅提升了当天销量，还增强了顾客对门店的好感度。

（3）部分产品打折，而非全店降价

门店在促销时，可以选择库存较多的产品或季节性产品进行打折促销，以消化库存、提升销量。同时保持其他产品原价销售，避免给消费者留下"全店

都降价"的印象。这种策略既能吸引消费者关注打折产品,又不会对整个店面形象造成负面影响。

> **案例 17-4:**
>
> 　　一家运动品牌店在夏季推出了"夏季清仓"活动,对部分过季产品进行打折促销。这次活动不仅消化了库存压力,还为新款产品的上市腾出了空间。更重要的是,打折促销并没有影响门店的整体品牌形象。

　　案例 17-1 至案例 17-4 说明了降价促销的陷阱及不降价提升销量的策略。女装店频繁降价导致门店形象受损,业绩下滑;咖啡店周年庆促销则提升了销量和品牌美誉度。高端餐厅情人节特惠和运动品牌夏季清仓活动,均通过针对性促销吸引了消费者,未损害品牌形象。这些案例验证了降价非长久之计,合理促销策略方能持久提升业绩。

　　总之,降价促销并非提升销售业绩的唯一途径。通过巧妙的营销策略和创新的促销手段,门店可以在不降价的情况下实现销售业绩的提升。这需要我们不断探索和实践,找到适合自己的营销之道。在实际操作中,我们应结合店铺的实际情况和市场环境来制定具体的促销策略,确保既能提升销售业绩,又能维护店面形象和产品价值感。

### ||| 落地时刻

　　盘点一下你店铺当前的降价打折情况,是否必要?如果确实需要打折促销,能否从以上 3 个维度,重新进行归因设计宣传?

**你的行动**

_____
_____
_____
_____
_____

## 第18招

# 要想商品卖得快,价格锚定很重要

商场如战场,在实体店铺经营中,定价策略往往决定了一个产品的命运。你是否也曾遇到过这样的情况:明明产品不错,价格也不算高,但销量却始终不尽如人意?这时候,你可能需要考虑一下"价格锚定"这个神奇的策略了。今天,我们就来聊聊如何通过巧妙的价格锚定,让你的高价产品也能畅销无阻。

> **案例18-1:某男装店的启示**
>
> 先来讲讲某家男装店的故事。这家店里原本有两款热销衬衫,一款798元,另一款998元。店主原本希望顾客能更多地选择998元的那款,但现实却恰恰相反,798元的衬衫总是卖得更快。这让店主很是头疼。
>
> 一次偶然的机会,店主尝试引入了一款价格更高的衬衫——1680元。令人意想不到的是,这款高价衬衫不仅没让其他两款衬衫滞销,反而让998元的衬衫销量大增。顾客们开始觉得,与1680元的衬衫相比,998元的那款显得既实惠又有档次,性价比超高。
>
>

在本案例中,男装店通过引入1680元高价衬衫作为锚点,成功提升了998元衬衫的销量。此策略验证了价格锚定的有效性,即合理设置高价锚点能改变消费者对中等价位产品的认知,提升其性价比感知。通过遵循避免极端原则、利用权衡对比,店铺成功引导了消费者的购买决策。此案例强调了深入了解顾客、精心选择锚点产品和保持价格体系合理性的重要性。这就是价格锚定的魔力。通过设置一个高价位的"锚点",店主成功改变了顾客对中等价位产品的认知,从而提升了销量。

什么是价格锚定?简单来说,价格锚定就是通过设置一个或多个参考价格,来影响消费者对产品实际价格的感知和评价。这些参考价格就像锚一样,固定了消费者对产品价值的认知范围。

在实际购物中，我们经常遇到这样的情况：超市里同一款商品，大包装的价格看似更划算，但实际上，如果只需要少量，买小包装可能更实惠。但大多数时候，我们会被大包装的"优惠价"所吸引，认为买得多就赚得多。这就是商家利用价格锚定心理，引导消费者做出购买决策的例子。那么，应该如何运用价格锚定呢？

（1）合理设置锚点

锚点的选择至关重要。它不能太高，让消费者觉得遥不可及；也不能太低，否则就失去了对比的意义。就像前面提到的男装店，1680元的衬衫作为锚点，既不过分夸张，又能有效提升998元衬衫的吸引力。

（2）遵循避免极端原则

在价格设置上，要避免极端价格。通常，消费者会选择中间价位的产品，因为它既不过于昂贵，也不过于廉价。这样的产品往往能给人一种性价比高的感觉。

（3）利用权衡对比

当消费者面对多个价格选项时，会不自觉地进行权衡、对比。商家可以设置不同档次的产品和价格，让消费者在比较中找到最适合自己的产品。

看到这里，你是不是也心动了？想要在你的店铺里试试价格锚定的策略？没问题，但记得注意以下几点。

（1）深入了解你的顾客：了解消费者的需求和预算，才能设置出最合适的锚点。

（2）精心选择锚点产品：锚点产品不一定要卖得好，但一定要有足够的吸引力，能让顾客愿意拿它与其他产品做对比。

（3）保持价格体系的合理性：不要为了锚定而锚定，价格设置要符合市场规律，避免给顾客留下"宰客"的印象。

（4）持续观察和调整：市场是变化的，顾客的需求也在不断改变。因此，你需要持续观察价格锚定的效果，并根据实际情况进行调整。

### ||| 落地时刻

消费者其实并不真的是为商品的成本付费，他是为商品的价值感而付费。"价格锚定"的逻辑，就是让消费者可对比，有一个价格感知。你家店铺里的产品定价有一个可以让消费者可对比的价格感知吗？如果没有，请参考以上策略，调整你家店铺的产品价格。

第 2 章 引流——五个维度做引流，增长之源自然有

> 你的行动

---
---
---

## 第19招

# 超低价格的引流，赚多赚少心有谱

在电商领域，超低价引流策略已被广泛运用，且效果显著。然而，许多实体门店的经营者却对此策略持保留态度，认为其不适用于实体经营。实则不然，超低价引流策略在实体门店营销中同样具有巨大的潜力。今天，我们就来深入探讨这一策略在实体门店中的应用及其带来的业绩增长。

首先，我们要明确一点：超低价引流并非意味着亏损经营，而是通过合理的产品选择和定价策略，吸引大量顾客进店消费，从而带动其他产品的销售，实现整体盈利。这种策略的核心在于利用顾客喜欢"占便宜"的心理，通过高价值产品的超低价销售，激发消费者的购买欲望。

**案例 19-1：**

以超市中的散装鸡蛋为例，许多超市会以成本价销售鸡蛋，虽然这种做法在鸡蛋这一单品上可能不赚钱，但它成功吸引了大量顾客进店购买。顾客在购买鸡蛋的同时，会顺便购买其他商品，如蔬菜、水果、日用品等。这样一来，超市便通过其他商品的销售实现了盈利。这就是超低价引流策略的魅力所在。

**案例 19-2：**

以一家烤鱼店为例，他们将原价168元的烤鱼以58元的价格进行销售。这一价格远低于市场价，迅速吸引了大量顾客前来品尝。顾客在享受美味烤鱼的同时，往往会点一些小菜、饮料等，从而增加了门店的整体销售额。

值得一提的是，这家烤鱼店在进行超低价引流时，并没有降低烤鱼的品质。他们坚持以168元烤鱼的标准来制作58元的烤鱼，确保了产品的口感和质量。这种做法不仅赢得了顾客的口碑，还让顾客自发地进行口碑传播，进一步扩大了门店的知名度。

案例 19-1 和案例 19-2 阐述了超低价引流策略在实体门店中的成功应用。超市通过成本价销售鸡蛋吸引顾客，带动其他商品销售；烤鱼店以远低于市场价销售烤鱼，同时保证品质，吸引顾客并增加整体销售额。两案例均验证了超低价引流的有效性，关键在于合理选择产品、控制成本、提升服务质量和营造舒适购物环境，以实现整体盈利。此策略需注重产品品质，避免因降价损害消费者体验。

当然，超低价引流策略并非适用于所有产品。在选择引流产品时，我们需要充分考虑产品的价值、知名度以及顾客对该产品的认知度。高价值、高知名度的产品更容易激发消费者的购买欲望，从而达到引流的效果。同时，我们还需要确保引流产品的质量，避免因为价格降低而损害产品品质，影响消费者体验。除了产品选择和定价策略外，超低价引流策略的实施还需要注意以下几点。

（1）合理控制成本：在执行超低价引流策略时，门店需要确保产品的成本得到有效控制，以避免因价格过低而导致的亏损。通过优化采购渠道、降低库存成本等方式，门店可以有效降低成本，提高盈利能力。

（2）提升服务质量：优质的服务是吸引顾客的关键因素。在执行超低价引流策略时，门店应注重提升服务质量，让顾客在享受低价产品的同时，也能感受到门店的用心和热情。

（3）营造舒适的购物环境：购物环境的好坏直接影响顾客的购物体验。门店需要确保整洁、明亮，提供便捷的购物设施和舒适的休息区，让顾客在购物过程中感受到愉悦和舒适。

综上所述，超低价引流策略在实体门店营销中具有巨大的潜力。通过合理的产品选择和定价策略，门店可以吸引大量顾客进店消费，带动其他产品的销售，实现整体盈利。在实施过程中，门店需要注重产品质量、成本控制、服务质量和购物环境的营造，以确保策略的成功实施。

||| 落地时刻

盘点你家门店的产品，能否挑选一款品质过关的产品做超低价引流，收获流量、收获口碑。

你的行动

## 第20招

# 免费产品做引流，其实不亏还赚有

在互联网时代，许多互联网平台企业通过前期烧钱补贴、提供免费服务来吸引用户，形成庞大的用户基础后，再通过其他方式实现盈利。这种策略在实体门店运营中是否同样适用呢？虽然我们不能直接照搬互联网企业的模式，但其核心思路——免费吸引顾客，再通过其他方式盈利，是值得借鉴的。

免费引流的魔力何在？实体门店与线上平台最大的不同在于，它们占据了一个固定的商圈位置，这个位置本身就具有天然的流量。然而，如何让路过的潜在客户走进实体门店，成为真正的顾客，就需要一点策略了。而免费产品，就是实现引流潜在客户的金钥匙。

想象一下，一个阳光明媚的周末，你走在街上，突然被一家烘焙店散发出的香甜气息吸引。走近一看，原来店家正在做活动，免费赠送刚出炉的小饼干。你接过这份小礼物，品尝之余，不免对这家店的烘焙手艺产生了兴趣，于是决定进店看看。这就是免费产品引流的魅力所在——以极低的成本，吸引顾客的注意，进而引导顾客进店消费。

免费不等于亏钱。很多实体门店经营者对免费策略持怀疑态度，认为免费就是亏钱。但实际上，这种看法忽略了一个重要的商业逻辑：免费是为了更好的收费。

首先，免费产品可以作为诱饵，吸引顾客进店。顾客进店后，商家就有了更多的销售机会。比如，上述烘焙店的免费小饼干，虽然成本不高，但它成功地将行人变成了潜在顾客，为门店带来了更多的销售可能。

其次，免费体验可以建立顾客信任。顾客在享受免费服务或产品时，会感受到商家的诚意和专业。这种正面的体验往往能转化为后续的购买行为。例如，一家新开的健身房提供免费的体验课程，让顾客在没有任何压力的情况下感受健身氛围和教练的专业指导。这种体验让顾客对健身房产生了信任和好感，进而促成后续的会员卡销售。

免费策略如何实施？实施免费策略时，关键在于精准定位和精细策划。以下是具体的实施步骤和注意事项。

（1）明确目标客户群体：首先，你需要明确你的目标客户是谁。如果你有一家儿童培训机构，那么你的目标客户就是家长和孩子。针对这一群体，你可以设计一些寓教于乐的免费亲子活动或体验课程。

（2）设计有吸引力的免费产品：免费产品不需要多么昂贵或复杂，但一定要有足够的吸引力。它可以是你的主打产品的小样、试用装，也可以是具有特色的增值服务。设计的免费产品关键是要让顾客感受到价值。

（3）设定合理的获取条件：为了让免费产品更有价值感，你可以设定一些合理的获取条件。比如，关注公众号、转发朋友圈集赞等。这些条件不仅能帮助你扩大品牌曝光度，还能筛选出真正对你的产品或服务感兴趣的潜在客户。

（4）确保服务质量和顾客体验：设计免费产品的目的是吸引顾客进店并促成后续消费。因此，你必须确保免费产品的质量或服务水平不打折扣。只有这样，顾客才会对你的店铺产生好感并愿意于此继续购买。

（5）结合其他营销手段：免费策略可以与其他营销手段相结合，形成更强的营销效果。比如，你可以在社交媒体上发布免费活动的信息，吸引更多人关注和参与；或者与周边商家合作，共同推出联合营销活动。

**案例 20-1：**

某知名健身房在开业初期，为了吸引会员，推出了免费的体验次卡活动。顾客只需关注健身房的官方微信公众号，并填写相关信息，即可获得一张免费的体验次卡。通过这次活动，健身房成功吸引了大量潜在客户进店体验。在顾客体验过程中，健身教练会提供专业的指导和建议，让顾客感受到健身房的专业性和服务质量。许多顾客在体验后选择了购买会员卡，成为健身房的忠实会员。通过这次免费体验策略，健身房不仅提高了品牌知名度，还成功实现了盈利目标。

在本案例中，健身房通过免费体验次卡活动成功吸引潜在客户进店体验，进而促成会员卡销售。此策略验证了免费产品引流的魔力，即利用免费产品吸引顾客进店，再通过专业服务和体验建立顾客信任，最终实现盈利。免费产品策略关键在于精准定位目标客户、设计有吸引力的免费产品、确保服务质量和顾客体验。此案例证明了免费产品策略在实体门店中的有效应用。

### ||| 落地时刻

盘点你家门店的服务模式，设计一些免费产品或者服务，吸引顾客到店，收获进店流量、获得更多销售机会。

**你的行动**

_____
_____
_____
_____

## 第 21 招

# 超级赠品去引流，超级满意再回流

在第 20 招中，我们探讨了如何利用免费产品吸引首次到店的客户。而在这一招中，我们将聚焦于如何通过超级赠品策略，激发客户的复购意愿，从而实现客户的长期锁定和门店业绩增长。

超级赠品引流，顾名思义，就是通过提供价值远超客户心理预期的赠品，来吸引和留住客户。然而，这并不意味着盲目地赠送，其核心目的在于锁定客户的长期消费，让他们成为门店的忠实拥趸。

**案例 21-1：**

某知名咖啡店为了提升客户的复购率，推出了一项超级赠品活动。客户只需购买指定金额的咖啡豆，即可获赠一台价值数百元的手冲咖啡壶。这款手冲咖啡壶在市场上备受好评，其价值远超客户购买的咖啡豆金额。因此，活动一经推出，便吸引了大量客户前来购买。客户在使用手冲咖啡壶的过程中，不仅提升了咖啡的冲泡技巧，还更加频繁地光顾该咖啡店，购买更多的咖啡豆和其他相关产品。通过这次超级赠品活动，该咖啡店成功锁定了大量客户的长期消费，实现了业绩的显著增长。

超级赠品策略的成功，关键在于赠品的选择和赠送方式。赠品必须具有较高的价值，能够超出客户的心理预期，从而激发他们的购买欲望。同时，赠品的赠送方式也要巧妙设计，确保能够锁定客户的长期消费。

如上面的案例所述，其他行业也可以借鉴这一策略。例如，美容院可以推出充值会员卡赠送高价值护肤品的活动；健身房可以提供充值会员卡赠送私教课程的服务等。这些活动能够有效地锁定客户的长期消费，为商家带来稳定的业绩增长。

在实施超级赠品策略时，商家还需要注意以下几点：首先，要确保赠品的质量和品质，以免损害门店形象；其次，要合理控制成本，确保活动的可持续性；最后，要密切关注市场动态和客户需求，及时调整赠品和赠送方式，以保持活动的吸引力。

总之，超级赠品策略是一种高效的营销策略，能够帮助商家锁定客户的长期消费，实现业绩增长。在实施过程中，商家需要精心策划和执行，确保活动的成效。超级赠品引流法不仅是一种营销策略，更是一种顾客关怀和服务理念的体现。只要你用心去设计和执行这个策略，相信你的门店一定能够吸引更多顾客的光顾，实现业绩的持续增长。

### ‖‖ 落地时刻

现在就开始行动吧！结合你门店的实际情况和顾客需求，设计一个超级赠品活动方案。精心挑选赠品、合理设置活动规则，并通过多种渠道进行宣传推广。相信在不久的将来，你会看到顾客因为超值的赠品而纷至沓来，门店的业绩也会因此节节攀升！

**你的行动**

_____
_____
_____
_____

## 第22招

# 增值服务到位，人气自然会有

在如今这个竞争激烈的市场中，实体门店想要脱颖而出，赢得顾客的青睐，靠的不仅仅是优质的产品，更是那些能让顾客感受到温暖和关怀的增值服务。想象一下，当顾客走进你的店铺，不仅得到了想要的商品，还收获了意想不到的惊喜和关怀,这种体验怎能不让顾客心生欢喜,下次再来呢?

什么是增值服务?增值服务,简单来说,就是在提供基础产品或服务的基础上,额外给予顾客的附加价值。这些服务或许并不显眼,但却能在无形中提升顾客的购物体验,增强顾客对店铺的好感度和忠诚度。就像冬日里的一杯热茶,虽不起眼,却能温暖人心。

为什么增值服务如此重要?

(1) 首先,增值服务是提升顾客体验的关键。在产品和服务日益同质化的今天,如何让顾客在众多选择中记住你?答案就是提供独一无二的增值服务。当顾客在享受你的服务时,感受到的不仅仅是便利和高效,更是被重视和关怀。这种感觉会让顾客愿意再次光顾,甚至主动为你推荐新客户。

(2) 其次,增值服务能增强产品的竞争力。在价格相同时,顾客自然会选择那些提供额外服务的店铺。因为对他们来说,这些服务是实实在在的优惠,能够让他们感到物超所值。

(3) 最后,增值服务还能帮助店铺建立口碑。当顾客在你的店铺享受到超值的服务后,他们很可能会在朋友圈、社交媒体上分享这种美好的体验。这种自发的口碑传播,比任何广告都来得更加真实和有效。

**案例 22-1:**

某知名美发连锁店通过提供一系列精心的增值服务成功吸引了大量客户。他们不仅为客户提供专业的发型设计和修剪服务,还在店内设置了舒适的休息区,提供免费饮料和小点心。此外,他们还定期举办发型知识讲座和潮流分享会,让客户在享受美发服务的同时,还能学习到更多关于发型保养和时尚搭配的知识。这些增值服务不仅提升了客户的满意度和忠诚度,还成功吸引了更多新客户前来体验。通过巧施增值服务策略,该美发连锁店实现了业绩的显著提升。

在本案例中,美发连锁店通过提供休息区、免费饮料、发型知识讲座等增值服务,提升了客户满意度和忠诚度,成功吸引新客户。此策略验证了增值服务的重要性,即通过数量累积、能做则做、专业增值、细节增值和情感增值等

原则，提升顾客体验，增强产品竞争力，建立口碑。此案例展示了增值服务在实体门店中的有效应用，是拉近客群关系、促进长期稳定发展的关键。

那么，如何提供增值服务？

（1）数量累积

不要期望一蹴而就，增值服务需要长期的积累和坚持。每一次细致周到的服务，都是对顾客信任的积累。比如，你可以为常客设立积分制度，鼓励他们多次光顾并积累积分，最终兑换礼品或享受特别优惠。这样一来，顾客在享受服务的同时，也能感受到店铺对他们的重视和关怀。

（2）能做则做

面对顾客的需求和请求，不要吝啬你的帮助和服务。只要能做到的，就尽力去做。这种积极主动的服务态度，会让顾客感到被重视。比如，顾客在购买大件商品时可能需要帮助搬运到车上或家中，如果你能提供这样的服务，无疑会大大提升顾客的满意度和忠诚度。

（3）专业增值

对于服务型门店来说，专业性是吸引和留住顾客的关键。定期进行员工培训，确保员工能够提供专业、高效的服务。比如，在美容店中，专业的美容顾问可以根据顾客的皮肤状况和需求，提供个性化的护肤方案。这种专业的服务不仅能解决顾客的问题，还能让顾客感受到店铺的专业性和可靠性。

（4）细节增值

细节决定成败。在提供增值服务时，一定要注重每一个细节。从顾客进店的那一刻起，就要让顾客感受到你的用心和关怀。比如，你可以在顾客等待时为他们提供舒适的休息区、免费的茶水和小点心；在顾客购买商品时为他们提供精美的包装和贴心的使用说明。这些看似微不足道的细节，却能大大提升顾客的购物体验。

（5）情感增值

情感是连接顾客和店铺的桥梁。在提供增值服务时，不妨多打感情牌。通过真诚地关心顾客、了解他们的需求和困扰，并给出合适的建议和解决方案，让他们感受到你给予的温暖和关怀。比如，在顾客生日时为他们送上祝福和小礼物；在节假日时为他们准备特别的优惠和活动。这些情感的投入会让顾客感到被重视和珍惜，从而更加信任和支持你的店铺。

### ||| 落地时刻

现在请梳理你门店的产品及服务属性，重新审视你店的客群关系，根据客户的需要，为客户提供超出常规服务范围的服务，拉近你和客户的关系，让增值服务为你的门店引流获客并实现更多的业绩增长。

你的行动

---

## 第 23 招

# 从容做服务，客户更满意

实体门店的经营过程中，经常会面对一个共同的挑战：如何在营业高峰期保持服务的高质量，让客户感到满意，同时又不让店员过于疲于奔命。这是一个需要细致平衡的问题，而且它直接关系到门店的声誉和客户满意度。

许多门店在一天中的某些时段会迎来客流高峰。这时，顾客络绎不绝，排队等候服务成为常态。然而，正是在这种忙碌的时刻，服务质量往往容易下降，导致客户不满和抱怨。

**案例 23-1：**

以我们熟悉的面包店为例。工作日的下午，尤其是下班高峰期，顾客纷纷涌入选购晚餐或第二天的早餐。如果店员在这一时段急于应对，只追求速度而忽视服务质量，很可能会给顾客留下不良印象。尽管店员可能出于好意，希望尽快服务每一位顾客，但结果往往适得其反。

> 想象一下，当你排队等候多时，终于轮到自己，却发现店员急匆匆地处理你的订单，甚至没时间回答你的问题或提供必要的帮助，你会作何感想？这种体验无疑会让人感到被轻视和不尊重。

那么，如何在高峰期保持沉稳的工作状态，让客户感到舒适和满意呢？以下是一些实用的建议。

（1）从容面对排队现象

首先，我们要明白排队是门店人气旺盛的一种表现。顾客愿意等待，说明他们对店铺的产品或服务有足够的期待。因此，店员不必因为看到顾客排队而过分紧张或焦虑。相反，应该保持镇定，以专业的态度面对每一位顾客。

（2）合理调配人力资源

在高峰期，门店应该根据实际情况合理调配人力资源。不必所有店员都留在收银台处，可以分流一部分店员在现场提供其他服务或进行销售转化。这样不仅能缓解收银台的压力，还能更好地满足顾客的多样化需求。

（3）全心全意服务当前顾客

当顾客来到面前时，店员应该全心全意地为他们服务。耐心解答顾客的问题，提供必要的帮助和建议。这种细致入微的服务不仅能提升顾客的满意度，还能为门店积累良好的口碑。

（4）建立公平的排队规则

为了避免顾客因等待时间过长而产生不满，门店应该建立清晰的排队规则。例如，可以设置取号系统或明确的排队线路，确保每位顾客都能按照顺序接受服务。同时，对于有特殊情况的客人，如孕妇、老人等，可以提供适当的关照和优先服务，以体现门店的人文关怀。

综上所述，沉稳服务是提升门店客户满意度和忠诚度的关键所在。通过合理调配资源、建立公平的排队规则以及全心全意服务当前顾客等方法，我们可以让顾客在高峰期也能享受到从容不迫的购物体验。这不仅能提升门店的声誉和口碑，还能为门店带来长期稳定的业绩增长。

### ||| 落地时刻

回到我们自己的门店运营中，面对高峰期的挑战，我们是否也能不疾不徐地做好服务呢？你的门店营运高峰期有顾客排队的现象吗？不要怠慢任何一个面前的客户，应耐着性子做好当下的服务工作。把每一个现有的面前的顾客服务好,接下来才会有越来越多的顾客来店消费。

---

## 第24招

# 一杯专属菊花茶,客户惦念还想来

在激烈的市场竞争中,实体门店想要脱颖而出,就必须在细节上狠下功夫。我们以一家位于三线城市的美容店为例,探讨如何通过一杯匠心独具的菊花茶,让客户念念不忘,从而提升门店的业绩和客户的忠诚度。

**案例 24-1:**

这家美容店曾面临巨大的经营压力,周边同等档次的竞争对手众多,大家都在产品、服务、项目和价格上展开激烈竞争。然而,经过一年的努力,该美容店业绩却始终在盈亏平衡点徘徊。老板李女士对此深感困惑,向我们求助时流露出深深的无奈。

在对该行业和门店进行深入调研后,我们发现了一个有趣的现象:尽管各家门店在装修、产品、服务和价格上各有千秋,但客户对它们的印象却并不深刻。顾客往往会在不同的门店之间来回挑选,缺乏忠诚度。这让我们意识到,要想在众多竞争者中脱颖而出,就必须为门店打造出

独特的记忆点和留恋点。

为了找到突破口,我们对门店的接待流程进行了全面的优化,并在每个关键环节注入更多的价值体验。其中,最具创意的一招,就是推出了一杯专属的菊花茶。

我们摒弃传统的用纸杯给顾客倒水的做法,而是针对女性顾客和高客单价的消费特性,精心挑选了高级感满满的宫廷风珐琅彩瓷杯和优质的黄山贡菊。这种菊花在明朝时期就曾作为贡品献给皇室,历史悠久,品质上乘。

当顾客走进门店,我们会为她们奉上一杯精心泡制的菊花茶。打开玲珑精巧的茶杯盖,晶莹剔透的花瓣摇曳在杯中,淡淡的清香扑鼻而来,令人神清气爽。品一口茶,沁人心脾,让人回味无穷,唇齿留香。手捧菊花茶,顾客仿佛置身于一个清雅脱俗的世界,对门店的好感度瞬间拉满。

这一创新举措取得了显著的效果。顾客对这杯菊花茶赞不绝口,纷纷表示这是她们在其他门店无法体验到的独特服务。随着顾客回头率和复购率的提升,门店的业绩也逐步攀升。许多顾客在回访时都表示,她们对这杯菊花茶念念不忘,这也是她们愿意再次光顾的重要原因之一。

通过这个案例,我们可以总结出实体门店吸引并留住顾客的关键之一:向顾客提供在同行那里无法体验到的独特价值感。

首先,不要盲目跟随同行的做法。在本案中,我们打破了使用一次性纸杯倒水的常规做法,推出了专属的菊花茶服务。这种个性化的增值型服务让顾客感受到了门店的用心和特色。

其次,针对高客单价的客户,一定要提供与之相匹配的高品质体验感。这种体验感不仅体现在主产品或主服务上,更体现在每一个细节中。本案例,我们通过一杯精心泡制的菊花茶,让顾客在进门的第一刻就感受到了门店的高品质服务。

总之,通过匠心独具的服务和细节打造,我们可以让顾客在实体门店中体验到与众不同的价值感。这不仅能够提升顾客对门店的满意度和忠诚度,还能为门店带来持续稳定的业绩增长。

### ⅠⅠⅠ 落地时刻

你的门店对顾客服务中的哪些关键流程,可以体现对顾客的价值呢?同行是怎么做的？你又是怎么做的？找出来，优化它，让顾客因此惦念你。用心去做，你也能像李女士一样，用一杯小小的菊花茶赢得顾客的芳心，使店铺业绩持续增长。

**你的行动**

---
---
---
---

## 第25招

# 顾问式的好服务，高单客户留得住

在提供 B 端实体门店营销咨询服务的过程中，我经常听到企业主们感叹，如果他们的员工能像我提供服务时那样专业，那么客户满意度和留存率无疑会大幅提升。这种服务模式，我们称之为"顾问式服务"。

什么是顾问式服务？想象一下，当你走进一家高端汽车 4S 店，不是为了简单地看车或试驾，而是希望找到一位真正懂你需求的"汽车顾问"。这位顾问不仅熟悉每一款车型的性能参数，更能根据你的驾驶习惯、家庭需求甚至个人喜好，为你量身推荐最适合你的那一款车。这就是顾问式服务的魅力所在——它不仅仅是一种销售手段，更是一种深度理解和满足客户需求的贴心服务。

**案例 25-1：**

以某高端家居定制门店为例。这家门店在引入顾问式服务后取得了显著的成效。他们的销售顾问不再仅仅是销售员的角色，而是成了客户的家居顾问。每当有客户进店咨询，销售顾问都会详细了解客户的需求和偏好，包括家庭成员的生活习惯、审美取向以及空间利用的需求等，然后结合这些信息为客户量身打造个性化的家居设计方案。

在设计过程中，销售顾问会与客户保持紧密的沟通，确保方案符合客户的期望。同时他们还会提供专业的选材建议和搭配方案让客户在选购材料时得心应手。此外门店还会定期组织客户交流会分享家居装修的经验和心得让客户感受到品牌的关怀和支持。

通过这种顾问式服务模式，这家高端家居定制门店不仅提高了客户满意度和留存率，还带动了门店的业绩增长。越来越多的客户开始主动把这家门店推荐给亲朋好友，形成了良好的口碑效应。

在本案例中，高端家居定制门店通过引入顾问式服务，详细了解客户需求，提供个性化设计方案，紧密沟通并确保方案符合客户期望，成功提高客户满意度和留存率，带动业绩增长。此策略验证了顾问式服务的有效性，即提供专业信息、节省开支、建立信任、以朋友身份帮助、坦诚面对不足、专业与敬业并重，以及关注客户需求。此案例体现了顾问式服务在实体门店中的价值。

那么，在实体门店中，如何有效实施顾问式服务呢？以下是几个关键点。

（1）提供专业信息，助力客户决策：顾问式服务的核心在于为客户提供详尽的产品信息，确保客户能够基于这些信息做出明智的选择和购买决策。

（2）为客户节省开支：专业的顾问式服务，可以帮助客户避免在对产品一无所知的情况下进行不必要的消费，从而最大限度地为客户节省成本。

（3）建立客户信任：要提供有效的顾问式服务，必须赢得客户的信任。赢得客户的信任，建议才可能被采纳。

（4）以朋友身份提供帮助：除了专业建议外，我们还需要以朋友的身份去帮助客户。这样，客户才会对我们产生信赖。如果我们在接触客户时总是带有明确的目的性，那么只会让客户对我们产生戒备心理，从而降低服务效果。

（5）坦诚面对产品不足：顾问式服务最忌讳的就是欺骗客户。当客户对产品提出疑问时，我们应该坦诚地承认产品的不足。要知道，没有完美的产品。过度美化产品反而会给客户一种被欺骗的感觉。相反，坦诚地面对客户会让他们觉得我们是值得信赖的。

（6）专业与敬业并重：提供高客单价产品或服务的门店，如房产服务门店和汽车 4S 店，顾问式服务尤为重要。以房产服务为例，对于大多数家庭来说，房产交易涉及巨额资产交易和多个专业领域知识。在这个过程中，顾问型服务不仅起到桥梁作用，还可以帮助客户形成决策，助力他们完成置业。

（7）关注客户需求而非仅销售：顾问式服务的核心在于真正关注和理解客户的需求，而不仅仅是推销产品。

## 落地时刻

现在轮到你的门店了。你是否也在寻找一种能够提升客户满意度和留存率的有效策略？不妨尝试一下顾问式服务吧！首先，梳理一下你门店的产品和服务，看看是否有哪些环节可以进一步优化和提升。其次，结合你的门店实际情况制定一套专属的顾问式服务方案。在实施过程中要关注客户的每一个细节需求，用心去倾听他们的声音并提供针对性的解决方案。最后，不断提升你的专业水平和敬业精神，确保为客户提供最优质的服务。只有当你真正站在客户的角度去思考去服务时，你才能留住那些愿意为高价值产品和服务买单的高单客户。愿你的门店在顾问式服务的助力下实现业绩的持续增长！

**你的行动**

---
---
---
---

## 第 26 招

# 精准设置地图标，客户来店更好邀

数字营销时代，引流方法层出不穷。然而，许多店家面临一个共同的困惑：尽管在网上投入大量资源进行推广，吸引了众多关注和咨询，但客户的到店率却不尽如人意。这究竟是何原因?

经过深入调研,我发现一个普遍被忽视的问题——店铺位置标签的设定。位置标签,即店铺在宣传推广或客户通过第三方软件搜索时显示的实际位置信息,对于引导客户快速找到店铺至关重要。

一个精准的地图标签就像一个向导,指引着客户轻松抵达你的店铺。它不仅能提升店铺的曝光率和知名度,还能直接吸引陌生顾客进店消费。因此,清晰、准确地标注店铺位置信息,是提高实体门店业绩增长的关键策略之一。

那么,如何在地图 App 上设置店铺位置标签呢?以高德地图为例,我为大家详细介绍一下操作步骤。

下载并更新高德地图至最新版本。

打开高德地图,点击右下角的"我的",在屏幕中间位置找到"我的店铺"并点击进入。

选择"免费入驻",点击"立即入驻"。

按照页面提示,提交店铺名称、地图位置、门头照及营业执照等相关信息。留下联系方式,大约一天内就可以知晓审核是否通过。

当然,市面上还有许多其他可以标注店铺位置信息的 App,如百度地图、腾讯地图等。这些 App 的操作流程大同小异,只需根据具体 App 的提示进行操作即可。

在设置店铺位置标签时,有 3 个关键点需要注意。

(1) 命名:避免使用模糊的分店命名方式,如"1 店""2 店"等。更好的方式是采用"店名 + 具体地标"的命名方式,如"×××(深圳万象城店)"。这样的命名方式能帮助客户更准确地找到你的店铺。

(2) 楼层与铺位号:在大型购物中心内,建议使用更直观的楼层表达方式,如"负一楼""二楼"等,而非"B1""2F"等可能让人产生困惑的标识。同时,铺位号对于客户来说并不直观,建议在地址后面加上易于识别的标签,如"(观光梯旁)"或"(××品牌旁)"。

(3) 定期检查并更新位置标签信息,以应对店铺搬迁或周边环境变化等情况。

**案例 26-1:**

深圳龙岗区的某家特色餐厅就曾经遇到过这样的问题。他们的店铺原本在地图上的位置标签设置为"×××餐厅（龙岗店）"，地址是"龙岗大道布吉×××广场B103号商铺"。然而，开业初期，许多顾客反映找不到店铺，导致门店营业到店率远低于预期。

通过深入调研和顾客反馈分析，商家发现问题的根源在于位置标签不够精准和直观。于是，他们决定对店铺位置标签进行调整。新的标签改为"×××餐厅（布吉××广场店）"，并将地址修改为"龙岗大道布吉××广场负一楼（观光梯旁）"。

调整后的效果立竿见影。顾客在搜索店铺时能够快速地找到准确位置，到店率显著提升。同时，大众点评等平台上也开始出现顾客反馈评论说餐厅位置好找、导航准确。这一系列变化不仅提升了顾客的到店体验，还间接带动了门店销售业绩的增长。

这个案例充分说明了精准设置门店位置标签的重要性。一个小小的调整就能带来如此显著的效果。因此，我强烈建议各位店家认真对待这个问题，确保你的店铺能够被客户轻松找到。

### ‖‖落地时刻

现在就开始行动吧！打开你的手机，检查并优化你的门店地图标签。记住，让客户轻松找到你，是提升业绩的关键一步！

**你的行动**

_____
_____
_____
_____
_____

第27招

# 即使没有花钱推,大众点评也有你

在日常咨询中,我发现许多商家对大众点评存在误解。第一种误解是认为上线大众点评需要专业的技术或运营团队,自己操作不来。实际上,大众点评为商家提供了简洁明了的入驻流程,只需简单几步,填写信息,就能成功入驻。第二种误解则是认为在大众点评上露面必须花钱做推广,这更是一个大大的误会。因为大众点评和美团等平台本身就是一个用户生成内容(UGC)的聚集地,商家完全可以通过优化自身信息和积极回应用户评价来提升门店曝光度和口碑。

**案例 27-1:**

在繁华的市中心一条偏僻的小巷里,隐藏着一家名为"××时光"的小型咖啡馆。刚开业时,由于位置不佳,加上周围大型咖啡连锁店的竞争,生意一直冷清。然而,咖啡馆老板李先生并没有放弃,他决定尝试在大众点评上开通商铺,利用平台的力量来提升店铺的知名度。

李先生首先完善了商铺信息,上传了精美的门头照和店内环境照片,还详细描述了咖啡馆的特色和氛围。接着,他开始定期发布店内动态、新品推荐和优惠活动,这些内容充满创意和吸引力。每当有顾客留下评价,李先生都及时回应,无论是好评还是差评,他都以诚恳的态度处理,赢得了顾客们的一致好评。

渐渐地,"××时光"在大众点评上的评分越来越高,吸引了大量年轻顾客的关注。他们被咖啡馆的独特氛围和优质服务所吸引,纷纷前来打卡体验。不久之后,这家原本冷清的咖啡馆就因其在大众点评上的出色表现而成为当地的网红打卡点,生意也随之火爆起来。李先生感慨地说:"真没想到,大众点评的免费推广力量如此强大!"

这个案例充分证明了大众点评的免费推广力量。商家只需用心经营自己的商铺页面，发布高质量的内容，积极回应用户评价，就能在不额外花费的情况下获得可观的曝光度和客流量。

那么，商家应该如何有效利用大众点评来推广自己的门店呢？以下是一些实用的建议。

（1）完善商铺信息：确保商铺名称、地址、联系方式等基本信息准确无误。同时，上传高质量的门头照和店内环境照片，让顾客在浏览时能够直观地感受店铺的氛围和特色。

（2）积极回应用户评价：无论是好评还是差评，商家都应该及时回应并处理。对于好评，可以表达感谢并邀请顾客再次光临；对于差评，则应诚恳道歉并提出解决方案。这不仅能够提升顾客满意度，还能展示商家的责任心和诚信度。

（3）发布优质内容：利用大众点评的瀑布流功能发布店铺动态、新品推荐、优惠活动等内容。这些内容应该具有吸引力和实用性，能够激发潜在顾客的兴趣并引导他们进店消费。

（4）参与平台活动：大众点评和美团等平台经常会举办各种促销活动或话题挑战。商家可以积极参与这些活动，通过平台流量来提升自己店铺的曝光度和参与度。

（5）引导顾客评价：在顾客消费后，商家可以主动邀请他们留下评价或分享体验。这些真实的用户评价对于后续顾客的消费决策具有重要影响。

值得注意的是，大众点评为商户提供了免费开通商铺的机会。你不需要一开始就投入资金，而是可以通过优化商铺信息、回应用户评价等方式，提升店铺在平台上的表现。这种低成本的推广方式，对于实体门店来说，无疑是一个巨大的机会。利用大众点评等平台的免费资源，完全可以实现实体门店的有效推广，关键在于我们是否愿意花时间去了解和运用这些平台的功能。

现在，如果你还没有在大众点评上开通商铺，那么不妨尝试一下。开通流程简单明了，你只需按照平台提示填写相关信息即可。开通后，记得定期更新店铺信息、回应用户评价，并尝试利用瀑布流内容提升门店曝光率。

### ||| 落地时刻

如果你的店铺还未入驻大众点评或美团，请立即行动，开通你的商铺。对于已经开通的商铺，请登录平台，从消费者的视角出发，仔细检查和优化店铺展示的每一个细节。定期发布优质内容到瀑布流，吸引更多潜在客户的关注。

记住，利用这些平台本身的免费资源，你可以在不额外增加成本的情况下，有效提升实体门店的曝光率和口碑。现在就开始行动吧！

**你的行动**

---
---
---
---

## 第 28 招

# 小红书上多种草，就有客人来拔草

在这个信息爆炸的时代，每一位消费者都像漫步在琳琅满目的商品森林中，寻找着那棵能触动自己心弦的"神奇之树"。而小红书，这个充满生活气息与消费热情的社交平台，正是这样一片神奇的森林，它让"种草"与"拔草"成为消费者日常的一部分。今天，我们就来聊聊如何利用小红书，为你的实体门店种下一颗颗吸引顾客的"种子"。

### 1. 自营账号：用心耕耘，静待花开

在小红书上开设自营账号，就像是在你的实体门店旁边开了一扇窗，让更多人有机会窥见店内的美好。这不是简单的信息发布，而是一场关于品牌故事的娓娓道来。想象一下，你有一家温馨的咖啡馆，每天清晨，当第一缕阳光洒在研磨好的咖啡豆上时，你拿起手机，记录下这一刻的宁静与美好，然后配上几句温暖的文字，发布到小红书上。这样的日常分享，无形中就为你的品牌种下了第一颗"种子"。

**案例 28-1：**

有一家隐藏在老城区巷弄里的小书店，店主阿姨每天都会用镜头记

录下书店的一角,无论是午后的一缕阳光透过窗户洒在书页上,还是夜晚店内柔和的灯光下,客人静静地翻阅书籍的身影。这些真实的、有温度的照片和文字,渐渐吸引了大量热爱阅读的粉丝。他们不仅在线上关注书店的动态,更纷纷走进实体门店,亲自感受那份静谧与书香。

### 2. KOL合作:借船出海,扩大影响力

如果说自营账号是慢慢耕耘自己的小花园,那么与KOL(关键意见领袖)的合作,就像是搭上了一艘开往广阔海洋的大船。小红书上活跃着众多拥有大量粉丝的博主,他们的话语权不容小觑。一次成功的KOL合作,往往能让你的门店一夜之间成为热门打卡地。

**案例28-2:**

一家新开业的甜品店,选择与当地知名的美食博主合作。博主不仅到店品尝了所有招牌甜品,还精心拍摄了制作过程和试吃体验的视频。视频中,博主那满足的表情和详细的点评,瞬间点燃了粉丝们的热情。一时间,这家甜品店成了小红书上的热门话题,无数人被"种草",纷纷前往拔草,门店生意火爆异常。

### 3. 素人推广:真实体验,口口相传

不要小看素人的力量,他们的每一次分享,都可能是触动潜在顾客的那根弦。素人推广的优势在于真实性和可信度,他们不是专业的推广者,但他们的分享往往更能引起共鸣。

**案例28-3:**

一家主打手工皮具的小店,邀请了几位常客到店体验定制过程,并鼓励他们将自己的体验分享到小红书上。这些素人用户用朴实无华的

> 语言和真实的照片,记录下了皮具制作从选材、设计到成品的每一个细节。他们的分享,让更多人看到了手工皮具的魅力,也激发了更多人对这家小店的兴趣。渐渐地,小店的名气越来越大,客流量也显著增加。

案例28-1至案例28-3展示了小红书平台对实体门店的推广价值。通过自营账号分享日常,小书店吸引粉丝线下体验;与KOL合作,甜品店迅速走红;素人推广让手工皮具小店名声大噪。这些案例验证了小红书"种草"文化的商业潜力,即通过真实、有温度的内容吸引用户,进而转化为线下客流。实体门店应灵活运用这些策略,在小红书上精心"种草",以吸引更多顾客前来"拔草"。

小红书,这个起家于"种草"属性的社交平台,如今已成为消费者消费决策的重要参考阵地,其商业价值正被越来越多的品牌、商家及个人所发掘。无论是大品牌营销,还是个体小商户,甚至个人博主,都能在这个平台上找到属于自己的舞台。对于实体门店而言,小红书不仅是一个宣传窗口,更是一个能够直接触达潜在消费者、引导消费潮流的有力工具。

### ||| 落地时刻

根据自身门店的产品特点和目标消费群体,灵活选择自营账号运营、与KOL合作或素人推广等策略。通过精心策划和执行,让更多的用户在小红书上为你的产品或服务"种草"。记住,"种草"越多,"拔草"(即实现消费)的机会就越大。小红书上的每一次"种草",都是一次与潜在顾客建立联系的机会。只要你用心去经营这片"小森林",就一定会有越来越多的客人被你的"种子"吸引,前来"拔草"。

**你的行动**

_____

_____

_____

_____

_____

## 第29招

# 不花钱的神操作，抖音一搜客就多

在这个人人离不开手机的时代，社交媒体成了我们生活中不可或缺的一部分。抖音，这个充满活力与创意的平台，更是吸引了无数用户的眼球。对实体店老板来说，抖音不仅是一个娱乐工具，更是一个潜力无限的获客渠道。今天，咱们就来聊聊，如何不花一分钱，通过抖音让你的店铺客流如潮。

### 1. 用好地理标签，同城流量轻松引

想象一下，你在抖音上刷到了一个诱人的美食视频，正巧这家店就在你家附近，你是不是心动不已，会立马跑去尝鲜？这就是地理位置标签的魅力所在。

操作要点：每次发布视频时，别忘了加上你的店铺地址和话题标签，比如"#老城街美食探店"。这样，同城的伙伴们在搜索相关话题时，你的店铺就有机会出现在他们的眼前。记得，标签要精准，才能吸引真正对你店铺感兴趣的人。

**案例29-1：**

小王在老城区开了一家小吃店，起初生意一般。后来，他开始尝试在抖音上发布自家小吃的制作过程，每次都不忘加上店铺地址和"#老城区地道小吃"的话题标签。没过多久，小王发现店里的顾客明显多了起来，很多都是看了他的抖音视频找过来的。小王这才意识到，原来抖音的力量这么大！

### 2. 热点话题不放过，借势营销有一套

抖音上的热点话题，就像一阵风，来得快去得也快，但如果你能紧跟这股风，就能让你的店铺"飞"起来。

操作要点：时刻关注抖音的热搜榜和同城榜，看看哪些话题正火。然后，将你的店铺特色，巧妙地融入热点话题。比如，最近流行复古风，你就可以拍一段用老式器具制作特色小吃的视频，同时关联上"#复古美食挑战"的话题。

**案例 29-2：**

李姐在一条繁华的商业街开了一家花店。一次偶然的机会，她发现抖音上正流行"春日限定美景"的话题。于是，李姐赶紧拍了一段花店春日新品的介绍视频，并巧妙地融入了这条街上的其他春日美景。视频发布后，不仅获得了大量点赞和评论，还吸引了不少顾客专程来花店打卡。

### 3. SEO 优化不可少，精准定位效果好

你知道吗？抖音的搜索功能其实非常强大，只要你懂得 SEO（搜索引擎优化），就能让你的视频在搜索结果中脱颖而出。

操作要点：在发布视频时，一定要精心挑选标题、描述和标签。标题要吸引人，同时包含店铺的关键词；描述要详细，可以简单介绍一下视频内容或店铺特色；标签要多选几个与视频和店铺相关的关键词，以增加被搜索到的概率。

**案例 29-3：**

小张在市中心开了一家健身房，为了吸引更多会员，他开始尝试在抖音上发布健身教程视频。起初，视频反响平平。后来，小张学习了 SEO 知识，开始优化视频标题和标签。比如，他将一个视频的标题改为"【燃脂挑战】30 天瘦 10 斤不是梦！"并加上了"#健身减肥#市中心健身房"等标签。这次，视频火了，小张的健身房也迎来了报名高峰。

### 4. 探店达人来助力，合作双赢不是梦

抖音上有很多探店达人，他们拥有庞大的粉丝基础，能够为你的店铺带来可观的流量。

操作要点：寻找与你店铺定位相符的探店达人进行合作。不要只看粉丝数量，更重要的是看达人的内容质量和带货能力。合作时，要明确双方的权责利，确保合作顺利进行。

> **案例 29-4：**
>
> 赵姐开了一家有特色的民宿，为了扩大知名度，她联系了几位本地的旅游达人进行合作。这些达人通过亲身体验后，在抖音上分享了民宿的环境、服务和特色，吸引了大量网友的关注。赵姐的民宿因此预订量激增，达人们的粉丝也从中受益，实现了双赢。

案例 29-1 至案例 29-4 都表明实体店通过抖音获客取得了成效。小王通过地理标签吸引同城顾客，李姐借势热点话题提升花店知名度，小张利用 SEO 优化使健身房视频脱颖而出，赵姐则与探店达人合作实现双赢。这些案例进一步验证了通过抖音利用地理标签引流、紧跟热点话题、进行 SEO 优化以及与达人合作的方式进行营销的有效性。实体门店可借鉴这些策略，通过抖音平台吸引更多顾客。

### ||| 落地时刻

说了这么多，你是不是已经跃跃欲试了呢？别急，记住以下几点，让你的抖音营销之路更加顺畅：持续输出优质内容、互动回应要及时、数据分析不可少、保持耐心和恒心。抖音营销不是一蹴而就的事情，需要长期坚持和不断优化。好了，现在轮到你了！拿起手机，打开抖音，开启你的抖音获客之旅吧！

**你的行动**

_____
_____
_____
_____
_____

## 第30招
# 不用经营公众号，一篇图文就好了

在移动互联网时代，实体店面临线下引流难题，纷纷将目光投向线上平台。其中，公众号作为一个基础且重要的选择，成为实体店展示品牌形象、开发潜在客户和引导消费的有力工具。然而，许多实体商家在运营公众号时面临内容输出和专职运营的难题。本文将为实体商家提供一套不依赖专业运营团队也能最大化发挥公众号作用的策略，助力实体店业绩增长。

### 1. 轻松涨粉，从日常服务做起

首先，我们来聊聊那些简单又高效的涨粉小妙招。想象一下，顾客走进你的店，坐下来享受悠闲时光，这时，你递上一张带有公众号二维码的小卡片，告诉他们扫一扫就能连上店里的免费 Wi-Fi。这个动作，既贴心又自然，顾客几乎不会拒绝。

**案例 30-1：**

有家知名连锁咖啡店，就是这么干的。他们不仅在店内显著位置贴上了二维码，还特意培训员工，在顾客询问 Wi-Fi 密码时，温柔地引导他们关注公众号。结果，短短几个月，粉丝数飙升，这些新粉丝在后续的优惠活动中也表现得格外积极。

对于餐饮店来说，扫码点餐已经不是什么新鲜事了。但你有没有想过，在点餐的最后一步，悄悄加上一个"关注公众号"的选项？顾客为了快点上菜，往往不会拒绝这个小请求。这样一来，不仅提高了点餐效率，还顺便涨了粉，一举两得。

> **案例 30-2：**
>
> 一家快餐店就是这么做的。他们发现，自从实施了扫码点餐并默认关注公众号的策略后，公众号的阅读量和互动率有了显著提升。更重要的是，这些新粉丝的转化率也相当可观。

### 2. 一篇图文，胜过千言万语

接下来，重头戏来了——如何用一篇图文信息，让你的公众号活起来？记住，这篇文章不仅要详细介绍你的店铺、产品和服务，还要让顾客读完后有种"不来这里试试就亏了"的感觉。

首先，标题要吸引人。比如，"隐藏在都市喧嚣中的静谧角落——××咖啡馆的秘密菜单"，这样的标题，是不是已经勾起了你的好奇心？

其次，正文部分记得分段清晰，图文并茂。先介绍一下店铺的环境和特色，比如装修风格、氛围营造等，让顾客在脑海中勾勒出店铺的形象。然后，详细介绍一下主打产品，用生动的语言描述它们的口感、制作工艺和独特之处。

最后，配上高清美图，让顾客仿佛已经闻到了食物的香气。

别忘了加入一些顾客好评或推荐语，这些来自顾客的真实声音，往往比任何华丽的辞藻都更有说服力。

> **案例 30-3：**
>
> 一家手工烘焙店，就靠这样一篇图文信息在朋友圈里火了。他们详细介绍了每一款面包的原料、制作过程和独特之处，还配上了精美的成品图和制作过程的小视频。顾客看完后纷纷留言点赞，甚至有人直接下单购买。

### 3. 整合资源，打造闭环营销

除了图文信息本身，你还可以通过其他方式增强公众号宣传的效果。比如，将公众号与视频号、小程序等线上资源进行有效整合。顾客在公众号里看到图文信息后，可以一键跳转到视频号观看制作过程的小视频，或者进入小程序直接下单购买。

同时，别忘了利用公众号内的自定义菜单功能，将这篇精心打造的图文信息设置为关注后自动回复的内容。这样,每当有新粉丝关注,他们都能第一时间了解到你的店铺信息和特色产品。

> **案例 30-4:**
>
> 　　一家时尚服装店在公众号上发布了一篇详细的店铺介绍和新品推荐图文信息,并设置了关注后自动回复。结果,这篇图文信息不仅吸引了大量新粉丝的关注,还带动了线上线下的销量。顾客们通过图文了解到新品信息后,纷纷通过小程序下单购买或直接到店试穿。

　　案例 30-1 至案例 30-4 讲述了实体店如何利用公众号实现业绩增长。通过日常服务引导顾客关注、发布吸引人的图文内容、整合资源打造闭环营销,实体店成功吸引了新粉丝并提升了转化率。这些案例验证了公众号作为线上平台的有效性,即使没有专业运营团队,实体店也能通过精心策划和执行,最大化地发挥公众号的作用,实现业绩增长和品牌影响力提升。

### ||| 落地时刻

　　注册并设置好自己门店的公众号;精心撰写一篇关于店铺、产品和服务的详细介绍图文,并确保其链接到公众号首页菜单;如有视频号或小程序等其他线上资源,将其与公众号进行有效链接和整合;根据实际情况策划并开展线上运营活动,提高公众号关注度和用户转化率。通过以上策略的实践和应用,实体店可以在不依赖专业运营团队的情况下最大化地发挥公众号的作用,实现门店业绩增长和品牌影响力提升。

**你的行动**

_____
_____
_____
_____
_____
_____

## 第 31 招

# 分类信息占个坑，这个流量长期用

互联网时代，实体店老板们总是想着怎么在线上多捞点顾客。其实，大家不必非得盯着那些高大上的平台，一些看似不起眼的分类信息网站，比如58同城、赶集网、百姓网，可是藏着不少精准的客流呢。这些网站用户基数大，信息覆盖面广，对于本地实体门店来说，简直是营销推广的宝地。今天，咱们就来聊聊怎么利用这些分类信息网站，让门店客流滚滚来。

### 1. 精准定位，按图索骥找客户

咱们先说说怎么在这些分类信息网站上找到目标客户。想象一下，一个三线城市的居民，家里想装修，他第一反应是什么？八成会上58同城或者赶集网看看，找找装修服务信息。所以，咱们得在这些平台上精准定位，把自己的信息放到对的地方。

> **案例 31-1：**
>
> 老张开了一家家居装饰店，在三线城市里算是个小有名气的老字号。但最近生意有点冷清，老张就琢磨着怎么在线上找点新客户。他上了58同城，把自己的装修服务挂在了"家居装修"板块中，还特别标明了服务区域。这一招还真灵，没过几天，老张就接到了好几个装修咨询的电话，生意渐渐好起来了。老张乐呵呵地说："原来线上引流也不难嘛！"

### 2. 部落营销，混进圈子找话题

除了直接发布服务信息，咱们还可以在这些分类信息网站上找找"组织"——也就是各种部落或者社群。这些部落里，可都是对某类服务感兴趣的人。咱们混进去，跟大伙儿聊聊天，说说咱们的服务优势，这客流不就来了吗？

> **案例 31-2：**
>
> 小李在市中心开了一家健身房，生意马马虎虎。后来，他发现了58

同城上的运动健身部落,里面都是热爱健身的伙伴。小李可不含糊,立马加入了部落,开始积极发言,分享健身知识,偶尔还发点店里的优惠信息。这一来二去的,不少部落成员就成了小李健身房的常客。小李笑着说:"以前觉得线上营销难,现在看来,关键是要找对地方,说对话。"

### 3. 入驻自媒体,内容为王引流量

别以为分类信息网站就只能发广告,人家还有自媒体平台呢!入驻这些自媒体,定期发布跟门店相关的文章、教程、活动信息,这不仅能吸引潜在客户,还能提升品牌形象。

**案例31-3:**

小王的美容店生意一直不错,但她总觉得还可以更好。后来,她在58同城的自媒体平台上开了个号,开始定期发布美容护肤的小知识、店里的优惠活动信息。这一招真灵,小王的自媒体号粉丝越来越多,不少粉丝还直接转化成了店里的顾客。小王感慨地说:"这年头,内容才是王道啊!"

案例31-1至案例31-3讲述了实体店利用分类信息网站实现客流增长的途径。老张通过精准定位在58同城上找到装修客户,小李则混进运动健身部落吸引健身房常客,小王则利用58同城自媒体平台发布内容吸引粉丝转化。这些案例验证了分类信息网站作为营销推广渠道的有效性,实体店可通过精准定位、部落营销和内容营销等策略,吸引潜在客户,实现业绩增长。

### ‖ 落地时刻

别小看这些分类信息网站,它们的用户可有不少是潜在客户呢。只要咱们用心经营,就能让这些网站成为门店引流的利器。所以,实体店的老板们,赶紧行动起来吧!在这些分类信息网站上占个坑,让流量长期为你所用。相信不久的将来,你的门店也能迎来客流滚滚的好日子!

> 你的行动

---
---
---
---

## 第32招

# 论坛连载开店记，客人来了超有趣

说到网络引流，很多人第一时间想到的是微博、抖音这些大平台。但别忘了，每个地方都有自己的"小圈子"，那就是地方论坛。比如58同城的地方板块、百度贴吧里的城市专区，还有那些专门讨论本地生活的微信群、QQ群。这些地方，虽然规模小，但用户黏性高，都是实实在在的本地消费者。今天，我就给大家介绍一招——在地方论坛连载"开店记"，用故事吸引顾客，让客人自己找上门来。

想象一下，你新开了一家甜品店，每天忙忙碌碌，但店里的生意总是不温不火。这时，如果你能把自己开店的过程，像讲故事一样，分享到本地论坛，会发生什么呢？

"开店记"的魅力在于真实、有趣、有人情味。

写"开店记"，关键在于"真实"二字。别把它当成广告来写，而是要当成日记，记录你的喜怒哀乐、酸甜苦辣。

比如，你可以从选址开始讲起："那天，我骑着小电驴满城转，从东到西，从南到北，就为了找一个位置好、租金又合适的铺面。太阳晒得我皮肤黝黑，但当我看到那个转角的小店，心里那个激动啊！这不就是我梦寐以求的地方吗？"

这样的文字，没有华丽的辞藻，却充满生活气息，让人读起来倍感亲切。读者会想："哎呀，这老板真是个实在人，他的店我得去捧捧场！"

除了真实，还要有趣。你可以讲讲装修时的趣事，比如怎么和装修师傅斗智斗勇，怎么把小小的店铺布置得温馨又别致。这些故事，既能让读者会心一笑，也能让他们对你的店铺产生浓厚的兴趣。

写"开店记"，最重要的是，要有人情味。别忘了分享你的个人感悟，比如开店过程中的心路历程、家庭与事业如何平衡等。这些人性化的内容，能够让读者感受到你的真诚和热情，从而建立起深厚的情感连接。

**案例32-1：小咖啡馆的日记情缘**

小李在市中心开了一家小咖啡馆，开业初期生意冷清。于是，他开始在本地论坛上连载"开店记"，详细记录了从选址、装修到试营业的全过程。

在他的日记里，有选咖啡豆的艰辛："我尝遍了各种豆子，从埃塞俄比亚的耶加雪菲到哥伦比亚的慧兰，就是想带给顾客最好的味道。"也有装修时的趣事："那天工人师傅不小心把墙刷成了粉色，我哭笑不得，但转念一想，这不正是我想要的少女心爆棚的感觉吗？"

这些真实、有趣、有人情味的故事，迅速吸引了论坛大量用户的关注。很多读者被小李的真诚和热情所打动，纷纷留言支持，并表示一定要去他的咖啡馆坐坐。结果可想而知，小李的咖啡馆生意越来越好，很多顾客都成了他的朋友。

看到这里，你是不是也心动了呢？别急，我这就教你如何动手写开店记，吸引顾客自己找上门。

（1）选择合适的论坛：首先，找到你所在城市或地区的热门网络论坛。这里活跃着大量潜在消费者，用户精准度高。

（2）注册并设定人设：以创业者或店主的人设注册论坛ID。取一个响亮又好记的名字，最好能与你的店铺名或者经营特色相关联。

（3）规划内容：从创业初期的想法开始规划内容。你可以写选址的经过、装修的设计思路、进货的趣事、日常经营的点滴等。记得保持更新的连贯性和趣味性哦！

（4）互动与反馈：积极回应读者的评论和问题。不要害怕批评和建议，它们都是帮助你改进店铺的宝贵财富。同时，你也可以主动向读者提问，增加互动性和参与感。

（5）持续更新：不要写几篇就停了哦！开店记的魅力在于连载和真实。只有持续更新才能让读者保持关注并期待你的新故事。

||| 落地时刻

找到自己所在城市的热门网络论坛，以创业者人设注册论坛ID，可以从创业之初的想法开始，找到店铺、装修店铺、日常经营、日常改善，开店过程中发生的点点滴滴，记录下来，保持连载。巧妙运用论坛连载"开店记"这一策略，实体门店可以在本地化的网络社区中脱颖而出，吸引更多潜在消费者的关注和喜爱。这种低成本、高效率的引流方式值得广大实体店家尝试与推广。

**你的行动**

___

___

___

___

## 第33招

# 社群运营不用多，一个微信五千多

新媒体时代，社群运营已然成为企业营销中不可或缺的一环。对于线下实体门店来说，社群运营更是提升店铺影响力、吸引客流、提升销售业绩的利器。但许多商家在社群运营时常陷入误区，以为需要复杂的策略和高昂的成本投入。其实，一个简单的微信号，足以成为你引流助力的强大工具。

社群运营的核心，在于建立与消费者的深度连接，通过持续的互动来增强顾客对门店的信任感与黏性。微信，这一日常社交工具，便是一个极佳的平台。商家只需精心运营自己的微信号，持续发布吸引人的内容，与粉丝保持活

## 第 2 章 引流——五个维度做引流，增长之源自然有

跃互动，便能有效地进行社群运营，为门店带来源源不断的客流。

那么，如何通过一个微信号快速吸引五千多的会员粉丝呢？下面分享一个成功案例，或许能给你带来启发。

**案例 33-1：**

一家大排档的老板也采用了类似的策略。每当有折扣或优惠活动时，他们不是通过传统的优惠券或会员系统，而是直接通过微信进行返现。比如，顾客消费了 500 元，享受八折优惠后应支付 400 元。店员会先收取 500 元，并给顾客一张小票，然后引导顾客添加老板的微信。老板随后在微信上直接返现 100 元给顾客。这样一来，顾客不仅成为微信好友，还因为收到了微信红包而降低了删除好友的可能性。

案例 33-1 讲述了实体店如何通过微信号进行社群运营。大排档则利用微信返现成功吸引了大量粉丝。这验证了微信号作为社群运营工具的巨大潜力。通过完善个人信息、发布优质内容、巧妙利用广告位和分类管理好友，实体店可以建立与消费者的深度连接，增强顾客对门店的信任感与黏性，从而有效提升店铺影响力、吸引客流、提升销售业绩。

当然，添加了微信好友并不意味着就能轻松实现引流。有些实体门店创业者可能会发现，尽管微信上添加了大量顾客，但宣传效果不佳，真正通过微信引导到店里消费的顾客并不多。这往往是因为没有正确利用微信这一工具。微信运营并非简单地发发朋友圈而已，更需要从多个方面入手，打造个人微信号的吸引力。

首先，要完善个人信息。这包括头像、微信名称、签名和主页背景等元素。这些信息是展示给顾客的第一印象，因此务必精心打造。头像可以选择亲切的个人生活照，而非冷冰冰的门店或产品图片。微信名称要简洁易记，最好与门店或品牌相关联。个性签名可以展示门店的特色或理念，主页背景则可以精美地展示门店或产品。

其次，要发布优质的朋友圈内容。这不仅是展示门店形象的窗口，更是

与顾客建立情感连接的重要途径。朋友圈的内容要丰富多彩，既要包含产品信息，又要展示专业性内容、个人生活日常以及趣味笑话等。这样顾客在浏览朋友圈时，会感受到你的专业性和生活情趣，从而更愿意与你互动。

再次，还可以利用朋友圈的"隐藏广告位"进行巧妙宣传。比如在发朋友圈时选择定位，并编辑具有宣传性的文字；或者在发红包时，将默认的祝福语替换为活动宣传语。这些小小的改动都能有效吸引顾客的注意力。

最后，定期对微信好友进行分类管理也是必不可少的环节。通过对顾客进行细致的分类和标注，可以更有针对性地开展营销活动，提高转化率。

总之，通过精心打造个人微信号、发布优质内容、巧妙利用广告位以及定期分类管理好友等方式，你便能轻松实现通过一个微信号吸引五千多会员粉丝的目标。

### ‖ 落地时刻

现在开始，用微信加你的客人为好友，努力达到5000个以上；然后将微信号打造得更加完美，顾客对店面的印象也会更好；最后使用微信引流，带动复购的效果也会越来越好。

**你的行动**

## 第34招

# 群里不用发广告，引流转化也高效

在当下这个信息爆炸的时代，微信群已经成为我们日常生活中不可或缺的一部分。对于线下实体门店来说，微信群不仅是顾客交流的平台，更是商家引流和转化的重要渠道。但很多商家在运营微信群时，往往陷入一个误区——直接发广告。这样做不仅容易引起群内成员的反感，还可能被踢出群聊，适得其反。那么，如何在不发广告的情况下，通过微信群实现高效引流和转化呢？让我们细细道来。

### 1. 微信群：不只是聊天的地方

微信群，看似一个简单的聊天工具，实则蕴含着巨大的商业潜力。它像一座桥梁，连接着商家和消费者，让信息的传递变得直接而高效。对于实体门店来说，微信群不仅仅是用来发布促销信息的场所，更是展示品牌魅力、增强顾客黏性的重要舞台。

> **案例34-1：**
>
> 　　张阿姨开了一家手工艺商品店，她利用微信群搭建了一个"手工艺爱好者交流群"。在这个群里，张阿姨不仅分享自己的手工作品，还经常邀请行业内的专家来群里分享手工技巧、材料选择等干货知识。慢慢地，这个群吸引了越来越多的手工艺爱好者加入，大家在这里交流心得、互相学习。每当张阿姨店里有新品上市或搞活动，只需要在群里简单提一下，就会有不少顾客前来光顾。这就是微信群带来的隐形效益。

### 2. 内容为王，让群友主动靠近你

想要在微信群中脱颖而出，吸引群友的注意，内容是关键。不要一味地发广告，而是要分享有价值、有趣味的内容。这样的内容不仅能提升群友的活跃度，还能让他们对你和你的门店产生好感。

> **案例34-2：**
>
> 　　小王经营着一家咖啡馆，他每天都会在自己的顾客微信群里分享一些咖啡小知识、咖啡豆品鉴心得等内容。有时候，他还会推荐一些与咖啡相关的书籍、电影或音乐，让大家在品尝咖啡的同时，也能得到更丰富的文化体验。这样的分享让群友们感受到了小王的用心和专业，每当咖啡馆有新品上市或搞活动，大家总是积极响应。

### 3. 互动起来，让群里有温度

微信群之所以吸引人，很大程度上是因为它能带来互动和社交的乐趣。作为商家，我们应该主动发起一些有趣的互动活动，让群友们参与进来，感受到群里的温度和活力。

**案例 34-3：**

李姐开了一家烘焙店，她经常在自己的顾客微信群里组织一些互动活动。比如，她会发起"最佳烘焙作品"评选活动，鼓励大家上传自己的烘焙作品照片参与评选。活动过程中，大家纷纷展示自己的得意之作，互相点赞、评论，气氛非常热烈。通过这样的活动，李姐不仅拉近了与顾客之间的距离，还成功地将自己的烘焙店打造成了顾客心中的"烘焙乐园"。

### 4. 口碑传播，让好产品自己说话

在微信群中，口碑传播的力量是巨大的。一个满意的顾客可能会带动一群潜在顾客前来消费。因此，我们应该鼓励满意的顾客在群里分享他们的购物体验和使用心得，让好产品自己说话。

**案例 34-4：**

赵老板经营着一家美容院，他非常注重顾客的口碑传播。每次服务结束后，他都会邀请顾客在群里分享自己的感受和变化。很多顾客看到这些真实的分享后，都被赵老板的美容院吸引，纷纷前来体验。赵老板还会定期整理这些分享内容，制作成精美的海报或视频在群里传播，进一步提升美容院的知名度和美誉度。

### 5. 线下邀请，让转化更自然

微信群里的引流只是第一步，如何将线上流量转化为线下消费才是关键。

我们可以利用微信群邀请群友来店里体验新品或参加优惠活动，让他们亲身感受门店的魅力和产品的优势。

**案例 34-5：**

孙姐开了一家服装店，她经常在自己的顾客微信群里发布新品试穿邀请和限时优惠活动。每当有新品上市时，她都会邀请几位群友来店里免费试穿并给出反馈。这样的活动不仅让新品得到了充分的展示和宣传，还让顾客感受到了孙姐的热情和专业。很多顾客在试穿后都忍不住购买了几件心仪的衣服，孙姐的服装店因此生意兴隆。

案例 34-1 至案例 34-5 详述了实体店如何高效利用微信群进行引流和转化。通过分享有价值的内容、发起互动活动、鼓励口碑传播和邀请线下体验，众商家成功吸引了顾客关注，提升了品牌魅力，增强了顾客黏性。这些案例验证了微信群作为客户引流和转化渠道的有效性，同时也提醒商家要用心运营，真诚对待顾客，只有这样才能赢得顾客的信任和忠诚。

### ||| 落地时刻

看到这里，你是不是已经跃跃欲试了呢？记住，微信群运营的关键在于用心和真诚。不要急于发广告推销产品，而是要通过分享有价值的内容、发起有趣的互动活动、鼓励口碑传播和邀请线下体验等方式来逐步建立与顾客之间的联系和信任。当你真正关心顾客的需求和感受时，他们自然会成为你的忠实粉丝并愿意为你传播口碑。现在就开始行动吧！利用微信群这个强大的渠道助力你的门店引流和转化！

**你的行动**

_____
_____
_____
_____
_____

## 第35招

# 门店没有客人时,就是线上忙碌时

在实体门店的经营中,常常会有门可罗雀的时刻。这些冷清的时间段,往往让老板们心急如焚,却又束手无策。然而,换个角度思考,这些空闲时光,恰恰是我们大展拳脚、线上发力的黄金时间。今天,我们就来聊聊如何在门店没有客人的时候,通过线上经营,吸引顾客,提升业绩。

### 1. 社交媒体上的"店小二"

当店里空空荡荡,别急着唉声叹气,拿起手机,登录微信、微博、抖音等社交平台,你就是最热情的"店小二"。分享,是这个时候最有力的武器。

想象一下,你经营的是一家售卖手工艺品的小店。与其在群里生硬地打广告,不如拍摄一段手工艺品的制作过程,配上温馨的旁白,讲述每一件作品背后的故事。

案例35-1:

某家售卖传统茶具的门店,在社交媒体上分享了一段关于茶具制作工艺的视频,不仅展示了产品的精湛工艺,还融入了中华茶文化的讲解,吸引了大量网友关注和点赞。

这样的内容,既有趣味性,又能让人产生情感共鸣,自然能引来不少潜在客户。

别忘了,社交媒体不仅是展示平台,更是互动空间。积极回应每一条评论、每一个提问,用真诚的态度与网友建立联系。这种即时的互动,不仅能增强顾客的信任感,还能让你更准确地把握顾客需求,为后续的营销策略提供宝贵的信息。

### 2.优惠活动,吸引"闲逛"的顾客

线下门店冷清,但线上世界却热闹非凡。利用这段时间,策划一些线上优惠活动,让那些正在"闲逛"的潜在顾客眼前一亮。

> **案例 35-2:**
>
> 一家甜品店在下午的闲暇时段推出了"半价下午茶"活动,并通过社交媒体广泛宣传。这一举措成功吸引了大量顾客在这个时段光顾门店,有效提升了门店的客流量和销售额。

在这个案例中,限时折扣,制造紧迫感。这样的限时优惠,像一针强心剂,瞬间激发了顾客的购买欲望。他们知道,错过这个时段,就可能错过这个优惠。这种紧迫感,正是促成交易的关键。

### 3.线上服务,提升顾客体验

在门店空闲时,提升线上服务的质量,同样能吸引并留住顾客。

预约服务,错峰消费。推出线上预约服务,让顾客可以根据自己的时间安排提前到店,避免高峰期的拥挤和等待。这样不仅提升了顾客的购物体验,也让门店能更合理地安排人力物力资源,确保服务质量不打折。

在线客服,即时响应。设置在线客服系统,随时解答顾客的咨询和疑问。这种即时响应不仅能让顾客感受到被重视和尊重,还能提供专业的购物建议和服务方案,增强顾客的信任感和满意度。

### ||| 落地时刻

门店没有客人时,正是我们在线上大展拳脚的好时机。通过上述策略的运用,你可以化被动为主动,吸引更多潜在顾客到店消费。记住,无论是社交媒体的分享互动、限时优惠活动的策划还是线上服务的提升,都是提升门店业绩的有效途径。现在就开始行动吧!让你的门店在没有客人的时候也能忙碌起来,实现业绩的持续增长。

**你的行动**

第 3 章

# 锁客
## ——六种形式来锁客，增长有数又有趣

我们开实体门店，业绩增长的关键之一在于如何有效地"锁客"，即留住老客户并吸引他们频繁回购。本章重点介绍6种实用的锁客策略招数，既能帮助门店业绩增长，又能增加客户黏性。

## 第36招

# 只要开业来现身，就可再来三十天

每一家新开业的实体门店，都希望开业那天门庭若市、热闹非凡。花篮簇拥，彩带飘扬，顾客络绎不绝，这样的场景确实让人心潮澎湃。然而，很多店主往往会在热闹过后陷入沉思：如何延续这份繁华，让这些短暂的"流量"变成长久的"留量"呢？解决这个问题的关键在于我们是否能巧妙利用开业的机会，设计出一套既吸引顾客又能锁定他们长期光顾的策略。接下来，我将通过一个真实案例，来说明如何实现这一目标。

> **案例36-1：**
>
> 在深圳的一个繁华街区，有一家烘焙店开业了。与众不同的是，这家店没有在开业当天仅仅满足于一时的热闹，而是精心策划了一场别出心裁的活动——"30天免费蛋挞畅享"。
>
>
>
> 活动的规则异常简单而又充满诱惑：开业当天，只要顾客进店扫码关注店铺的公众号，就能获得一套包含30张免费蛋挞券的"日次卡"。这些券不能一次性使用，而是每天下午的指定时段，顾客可以凭券领取一个新鲜出炉的蛋挞。
>
> 活动一经推出，立即引起了轰动。每天下午，烘焙店的门口都排队，顾客们有序地扫码、核销券，领取那份香甜的蛋挞。这不仅仅是一份简单的赠品，更是一种情感的连接，让顾客在享受美食的同时，也对这家店铺产生了深深的好感和依赖。

这家烘焙店的成功，并非偶然。它巧妙地运用开业这一特殊时机，通过一系列精心设计的策略，成功地将短期的流量转化为长期的客流。

（1）设计持续性的优惠活动

不同于一般的开业优惠，这家烘焙店没有选择"买一送一"或"打折促销"这样的即时性优惠,而是推出了连续30天的免费体验。这样的活动不仅满足了顾客的即时需求,更激发了他们的长期参与热情。每天一个免费蛋挞,看似微不足道,却像一根隐形的线,将顾客与店铺紧紧相连。

(2)利用排队效应吸引新顾客

长长的领取队伍本身就是一种广告。路人看到这样的场景,自然会对这家店铺产生好奇。他们会想:"这家店到底有什么魔力,能让这么多人排队等候?"这种好奇心驱使他们走进店铺一探究竟,从而成为新的潜在顾客。

(3)提供卓越的服务体验

在顾客领取蛋挞的过程中,烘焙店的工作人员始终保持微笑和热情。他们不仅迅速地为顾客核销券码、递上蛋挞,还不忘询问顾客的试吃反馈和建议。这种周到的服务让顾客感受到了店铺的用心和关怀,进一步增强了他们对门店的满意度和归属感。

(4)社交媒体传播扩大影响力

在活动期间,烘焙店还鼓励顾客在社交媒体上分享自己的领取体验。很多顾客都乐于在朋友圈或微博晒出自己领取免费蛋挞的照片和感言。这种自发的传播不仅为店铺带来了更多的曝光率,还吸引了更多潜在顾客的关注。

### ||| 落地时刻

对于新开业的实体门店或正在筹备重大活动的店铺来说,这一策略具有很强的实用性。通过设计具有连续性和吸引力的优惠活动,可以有效地将开业庆典或其他活动带来的短暂流量转化为长期的稳定客流。这不仅能够提升店铺的知名度和美誉度,还能为店铺带来持续增长的业绩。因此,不妨结合自身的业务特点和顾客需求,量身定制一套"30日优惠计划",让开业庆典等门店活动的热闹不仅仅停留在当日,而是延续为店铺持久的繁荣。

**你的行动**

## 第37招

# 攒小黄鸭送礼品,买完还想拼拼拼

在第36招中,主要分享门店开业或者重要活动时的锁客策略。大家可能会问,开业只有一次,重要活动也不是经常有,那么有没有适用于平时锁客的招数呢?

在实体门店的经营中,如何留住顾客,让他们不仅愿意来第一次,还愿意不断地光顾?这大概是每位店主都在苦苦思索的问题。今天,我要跟大家分享一个简单却极为有效的锁客策略——"攒小黄鸭送礼品",看看这家线下奶茶店是如何通过这一招,激发顾客不断光顾,甚至引起了顾客之间良性竞争的。

**案例 37-1:**

萌宠小黄鸭,是连接顾客与店铺的纽带。想象一下,你走进一家温馨可爱的奶茶店,点了一杯招牌饮品,结账时店员笑眯眯地递给你一只黄色的小鸭子,告诉你集满一定数量就能兑换店里的精美礼品。这不仅是一只普通的小玩具,它更像是店铺与顾客之间建立情感关系的桥梁。

这家奶茶店正是利用了这一点,推出了"攒小黄鸭送礼品"的活动。顾客每消费满20元,就能获得一只小巧可爱的小黄鸭。小黄鸭外形憨态可掬,顾客爱不释手。随着小黄鸭的数量逐渐增加,顾客会自然而然地继续消费,以换取心仪的礼品。

为了让这个活动更加吸引人,奶茶店精心设计了几个关键环节。

明确获取规则:

"每消费满20元即可获得一只小黄鸭",简单明了,易于理解。

"特定饮品或套餐消费时,额外赠送小黄鸭",刺激顾客尝试新品。

"会员日或特定节日消费,可获得双倍甚至多倍小黄鸭",进一步激发顾客的参与热情。

设计诱人的兑换礼品：

设立多个兑换门槛，如10只、50只、100只小黄鸭，分别对应不同价值的礼品。

礼品兼顾实用性和独特性，既有店铺特色商品，也有与知名品牌联名的限量版周边，满足不同顾客的需求。

定期更新兑换礼品，保持顾客的新鲜感和期待感。

营造竞技氛围：

设立小黄鸭排行榜，公示累积小黄鸭最多的顾客，并给予奖励，激发顾客的攀比心理。

举办限时挑战活动，比如"小黄鸭收集大赛"，鼓励顾客在限定时间内比拼谁收集的小黄鸭最多。

通过店内海报、社交媒体等渠道，不断宣传这一活动，营造浓厚的竞技氛围。

强化社交属性：

鼓励顾客在社交媒体上分享自己的小黄鸭累积进度和兑换的礼品，增加话题性和曝光率。

设立分享奖励机制，顾客分享相关内容并获得一定点赞数后，可获得额外的小黄鸭奖励。

建立线上社群，让顾客之间交流小黄鸭累积心得，形成紧密的社群效应。

自从推出"攒小黄鸭送礼品"活动以来，这家奶茶店人气飙升。年轻女性顾客尤其喜爱这一活动。她们不仅在店内频繁消费，还在社交媒体上晒出自己的小黄鸭收集成果，吸引了更多朋友的关注和参与。

其中一位顾客小李，为了尽快集满100只小黄鸭兑换一款限量版水杯，几乎每周都来店里消费。她不仅自己积极参与活动，还拉着朋友们一起加入这场"攒小黄鸭"的竞赛。渐渐地，奶茶店成了她们聚会的新去处，每到周末就相约而来，享受着集小黄鸭的乐趣。

本案例详述了奶茶店通过"攒小黄鸭送礼品"活动成功锁住顾客。活动通过明确获取规则、设计诱人礼品、营造竞技氛围和强化社交属性，激发了顾客的参与热情和攀比心理，形成了紧密的社群效应。此策略验证了消费累积、礼品诱惑、竞技挑战和社交分享在锁客中的有效性，提醒商家要灵活调整活动规则，以满足顾客需求和市场变化，实现业绩增长和顾客忠诚度提升。

当然，任何活动都需要根据市场反馈和顾客意见进行灵活调整。这家奶茶店也不例外。他们定期收集顾客的反馈意见，根据顾客的需求和市场变化来优化活动规则。比如，在节假日期间推出特别版小黄鸭和限定礼品，吸引更多顾客的关注。同时，与其他商家合作开展联合推广活动，进一步扩大活动的影响力。

### ⅠⅠⅠ 落地时刻

看到这里，你是否也心动了呢？以"攒小黄鸭"为代表的送礼品的锁客策略是一种创新且有效的营销方式。它通过消费累积、礼品诱惑、竞技挑战和社交分享等多种方法，成功锁住了顾客的心智和钱包。现在请根据你的线下实体门店的客群及所在区位特点，借鉴这一策略，来实现业绩增长吧。

---

## 第38招

# 扫码进群抢个包，客群关系就变妙

在实体门店经营的江湖里，我们时常会遇到这样的挑战：优惠券满天飞，顾客却越来越"免疫"，转化率低得让人头疼。每当这时，我总爱给店家朋友们打个比方："如果你在地上看到一块钱，会弯腰去捡吗？"大多数人摇摇头。"但如果群里突然下起了红包雨，你是不是会不由自主地伸手去抢，哪怕只是几分钱的小惊喜？"答案显而易见。这便是人对"意外之喜"的天然渴望。

今天，咱们就来聊聊如何通过一场简单却充满乐趣的"扫码进群抢红包"活动，让门店的人气旺起来，客群关系热络起来，业绩也跟着水涨船高。

想象一下，你的店铺不再只是一个冷冰冰的购物场所，而是一个充满活力的社群中心。微信群,就像一座秘密花园,顾客与店铺可以在群里即时互动。通过扫描二维码轻松入群,顾客们就像进入了一个充满惊喜的新世界。在这里,他们不仅能第一时间了解店铺的最新动态,还能与志同道合的朋友们交流分享,那份归属感和参与感,可不是几张优惠券能比拟的。

**案例38-1:**

小王的烘焙店尝试进行扫码进群抢红包的活动,起初,他半信半疑,担心这样的活动不吸引人。没想到,活动一推出,微信群瞬间热闹起来。每当红包来袭,手机屏幕前的人们都像是参加了一场无声的赛跑,手指飞快地点击,生怕错过那份属于自己的小幸运。

最让人激动的,莫过于那些抢到"手气最佳"的顾客了。小王特别为这些幸运儿准备了店铺的明星产品——刚出炉的法式可颂作为奖品。当这些顾客手捧热乎乎的可颂,脸上洋溢的笑容,就是对活动最好的肯定。这份意外的惊喜,让顾客与店铺之间的情感纽带悄然加固。

不仅如此,小王还玩起了"数字尾数"的小把戏。比如,抢到红包金额尾数为"8"的顾客,可以额外获得一张下次消费满额立减的优惠券。这个小细节,就像是给活动添上了一抹魔法色彩,让顾客在抢红包的过程中多了几分期待和兴奋。他们开始主动关注群里的动态,生怕错过任何一次机会。

更重要的是,这种设置无形中引导了顾客的二次消费。当顾客下次光顾时,使用那张特别的优惠券,不仅享受了优惠,还感受到了店铺的用心和关怀,忠诚度水涨船高。

别忘了,每一个红包背后,都是一次与顾客深度互动的机会。小王会定期在群里发起话题讨论,比如"你最爱的烘焙口味是什么?"顾客们的积极回应,不仅让群里的氛围更加活跃,也让小王更直观地了解了顾客的需求和偏好。这种即时的市场反馈,对于调整产品结构和营销策略来说,简直是无价之宝。

通过扫码进群抢红包活动,小王成功地将一大批潜在客户转化为忠实粉丝。他们不再只是偶尔光顾的路人,而是成为店铺成长道路上的同行者,愿意为店铺的每一次进步喝彩。

当然，要想让扫码进群抢红包的活动真正落地生根，还需要注意那些看似微不足道却至关重要的细节。红包金额要适中，既要让顾客感受到实惠，又不能让店铺承担过大的成本压力；红包发放要定时定量，保持活动的持续性和吸引力；奖品如优惠券要实用且有吸引力，让顾客愿意为了使用它而再次光顾；活动规则要清晰明了，避免不必要的误解和纠纷。

更重要的是，保持与顾客的良好沟通。及时回复顾客的疑问，认真倾听他们的反馈，不断优化活动方案，让顾客感受到店铺的真诚和用心。只有这样，扫码进群抢红包的活动才能真正成为连接顾客与店铺的情感纽带，为门店的业绩增长注入源源不断的动力。

### ||| 落地时刻

亲爱的读者朋友们，现在轮到你们了。不妨结合自己门店的实际情况，设计一场别开生面的扫码进群抢红包活动吧！让顾客在欢乐的氛围中感受店铺的魅力，让每一次互动都成为加深彼此情感的契机。量身定制属于你门店的抢红包活动吧，为门店的业绩增长开启一扇全新的大门。

> 你的行动

_____

_____

_____

_____

## 第 39 招

# 会员权益的疗效，常用常新就见效

在实体门店的经营中，留住老客户比吸引新客户更重要。而会员权益，就像一把锁，能帮助商家牢牢锁住顾客，让他们愿意一次又一次地光顾。今天，我们就来聊聊如何通过会员权益这一"甜蜜武器"，为门店业绩添砖加瓦。

## 1. 打造个性化的会员体系

想象一下,你走进一家银行,大堂经理微笑着告诉你:"您是我们的金卡会员,今天可以免排队直接 VIP 通道办理。"这样的专属感,是不是让你顿时觉得自己特别被重视?

没错,个性化的会员体系中的权益就是给顾客这样一种感觉。不同级别的会员,享受到的权益自然也不同。初级会员可以享受基础折扣,而高级会员则能解锁更多专属福利,比如获得定制礼品甚至是生日当天的小惊喜。这样一来,顾客自然想要不断升级自己的会员等级,享受更多特权。

### 案例 39-1:

某知名烘焙连锁店,就构建了一个非常成功的会员体系。他们设置了银卡、金卡、钻石卡三个等级,每个等级都有独特的会员权益。比如,金卡会员可以享受免费配送服务,而钻石卡会员则能定制专属蛋糕,甚至在门店有新品上市时,还能提前试吃。这样的会员体系,不仅让顾客感受到了被尊重,还大大提升了他们的复购率和忠诚度。

## 2. 积分兑换,让消费更有价值

积分兑换,是会员权益中不可或缺的一环。每当顾客在门店消费,都能累积一定的积分。这些积分,就像是顾客在门店的"存款",可以用来兑换心仪的商品或服务。

如果你每次在门店消费后,都能收到一条短信:"恭喜您获得 ×× 积分,可用于下次消费抵扣或兑换精美礼品。"这样的提醒,无疑会增加你再次光顾的动力。

### 案例 39-2:

一家时尚女装店,巧妙地运用了积分兑换制度。顾客每消费 100 元,就能获得 10 个积分。当积分累积到一定数量时,就可以兑换店内任意一款商品。这样的活动，不仅激发了顾客的购买欲望，还增强了顾客对门店的黏性。更重要的是，积分兑换让顾客感受到了消费的"额外价值"，觉得自己的每一次消费都是超值的。

### 3. 会员专属活动，增强归属感

定期举办会员专属活动，是增强会员归属感的有效手段。比如，新品试用会、会员日折扣、主题派对等，这些活动，不仅能让会员提前体验新产品，还能在轻松愉快的活动氛围中加深顾客对门店的感情。

**案例 39-3：**

一家高端美容院，每月都会举办一次会员专属沙龙。活动中，美容师不仅会分享最新的护肤知识，还会让会员亲自体验店内的最新项目。此外，沙龙还设置了互动环节，让会员之间相互交流心得，分享变美的小秘诀。这样的活动，不仅增强了会员的归属感，还让他们对门店产生了更强的信任感。

### 4. 会员推荐，口碑传播的力量

口碑是最好的广告。当会员对门店的服务和产品感到满意时，他们很愿意将这份好的体验分享给亲朋好友。因此，建立会员推荐机制，鼓励会员邀请新人加入会员体系，显得尤为重要。

**案例 39-4：**

一家儿童游乐园，推出了"推荐有礼"活动。只要老会员成功推荐一位新会员加入，双方都能获得一张免费体验券。这样的活动，不仅让老会员感受到了门店的关怀，还让他们有了成为"品牌大使"的荣耀感。更重要的是，通过口口相传的方式，游乐园成功吸引了一大批新客户。

### 5. 优质服务，锁住顾客

无论会员权益多么丰富，如果服务跟不上，一切都是空谈。因此，提供优质的售后服务，是锁定顾客的关键。当顾客遇到问题时，能够迅速得到解决，会让顾客对门店产生更强的信任感和依赖感。

> **案例 39-5：**
>
> 　　一家电卖场，非常注重售后服务。他们承诺，顾客购买的任何产品，在保修期内出现任何问题，都可以免费上门维修。此外，他们还提供 24 小时客服热线，随时解答顾客的疑问。这样的服务，让顾客觉得便捷又安心，自然对门店产生更强的忠诚度。

### 6. 应用数字化工具，提升会员体验

随着科技的发展，数字化工具在门店运营中的应用越来越广泛。通过会员管理系统、移动支付、智能导购等数字化工具，商家可以大幅度提升会员的购物体验。

> **案例 39-6：**
>
> 　　一家大型超市，运用会员管理系统来提升顾客的体验。顾客只需下载超市的 App 并注册成为会员，就能享受一系列专属福利。比如，在 App 上查看会员积分、优惠券、购物清单等信息；通过移动支付快速结账；在 App 上预约试吃、参加会员日活动等。这样的数字化体验，让顾客感受到了前所未有的便捷和高效。

### 7. 持续创新，让会员权益常用常新

经营随着消费者的需求的变化要不断变化。因此，我们需要持续创新和优化会员权益，以保持门店吸引力和竞争力。比如，定期调研会员的需求和偏好；根据调研结果调整会员权益；与其他商家合作推出联名会员福利等。

> **案例 39-7：**
>
> 　　一家知名咖啡店，经常推出创新的会员权益。比如，与知名品牌合作推出联名会员卡；在特定节日为会员准备专属礼品；在门店内设置了会员专属休息区。这样的创新举措，不仅让会员感受到了门店的用心和关怀，还让会员对门店产生了更强的期待和依赖。

案例39-1至案例39-7说明了会员权益在实体门店运营中的重要性。通过个性化会员体系、积分兑换、会员专属活动、会员推荐、优质服务、数字化工具的应用和持续创新，门店成功锁客，提升了顾客的复购率和忠诚度。这些案例验证了会员权益在增强顾客归属感、口碑传播和提升购物体验方面的有效性，提醒商家要不断创新和优化会员权益，以满足市场变化和顾客需求，实现业绩持续增长。

### ||| 落地时刻

现在，你已经了解了如何通过会员权益来锁客、促进复购。接下来，请结合你线下门店的实际情况，灵活运用这些策略吧！无论是打造个性化的会员体系、提供积分兑换制度、举办会员专属活动、建立会员推荐机制、提供优质的售后服务、利用数字化工具提升会员体验还是持续创新和优化会员权益，都是帮助门店业绩增长的有效手段，常用常新才能见效。希望你在实践过程中不断探索、勇于创新，最终实现门店业绩的持续增长！

**你的行动**

_____
_____
_____
_____

## 第40招

# 充值不要直接送，话说补贴更有用

为了锁定客户，增加复购率，很多商家都推出了充值优惠活动。但我的咨询客户，有实体门店创业者向我反馈，充值赠送额度大了，毛利兜不住；赠送少了，客户无感。而且现在越来越卷，充值赠送的策略，效果越来越差了。的确，传统的"充值多少送多少"的方式已经让客户感到麻木，缺乏新意和吸引力。那么，如何在这样的市场环境中脱颖而出呢？本篇给到的策略是——补贴！

补贴，这个词听起来简单直白，却蕴含着巨大的市场潜力。相较于传统的赠送方式，补贴更能让顾客感受到商家的诚意。想象一下，当顾客在门店消费，获取商品或服务的同时，还能额外获得一笔实实在在的补贴，这种优惠无疑会大大增加顾客的购买欲望。

**案例 40-1：**

某知名家电专卖店，面对激烈的市场竞争，决定改变传统的充值赠送模式，使用补贴策略。商家设定了一个充值门槛：顾客只需充值满 5000 元，即可享受 10% 的补贴，即额外获得 500 元的购物金。这一策略迅速吸引了大量顾客的关注。李女士是该店的常客，她原本就打算购买一台价值 6000 元的冰箱。得知补贴政策后，她毫不犹豫地充值 5000 元，并成功领取了 500 元的购物金。这样，她不仅用 5000 元购得了心仪的冰箱，还剩下了一部分购物金可以用于未来在店内的其他消费。这次愉快的购物体验让李女士对这家店的好感度倍增，她决定以后家用电器都来这里购买。

补贴策略之所以受商家和顾客的双重青睐，主要得益于其多方面的优势。首先，补贴政策具有高度的灵活性，商家可以根据自身的经营状况和顾客的消费习惯，制定出最适合的补贴比例和方式。这种个性化定制不仅有助于提升顾客满意度，还能增强商家的市场竞争力。同时也要关注以下实施要点。

（1）设定合理的充值门槛：门槛不宜过高或过低，过高会吓跑潜在顾客，过低则可能无法有效锁定长期客户。商家需要根据自身商品的价格区间和顾客的消费能力进行合理设定。

（2）明确补贴比例：补贴比例既能吸引顾客，又要确保商家的利润空间。一般来说，补贴比例在利润的 5%～10% 之间较为合理，但具体还需根据商品成本和市场竞争情况来确定。

（3）多样化补贴方式：除了直接的金额补贴外，商家还可以考虑提供特定的服务、赠送实用的商品或积分等，这些多样化的补贴方式不仅能满足不同顾客的需求，还能增加购物的趣味性和期待感。另外，商家还可以考虑与合作伙伴联手推出联名补贴活动。通过与旅游景点、电影院等相关行业的合作，为顾客提供跨界补贴优惠。这种合作不仅能拓宽商家的业务范围，还能为顾客带来更加丰富和多元化的购物体验。

### ||| 落地时刻

看看你的门店是否正在实施"充多少送多少"的优惠活动，如果是，改变一下，根据本篇介绍的"补贴"策略，换个方式，用充值多少给予补贴的概念对外推广，来提升你门店的流量转化和复购频次吧。

**你的行动**

___

___

___

___

## 第 41 招

# 定金订金诚意金，用好"三金"见真金

在商业竞争激烈的今天，锁客策略对于线下实体门店至关重要。定金、订金、诚意金这"三金"策略，作为锁客的重要手段，已被众多商家验证其有效。以下将详细解析如何运用"三金"策略来提升门店业绩和客户忠诚度。

### 1. 定金策略：锚定客户，预约未来

（1）目标客户与商品定位

高价值商品：针对家具、家电、珠宝等高价值商品，定金策略尤其有效。

## 第3章 锁客——六种形式来锁客，增长有数又有趣

购买意愿筛选：通过定金锁定有真实购买意愿的客户，过滤掉随意浏览的顾客。

（2）操作要点

定金比例：一般设定在商品总价的10%~30%之间，具体根据商品价值和市场情况确定。

优惠措施：支付定金的客户可享受价格保障、优先发货、额外赠品或积分积累等优惠。

时间限制：明确定金支付后的有效期，如未来1~6个月内提货有效。

**案例41-1：**

某家居用品店针对高价值家具推出"定金预购"活动，客户支付20%定金即可锁定价格和购买资格，并享受免费仓储服务至未来6个月内随时提货。此策略使高价值家具销售额提升了30%。

### 2. 订金策略：灵活多变，刺激消费

（1）适用场景

新品预售：即将上市的新品或限量版商品。

热销商品补货：针对经常断货的热销商品。

（2）操作要点

小额订金：设定小额订金，如50元，降低客户支付门槛。

订金膨胀：订金可抵扣更高金额，如订金50元抵100元，增加客户预订意愿。

会员专享：结合会员制度，预订并成功购买的会员可获得额外积分或折扣。

**案例41-2：**

某知名电子品牌在新品智能手机发布前夕，巧妙运用了订金策略来

预热市场并锁定潜在客户。他们通过官方渠道和线下门店同时推出了"订金预订，尊享优先"活动。客户只需支付50元订金，即可在新品首发时享受订金抵扣100元的优惠，并且保证有货可提，无须担心抢购不到。

此外，该品牌还为支付订金的客户提供了专属的会员服务，包括优先参与新品体验活动、享受专属客服咨询以及后续购买配件的折扣优惠。这些附加价值极大地提升了客户的预订意愿，使得新品预订转化率高达70%。

活动期间，品牌还通过社交媒体和线下广告大力宣传订金预订活动，进一步扩大了市场影响力。最终，不仅新品首发取得了巨大成功，还带动了门店其他产品的销售，实现了业绩的全面提升。这一订金策略的成功运用，充分展示了其在刺激消费、锁定客户方面的强大效力。

### 3. 诚意金策略：表达诚意，建立信任

（1）目标服务

高端定制服务：如家具定制、服装设计等个性化服务。

长期合作项目：涉及多阶段服务或长期合作的项目。

（2）操作要点

合理金额：诚意金不宜过高，一般设定在几百元至数千元之间，根据服务价值确定。

专属服务：支付诚意金的客户享受专属设计咨询、优先服务、折扣优惠等。

信任建立：通过高质量的服务体验增强客户信任，提高后续合作意愿。

**案例41-3：**

某高端家具定制店，为了吸引更多潜在客户并提升转化率，精心策划了一场"诚意金体验"活动。他们针对有定制需求的客户，推出了支付200元诚意金即可享受专属设计咨询和初步方案设计的服务。这项服务原本价值500元，但通过支付诚意金，客户不仅能获得实惠，还能提前感受家具定制的专业与魅力。

在活动期间，该家具店还特别为支付诚意金的客户准备了额外的优惠，如后续定制可享受9折优惠，以及赠送高端家具保养套餐等。这些诚意满满的举措，极大地激发了客户的兴趣，使得参与活动的客户数量大增。

> 通过这场活动,家具店不仅成功锁定了大量潜在客户,还提升了品牌知名度。活动结束后,许多客户都表示对家具定制服务有了更深的了解和信任,愿意继续与家具店合作。最终,该家具店的定制业务销售额实现了显著增长,诚意金策略的成功运用为门店的业绩增长注入了新的活力。

### 4."三金"组合拳,锁客更牢固

(1)综合运用

将定金、订金、诚意金策略组合使用,形成完整的锁客体系。
根据商品特性和客户需求,灵活设计"三金"套餐活动。

(2)优化服务流程

明确"三金"支付和退还规则,确保客户权益。
加强销售人员培训,确保策略执行到位。

(3)数据分析与调整

定期分析"三金"策略的执行效果,根据数据反馈进行调整优化。
关注客户满意度和复购率,持续改进服务质量和营销策略。

综上所述,"三金"策略作为线下实体门店的有效锁客手段,不仅能够锁定客户、促进销售,还能增强客户对门店的信任和忠诚度。灵活运用这些策略,门店可以在激烈的市场竞争中脱颖而出,实现业绩的持续增长。

## ‖ 落地时刻

定金、订金、诚意金这"三金"策略,就像三把钥匙,直接开启客户的购买欲望。现在,请结合你的线下实体门店产品或服务的特点,制定属于你的"三金"策略,合理运用这三种策略,来锁定你的客户,提升销售额吧。在执行中,可根据门店的实际情况和市场环境随时进行调整和优化。

**你的行动**

_____
_____
_____

第 4 章

# "鱼塘"
## ——六个步骤用"鱼塘",增长稳定更久长

"鱼塘理论"是一种常用的市场营销策略理论,其中"鱼塘"指的是客户聚集的地方,"鱼"则是客户。本章重点介绍6种实用的"鱼塘"策略,通过精心构建和养护"鱼塘",线下实体门店可以更有效地吸引和转化潜在客户,从而实现业绩增长。

## 第42招

# "钓竿"产品和服务,这是增长的要务

在实体门店这条热闹的商业街上,每一家店铺都像是一位渔夫,手持钓竿,在竞争激烈的市场大海中垂钓顾客。而这根"钓竿",就是商家的产品和服务,它直接关系到门店的业绩能否持续增长。今天,我们就来聊聊这根至关重要的"钓竿",看看它是如何助力门店在商海中"钓鱼"的。

### 1. 精准定位,找到你的"鱼群"

想象一下,如果你是个渔夫,你会盲目地撒网捕鱼吗?当然不会,你会先找到鱼群最活跃的水域。同样,作为门店的经营者,你首先需要做的就是对市场进行精准定位,找到你的"目标鱼群"——那些最有可能成为你忠实顾客的群体。

**案例 42-1:**

有一家名叫"××小筑"的书店,它并不像传统书店那样大而全,而是专注于经营人文社科类书籍,尤其是心理学、哲学和历史类。通过对周边居民和办公人群调查,书店发现此区域对深度阅读的需求很高。于是,"××小筑"精准定位,成为这一领域的小众精品书店。不久,它便吸引了大量喜欢深度阅读和思考的读者,业绩稳步提升。

### 2. 个性化服务,让每条"鱼"都感受到温暖

在找到"鱼群"后,如何让它们愿意上你的"鱼钩"呢?答案是个性化服务。就像渔夫会根据鱼的习性和喜好调整饵料一样,门店也需要根据顾客的需求和喜好提供定制化服务。

**案例 42-2：**

有一家美容院，不仅提供基础的护肤服务，更推出了一对一的皮肤顾问服务。顾客首次到店时，美容师会详细询问顾客的肤质、生活习惯等信息，并据此为顾客量身定制护肤方案。这种个性化的服务让顾客感受到了足够的关怀和尊重，美容院的口碑迅速传播开来，吸引了越来越多的新客户。

### 3. 持续创新，让你的"钓竿"更有吸引力

市场是瞬息万变的，如果你的"钓竿"总是一成不变，迟早会被淘汰。因此，持续创新是保持竞争力的关键。无论是产品升级、服务优化还是营销创新，都能让你的"钓竿"更加吸引人。

**案例 42-3：**

一家经营传统手工艺品的店铺，在过去几年里业绩一直平平。为了打破僵局，店主决定引入现代设计元素，对传统手工艺品进行改良和创新。同时，他们还开设了线上商城，并通过社交媒体进行推广。这些创新举措让店铺焕发了新的生机，不仅吸引了年轻顾客的关注，也带动了老客户的复购。

### 4. 塑造品牌形象，成为顾客心中的"金钩子"

品牌形象是门店与顾客之间建立信任和情感连接的桥梁。一个深入人心的品牌就像一把锋利的"金钩子"，能够牢牢钩住顾客的心。因此，门店需要通过优质的产品、专业的服务以及巧妙的营销策略来打造自己的品牌形象。

**案例 42-4：**

一家主打健康轻食的餐厅，从开业之初就注重品牌形象的塑造。他们不仅为顾客提供营养均衡的菜品，还倡导健康生活，通过线上线下相结合的方式传播健康理念。渐渐地，"健康、美味、便捷"成了这家餐厅的代名词，餐厅吸引了大量追求健康生活的顾客。

### 5. 深度互动，与"鱼群"建立紧密关系

数字化时代，商家与顾客的互动便捷而高效。门店可以利用社交媒体、会员系统等渠道与顾客保持紧密联系，了解他们的需求和反馈，及时调整产品和服务策略。这种深度的互动不仅能增强顾客的归属感和忠诚度，还能为门店带来更多的商业机会和口碑传播。

> **案例 42-5：**
>
> 　　一家社区超市通过微信群与周边居民建立了紧密的联系。超市定期在群里发布新品信息、促销活动等内容，并鼓励居民提出意见和建议。通过这种方式，超市不仅了解了居民的需求变化，还及时调整了商品结构和进货策略。同时，居民也感受到了超市的关怀和尊重，更愿意选择在这里购物。

案例 42-1 至案例 42-5 阐述了产品和服务在门店业绩增长中的关键作用。通过精准定位、个性化服务、持续创新、塑造品牌形象和深度互动，门店成功吸引了目标顾客，提升了业绩。这些案例验证了优质产品和服务对于增强门店吸引力，提升顾客满意度和忠诚度的重要性，提醒商家要不断优化产品和服务，以满足市场需求和顾客期望，实现门店业绩的持续增长。

### ||| 落地时刻

亲爱的门店经营者们，现在轮到你们拿起这根"钓竿"了。记住，产品和服务是门店业绩增长的核心驱动力。通过精准定位、个性化服务、持续创新、塑造品牌形象以及深度互动等策略的综合运用，你们可以打造出独具特色的"钓竿"，吸引并留住更多顾客。希望优质的产品和服务成为你门店增长的强劲引擎，助力你在激烈的市场竞争中脱颖而出，实现业绩的飞跃发展。

**你的行动**

_____
_____
_____
_____

## 第43招

# "鱼塘"目标和市场,这是增长的天堂

在实体门店的世界里,每一位老板都像是手持钓竿的渔夫,静静地守候在自家的"鱼塘"旁,期待着鱼儿上钩。这里的"鱼塘",就是我们常说的目标市场,它蕴藏着无限商机,是门店业绩增长的重要源泉。那么,如何精准锁定并深耕这片"鱼塘",让门店在激烈的市场竞争中脱颖而出呢?今天,我们就来聊聊这个话题。

### 1. 洞悉市场,把握先机

要想钓鱼,首先要了解鱼儿的生活习性。同样,要想抓住客户,就得先摸清市场的脉搏。市场调研,就是我们了解市场的"显微镜"。通过详尽的调研,我们可以清晰地看到市场的整体规模、发展趋势、竞争格局,以及客户的真实需求和偏好。

**案例43-1:**

张老板在决定开咖啡馆之前,花了整整三个月时间做市场调研。他发现,周边的上班族对咖啡的需求非常大,但很多咖啡馆要么价格太高,要么口味一般。于是,张老板决定开一家性价比高、口味好的咖啡馆。开业后,果然吸引了大量顾客,业绩稳步增长。

### 2. 精准画像,锁定目标

了解了市场概况后,下一步就是给目标客户画像。这就像在鱼塘里寻找最有可能上钩的鱼儿。我们需要从年龄、性别、收入水平、职业背景等多个维度去分析客户,还要深入了解他们的消费习惯、购买偏好和价值取向。

**案例 43-2：**

李阿姨在社区里开了一家童装店。通过市场调研，她发现社区里的家长大多注重孩子的穿着品质和安全性，同时也愿意为孩子的个性化穿着买单。于是，李阿姨的童装店主要售卖高品质、设计独特的童装，还提供了个性化的定制服务。这样的精准定位，让她的童装店迅速在社区里打响了名声。

### 3. 量身定制，打造策略

了解了目标客户后，就要为他们量身定制营销策略了。这就像为鱼儿准备它们最爱的饵料。选择合适的营销渠道、设计吸引人的活动、精心策划推广内容，都是商家必须要做的功课。同时，与客户建立长期稳定的互动关系也非常重要，这样商家可以及时了解客户的反馈和需求，为未来的策略调整提供依据。

**案例 43-3：**

王老板的家电卖场做得非常出色。他知道现在的年轻人喜欢网购，于是就在社交媒体上开设了官方账号，定期发布新品介绍、优惠信息和家电使用小贴士。同时，他还联合品牌商举办线下体验活动，让客户亲身体验家电产品的便捷和智能。这样一来，吸引了大量年轻客户，提升了客户的购买意愿和满意度。

### 4. 营造氛围，提升体验

钓鱼的时候，如果周围的环境嘈杂不堪，鱼儿自然不会上钩。同样，门店的环境和氛围也直接影响客户的购物体验。从门店布局到商品陈列，再到灯光和音乐的选择，每一个细节都至关重要。此外，员工的服务态度和专业素养也是提升客户体验的关键。

**案例 43-4：**

赵女士的美容院非常注重营造舒适的环境。她的美容院装修简洁大方，灯光柔和舒适，营业时还播放着轻柔的音乐。员工们经过专业培训,能够提供专业的美容咨询和服务。这样的环境和服务让顾客感到放松和愉悦,自然愿意再次光顾。

### 5. 动态调整,应对变化

市场是不断变化的,就像鱼塘里的鱼儿也会随着季节和天气的变化而游动。因此,商家需要时刻保持敏锐的市场触觉,定期对"鱼塘"进行评估和调整。通过收集并分析客户反馈、销售数据以及市场动态等信息,商家可以及时发现趋势,并应对市场的变化。

**案例 43-5:**

刘总的餐饮连锁店有一套完善的市场监测机制。每当市场上出现新的流行菜品或消费趋势时,他都会迅速组织团队研发新品或调整营销策略。同时,他还鼓励员工提出创新建议,不断完善服务流程和产品质量。这样的"动态经营"让他的餐饮连锁店在市场中始终保持着强劲的竞争力。

案例 43-1 至案例 43-5,各门店深入市场调研,精准描绘目标客户画像,并量身定制营销策略,成功吸引顾客。同时,注重营造舒适购物环境,提升客户体验。更重要的是,他们保持市场敏锐度,动态调整策略应对变化,确保了门店的持续竞争力。这验证了调研市场、精准定位、定制策略、优化体验及"动态经营"对于门店业绩增长的重要性。

### ||| 落地时刻

亲爱的读者朋友们,通过上面的分享,相信你已经对如何精准锁定并深耕"鱼塘"有了更深刻的理解。记住,"鱼塘"是门店业绩增长的重要基石。只有深入了解市场、精准锁定目标客户、量身定制营销策略、营造舒适购物环境以及动态调整市场策略,我们才能在这片"鱼塘"里钓到更多的大鱼。现在,就让我们一起行动起来吧!用你的智慧和勤奋去耕耘你的"鱼塘",相信不久的将来,你一定收获满满。加油!祝你的门店业绩蒸蒸日上!

## 第44招

# "鱼苗"的需求，这是增长的角度

在"鱼塘理论"的框架下，"鱼苗"这一隐喻形象地代表了门店的潜在客户。在实体门店的经营中，每一个走进店铺的顾客，都像鱼塘中的一条小鱼苗，蕴含着无限的成长潜力和商业价值。如果商家能够精准捕捉"鱼苗"的需求，就像农夫精心培育作物一样，就能将这些潜在客户培养成忠实的回头客，为门店的业绩增长提供源源不断的动力。今天，我们就来聊聊如何从"鱼苗"的需求出发，实现门店的持续增长。

### 1. 深入倾听，了解"鱼苗"的需求

想象一下，如果你是初来乍到的"鱼苗"，走进一家店铺，你最希望得到什么？是贴心的服务、个性化的推荐，还是解决你特定需求的产品？答案往往藏在顾客的日常需求和反馈之中。

**案例 44-1：**

某家新开的美发沙龙，开业初期顾客寥寥。老板决定亲自上阵，与每一位顾客进行深入的交谈，了解他们对发型的期望和日常打理的困扰。通过一对一的访谈，老板发现很多顾客对染烫效果持久性有很高的要求，同时也希望沙龙能提供更多的日常护发建议。于是，沙龙迅速调整服务内

容，增设了护发咨询和持久染烫套餐，结果顾客满意度大幅度提升，回头客越来越多。

### 2. 量身定制，打造专属体验

"鱼苗"之所以选择你的门店，很多时候是因为他们在这里能得到与众不同的体验。这种体验不仅仅是产品的质量，更是服务的细致入微和个性化。

**案例 44-2：**

一家高端定制女装店，深谙此道。该店不仅销售成衣，还推出了一对一的私人订制服务。顾客可以根据自己的身形特点、风格喜好乃至穿着场合，与设计师深入沟通，共同设计独一无二的服装。这种定制化的服务，让顾客获得了专属的尊贵体验，成为该店忠实粉丝，不断推荐亲朋好友前来光顾。

### 3. 建立信任，稳固转化基石

信任，是商业关系中最宝贵的财富。对于"鱼苗"来说，只有当他们感受到门店的真诚和专业，才会放心地将自己的需求交给你。

**案例 44-3：**

一家社区便利店，为了建立与周边居民的信任关系，定期举办健康讲座和食品知识分享会，邀请营养专家为顾客讲解健康饮食的知识。同时，便利店还承诺所有商品均为正规渠道进货，保证新鲜安全。这些举措增强了顾客对便利店的信任感，让他们愿意在这里购买日常所需。随着时间的推移，便利店的客流量和销售额都有了显著提升。

### 4. 精心设计，激发购买欲望

要让"鱼苗"心甘情愿地掏腰包，精心设计的营销活动是必不可少的。切记，活动要真实有效，不能玩文字游戏欺骗顾客。

**案例 44-4：**

一家新开业的烘焙店，为了吸引顾客，推出了"朋友圈集赞换蛋糕"的活动。顾客只需将店铺的开业信息转发到朋友圈并获得一定数量的点赞，就可以兑换精美的蛋糕一份。这个活动既利用了社交媒体的传播力，又让顾客在参与过程中得到了实实在在的优惠。开业当天，店铺门前排起了长队，业绩远超预期。

### 5. 持续优化，陪伴"鱼苗"成长

顾客的需求是不断变化的，作为门店经营者，需要时刻保持敏锐的洞察力，不断优化产品和服务，以满足顾客日益增长的需求。

**案例 44-5：**

一家老牌的家电维修店，面对新兴智能家居产品的冲击，没有选择逃避或固守成规，而是主动出击，引进专业技术人员，培训、学习最新智能家居产品的维修技能。同时，他们还开通了线上预约和远程咨询服务，让顾客在家就能体验到便捷的维修服务。这些举措不仅稳固了老客户群体，还吸引了大量追求科技生活的新客户。

### 6. 口碑传播，让"鱼塘"越扩越大

满意的顾客是最好的推销员。他们的一句好评，胜过各种形式的广告。

**案例 44-6：**

一家主打健康轻食的餐厅，通过提供营养均衡、口感美味的餐点，赢得了众多白领的喜爱。顾客不仅在社交媒体上分享自己的用餐体验，还自发组织了健康饮食小组，邀请朋友们一起加入。餐厅借此机会推出了会员制度和推荐奖励计划，鼓励顾客邀请新朋友前来品尝。就这样，一传十、十传百，餐厅的生意越来越红火。

案例 44-1 至案例 44-6 讲述了如何从潜在客户（"鱼苗"）需求出发促进门店增长。通过深入倾听顾客心声、量身定制专属体验、建立信任关系、精心

设计营销活动、持续优化产品和服务以及利用口碑传播,各门店成功将潜在客户转化为忠实回头客,实现了业绩的持续增长。这验证了关注"鱼苗"需求、提供个性化服务和持续优化对于门店业绩增长的重要性。

### ||| 落地时刻

亲爱的门店老板们,现在你已经了解了如何从"鱼苗"的需求出发,实现门店的业绩增长。每一个走进你门店的"鱼苗",都是潜在的业绩增长点。只要你用心呵护、精心培育,他们就能在你的"鱼塘"里茁壮成长,为门店带来源源不断的业绩和口碑。现在就开始行动吧!希望你的门店在激烈的市场竞争中脱颖而出,实现业绩的持续增长!

**你的行动**

_____
_____
_____
_____

## 第45招

# "鱼线"带来更多客户,业绩曲线稳定上升

在"鱼塘理论"中,"鱼线"象征着门店与客户之间千丝万缕的联系。在经营实体门店的这条路上,我们常常把客户比作鱼塘中的鱼儿,那么,连接商家与客户的那些无形的线,就像钓竿上的鱼线,它们细而坚韧,一端是商家,一端是客户。这些"鱼线",连接着商品和服务,更传递着信任与情感。今天,我们就来聊聊如何通过这些"鱼线",让门店的业绩曲线稳步上升。

### 1. 搭建沟通的桥梁,让互动更贴心

在这个数字化的时代,沟通不再受时间和空间的限制。想象一下,一个顾

客在店里试穿了一件衣服,觉得还不错,但犹豫要不要买。这时,如果你能及时通过微信或短信发给她一条温馨的提醒,比如:"亲爱的,那件衣服真的很适合您,穿上去特别显气质,而且现在还有限时优惠哦!"这样的互动,是不是瞬间拉近了你们之间的距离?

**案例 45-1:**

一家女装店,利用微信社群与客户保持紧密的联系。每当有新品到货或者换季促销时,店主都会在群里发布精美的图片和详细的介绍,还时不时分享一些穿搭小贴士。顾客不仅能在群里交流穿搭心得,还能享受专属优惠。这样一来,群里的气氛越来越活跃,顾客的复购率和推荐率也大幅度提升。

### 2. 打通线上线下,购物无障碍

很多门店都遇到过这样的问题:明明店里的商品很不错,但顾客可能因为没时间到店而错过。这时,我们就需要借助"鱼线"——也就是线上渠道,来打破这道屏障。

**案例 45-2:**

老李经营一家特色小吃店,店内小吃味道一绝,但店面位置比较偏,客流量一直上不去。后来,老李开通了线上外卖服务,还在抖音、小红书上分享小吃制作过程和小店故事,吸引了不少粉丝。现在,他的小吃不仅本地人爱吃,连外地的朋友也经常线上点外卖解馋。线上线下双管齐下,老李的生意越来越红火。

### 3. 会员体系,让顾客更"黏人"

会员制度,就像给顾客穿上了一条隐形的"鱼线",让顾客与门店紧紧相连。通过积分、优惠券、专属活动等方式，让顾客享受成为会员的各种优惠。

> **案例 45-3：**
>
> 　　小张开了一家咖啡馆。他设计了一套独特的会员体系。会员不仅能享受折扣，还能参加每月的主题沙龙、免费品尝新品等活动。更重要的是，小张还会根据会员的消费习惯和喜好，推荐个性化的饮品和甜点。这样一来，顾客不仅成了咖啡馆的常客，还自发地在社交媒体上分享自己的体验，为咖啡馆带来了更多的新顾客。

### 4. 优化服务，让顾客满意而归

服务，是门店与顾客之间最重要的"鱼线"之一。从顾客进门的那一刻起，每一个微笑、每一声问候、每一句耐心的解答，都是在加固这条"鱼线"。

> **案例 45-4：**
>
> 　　王阿姨经营一家社区便利店，她特别注重服务细节。比如，她会记住常客的喜好，提前为他们准备好喜欢的商品；下雨天，她还会为没有带伞的顾客提供一次性雨衣。这些看似微不足道的举动，却让顾客感受到了家的温暖。渐渐地，王阿姨的便利店成了社区不可或缺的一部分，生意也是日渐兴隆。

### 5. 跨界合作，拓宽"鱼线"网络

在这个合作共赢的时代，跨界合作成为门店增长的新动力。通过与其他行业的品牌合作，商家可以共同打造更长的"鱼线"，吸引更多的潜在客户。

> **案例 45-5：**
>
> 　　一家高端美容院与当地的五星级酒店达成了合作协议。住店客人可以享受美容院提供的专属优惠和服务，而美容院也借助酒店的平台，扩大了自己的客户群。双方互惠互利，不仅提升了业绩，还增强了品牌影响力。

### 6. 持续创新，让"鱼线"更有活力

市场是不断变化的，顾客的需求也在不断升级。因此，商家需要保持敏锐的市场洞察力，不断进行经营创新和升级，让"鱼线"更多、更长。

> **案例 45-6：**
>
> 一家老字号的糕点铺，面对新兴烘焙品牌的冲击，他们没有故步自封，而是积极寻求创新。他们不仅研发出了更符合现代人口味的新品，还开设了线上商城，提供在线预订、同城配送等服务。同时，他们还利用社交媒体和短视频平台，分享糕点制作过程和制作背后的故事，吸引了大量年轻粉丝。通过这些创新举措，糕点铺不仅保住了老顾客，还赢得了新顾客。

案例 45-1 至案例 45-6 表述了如何通过强化门店与客户的联系（"鱼线"）来推动业绩增长。各门店通过搭建沟通桥梁、线上线下结合、建立会员体系、优化服务、跨界合作及持续创新，加强了与客户的互动和信任，提升了客户满意度和忠诚度，从而实现了业绩的稳步增长。这验证了强化客户关系、提供便捷购物体验及持续创新对门店业绩增长的重要性。

### ‖‖ 落地时刻

亲爱的门店经营者们，现在你们已经掌握了通过"鱼线"带动业绩增长的六大策略。记得要结合自己门店的实际情况，灵活运用这些策略。无论是搭建沟通的桥梁、打通线上线下渠道、建立会员体系、优化服务流程、跨界合作还是持续创新，都是为了让我们的"鱼线"更加坚韧有力。让我们携手行动起来，用心经营每一条"鱼线"，共同绘制出一条璀璨的业绩增长曲线吧！

**你的行动**

_____

_____

_____

_____

第4章 "鱼塘"——六个步骤用"鱼塘"，增长稳定更久长

第46招

# 别出心裁的"鱼饵"，这是增长的利器

在"鱼塘理论"中，"鱼饵"是吸引鱼儿上钩的关键。对于线下实体门店来说，"鱼饵"就是那些能够迅速抓住顾客眼球，激发顾客购买欲望的优惠、活动或是特色服务。今天，我们就来聊聊如何通过巧妙的"鱼饵"设计，让顾客心甘情愿地走进你的店铺，从而实现业绩的增长。

## 1. 创意优惠，让顾客心动不已

首先，我们要明白，一个吸引人的优惠活动，就像是水中那闪闪发光的鱼饵，能够迅速吸引鱼儿的注意。那么，什么优惠才有吸引力呢？

限时折扣：想象一下，当你在街上闲逛时，突然看到一家店铺贴着"限时五折"的海报，是不是会忍不住停下脚步，进去探个究竟？限时折扣能够营造一种紧迫感，让顾客觉得现在不买就亏了，从而促使他们快速做出购买决定。

满额赠品：顾客在购买商品时，往往会有"买得多赚得多"的心理。因此，设置满额赠品策略，比如"满300元送精美茶具一套"，就能激励顾客增加购买量，以达到赠品条件。这样，不仅提升了客单价，还增加了顾客的满意度和忠诚度。

会员专属优惠：对于经常光顾的会员，提供一些专属的优惠和服务，能够进一步增强他们的归属感。比如，会员日享受全场八折优惠，或者积分兑换专属商品等，都能让会员感到被重视。

## 2. 独家特色，打造独特魅力

在商品同质化日益严重的今天，拥有独家产品或特色服务，就像是给鱼儿准备了一份特别的美食，让它们无法抗拒。

独特产品：引入一些独家设计或特色产品，能够让你的店铺在众多竞争者中脱颖而出。比如，某家居用品店推出了自己设计的限量版台灯，不仅外观时尚，而且功能实用，吸引了大量顾客前来选购。

增值服务：除了产品本身，提供增值服务也是吸引顾客的重要手段。比如，提供免费包装、送货上门、安装指导等服务，能够在细节上提升顾客的购物体验。当顾客感受到你的贴心和周到时，他们自然愿意成为你的忠实客户。

### 3. 体验式购物，让顾客沉浸其中

现代消费者越来越注重购物过程中的体验。因此，打造一个沉浸式的购物环境，让顾客在参与中感受产品的独特魅力，也是吸引顾客的有效方式。

新品试用：定期举办新品试用活动，邀请顾客来店体验新产品。比如，一家化妆品店可以邀请顾客现场试用新品彩妆，并给予专业的化妆建议。这样，顾客不仅能在试用中看到产品的效果，还能增加对品牌的信任和好感。

互动课程：根据店铺的产品特点，举办一些有趣的互动课程。比如，一家烘焙店可以开设烘焙课程，教顾客如何制作美味的蛋糕和饼干。这样的活动能够引发顾客对产品的兴趣，还能增加他们对店铺的黏性和忠诚度。

### 4. 社交媒体，让"鱼饵"更诱人

数字化时代，社交媒体成为扩大门店影响力的重要渠道。巧妙利用社交媒体，商家可以让"鱼饵"更加诱人，吸引更多的潜在客户。

线上优惠券：在社交媒体平台上发布线上优惠券，鼓励顾客到店使用。比如，你可以在微信公众号或微博上发布"扫码领券"的活动，顾客只需扫描二维码即可领取优惠券。这样的活动不仅能够吸引顾客到店，还能提升顾客的购物体验。

与网红合作：与知名的网红或意见领袖合作，邀请他们到店体验并分享给粉丝。当网红在社交媒体上分享你的店铺和产品时，他们的粉丝也会被吸引过来，从而增加店铺的曝光度和客流量。

### 5. 客户回馈，增强黏性

为了持续吸引客户并保持他们的忠诚度，建立客户回馈机制至关重要。通过积分兑换、推荐奖励等方式，让顾客感到被重视和被关怀。

积分兑换：设置积分兑换制度，鼓励顾客在购物过程中累积积分，并用于兑换商品或服务。这样不仅能增强顾客对店铺的黏性，还能提升他们的购物体验。

推荐奖励：为了激发顾客的推荐热情，可以设置推荐奖励机制。比如，当顾客成功推荐新客户到店消费，给予新老顾客一定的优惠或赠品作为奖励。这样的活动能够形成口碑传播，吸引更多的新客户。

### 6. 持续创新，"鱼饵"常新

市场环境和客户需求是不断变化的，因此我们需要持续创新和升级"鱼

饵"策略。只有不断推出新的优惠活动和服务内容，才能保持竞争力并吸引更多的顾客。

新品测试：定期推出新产品或服务作为新的"鱼饵"，测试市场反应并吸引新客户。比如，一家餐饮店可以定期推出新菜品或饮品，吸引顾客前来品尝并给出反馈。

客户反馈：密切关注客户的反馈和需求变化，及时调整优惠活动和服务内容。比如，当顾客对某类商品表现出浓厚的兴趣时，可以适当增加该类商品的库存并实施更多的优惠活动以吸引顾客购买。

**案例46-1：**

某知名家居用品店巧妙运用"鱼饵"策略成功提升了业绩。首先他们设计了一系列吸引人的优惠活动，如限时折扣、满额赠品等。其次，该店还引入了独家设计的家居用品，并提供免费的家居搭配咨询服务。这些独特的"鱼饵"不仅吸引了大量顾客进店选购，还让顾客在购物过程中收获了与众不同的体验。最后，该店积极利用社交媒体扩大影响力，与家居设计领域的网红合作，邀请他们到店体验并分享给粉丝。通过这些策略的综合运用，该家居用品店的业绩增长显著。

本案例中的家居用品店以精心设计的优惠活动、独家产品和免费咨询服务作为"鱼饵"，成功吸引了顾客并提升了业绩。同时，该店利用社交媒体与网红合作扩大了影响力，进一步增强了"鱼饵"对顾客的吸引力。这验证了创意优惠、独家特色、体验式购物和社交媒体运用在吸引顾客、提升业绩方面的重要性，以及持续创新和升级"鱼饵"策略的必要性。

||| 落地时刻

亲爱的读者朋友们，现在我们已经了解了如何设计巧妙的"鱼饵"吸引顾客并提升业绩。那么接下来就轮到你们行动了！请结合自己门店的实际情况，精心设计吸引人的优惠活动、提供独特的产品或服务、打造沉浸式购物环

境、利用社交媒体扩大影响力并建立客户回馈机制。同时请记得持续创新和升级"鱼饵"策略以应对不断变化的市场环境和客户需求。相信在不久的将来你们也能够像上述案例中的家居用品店一样实现业绩的快速增长。加油！

**你的行动**

_____
_____
_____
_____

## 第47招

# "鱼钩"让你不拒绝，这是增长的关键

在"鱼塘理论"中，"鱼钩"是指那些能够最终促成客户购买行为的决定性因素，是让客户难以拒绝的成交点。对于线下实体门店来说，如何巧妙设置这些"鱼钩"，是提升销售业绩的关键。今天，我们就来聊聊，如何打造让人无法拒绝的"鱼钩"。

### 1. 塑造独一无二的卖点

当你走进一家店，琳琅满目的商品中，哪一样最吸引你的眼球？没错，就是那些与众不同、独具特色的产品。是的，实体门店也要有这样的产品，它们或许设计独特，或许功能卓越，或许蕴含浪漫的故事。

比如，有一家手工皮具店，里面的包包不仅选材讲究，每一个针脚都彰显着匠人的用心。更重要的是，每个包包背后都有一张专属故事卡片，讲述着这个包从选材到成品的每一个细节。这样的产品，不仅满足了顾客的实用需求，更触动了顾客的情感需求，它们自然成了让人难以拒绝的"鱼钩"。

### 2. 提供个性化的定制服务

在这个追求个性化的时代，千篇一律的产品已经难以满足顾客的需求。因此，提供个性化的定制服务，成为吸引顾客的重要手段。顾客走进你的门店，不仅可以挑选现成的商品，还可以根据自己的喜好和需求进行定制。

比如，一家眼镜店提供验光配镜服务的同时，还允许顾客选择镜框的材质、颜色，甚至可以在眼镜上刻上自己的名字或特殊图案。这样的个性化定制服务，让顾客感受到专属的尊贵体验，自然愿意掏腰包购买眼镜。

### 3. 营造购买的紧迫感

人们往往对稀缺的东西更加珍惜。因此，在门店营销中，商家可以巧妙地制造紧迫感，促使顾客尽快做出购买决定。限时折扣、限量发售、早鸟优惠等都是门店经营常用的手段。

比如，一家服装店推出"新品限时抢购"活动，前 100 名顾客可以享受特别优惠。这样的活动不仅吸引了大量顾客到店，还促使顾客在短时间内完成购买，避免因犹豫不决而导致客户流失。

### 4. 降低客户的购买风险

购买决策往往伴随着风险。当顾客即将选择一个新产品或服务时，他们可能会担心质量、效果、退换货等问题。因此，商家需要提供完善的保障措施，降低顾客的购买风险。

比如，一家线上电子产品店在销售时承诺"7 天无理由退换货"，并且在购买页面上详细列出了产品的售后服务条款。这样的保障措施让顾客在购买时更加放心，提高了顾客的购买意愿。

### 5. 打造沉浸式购物体验

除了产品本身的质量和个性化服务外，购物体验也是影响顾客购买决策的重要因素。一个舒适、有趣、充满互动性的购物环境能够让顾客流连忘返，从而增加购买的概率。

比如，家居体验店不仅可以在卖场展示各种精美的家具和装饰品，还可以设置多个生活场景区域，如客厅、卧室、厨房等，顾客可以在这些精心设计的场景中直观地看到家具饰品的搭配方式，甚至可以邀请朋友一起来参观、体验。这样的沉浸式购物体验可以让顾客充分地感受产品的魅力、了解产品的价值。

**案例 47-1：**

某咖啡店精心设计"鱼钩"策略成功吸引了大量顾客。该店首先明确了品牌的独特卖点——高品质咖啡豆和手工冲泡工艺。其次，该店推出了个性化定制服务，顾客可以根据自己的口味选择咖啡豆的种类、研磨度和冲泡方式。再次，该店还定期举办咖啡品鉴会和咖啡制作课程等活动，营造了一种浓厚的咖啡文化氛围。最后，该店承诺"不满意就退款"，此保障措施降低了顾客的购买风险。通过这些策略的综合运用，这家咖啡店迅速在市场上站稳了脚跟并实现了业绩的快速增长。

本案例中的咖啡店通过明确独特卖点、提供个性化定制服务、举办各种活动、承诺退款保障等"鱼钩"策略，成功吸引了顾客并实现了业绩增长。这验证了塑造独一无二卖点、个性化服务、营造紧迫感、降低购买风险和沉浸式购物体验在提升实体门店销售业绩方面的有效性。这些策略都是顾客难以拒绝的成交点，促成了顾客更多的购买行为。

### ▍落地时刻

"鱼钩"策略是线下实体门店业绩增长的关键所在。它不仅是一种营销手段，更是商家对顾客需求的洞察和满足。通过塑造独一无二的卖点、提供个性化的定制服务、营造购买的紧迫感、降低购买风险以及打造沉浸式购物体验等策略的综合运用，门店的"鱼钩"更加锐利和吸引人。现在轮到你了，结合自己门店的实际情况，根据产品或服务特点，精心设计这些"鱼钩"吧！让它们成为你门店业绩增长的强大引擎，引领你的门店在激烈的市场竞争中脱颖而出！

**你的行动**

_____

_____

_____

_____

## 第 5 章

# 成交
## ——尽管大胆去成交，增长业绩有高招

本章聚焦于"成交"这一线下门店业绩增长的核心环节。从创造产品场景到优化话术，再到巧妙的门口陈设，每一招旨在提升客户的购买欲望，促成交易。没有成交，业绩增长无从谈起，因此大胆去成交是实现门店业绩翻倍的关键。本章介绍15个成交策略，助力门店提升成交能力，从而实现业绩的快速增长。

## 第48招

# 一个简单的调整，业绩翻倍就呈现

在商业世界中，有时候，微小的改变却能产生显著的效果。这不，一家小小的烘焙店通过流程的简单调整，就实现了业绩的惊人增长。接下来，让我们深入探讨这个改变的细节，看看它是如何助力烘焙店走向成功的。

**案例48-1：**

曾经，这家烘焙店的日常经营平淡无奇。每当顾客踏入店内，想要定制一款特色蛋糕，店员总是站在柜台后面，机械地接受咨询并完成订单。然而，店主渐渐意识到，这种传统的服务模式似乎缺乏了某种"人情味"，无法深入挖掘顾客的潜在需求，也难以建立稳固的客户关系。

于是，店主决定对服务流程进行一番细微的调整。他要求店员在顾客进店后，主动引导顾客至座位区落座，并递上一杯暖茶。随后，店员也会坐下来，与顾客进行面对面的亲切交流。这个看似不起眼的改变，却悄然开启了烘焙店业绩翻倍的新篇章。

自从实施新服务流程以来，蛋糕的订单成功率显著提升，同时，每位顾客的平均消费额也有了明显的提高。这背后的原因究竟是什么呢？

首先，邀请顾客坐下并递上茶水的举动，不仅为顾客提供了一个舒适的休息环境，还大大降低了顾客的心理防线。在轻松愉悦的氛围中，顾客更容易敞开心扉，分享自己的口味偏好、特殊需求以及对蛋糕的个性化要求。

其次，店员坐下来与顾客进行面对面的沟通，可以形成深度交流。

> 这种平等的交流方式让顾客感受到了前所未有的尊重和重视,从而更容易建立买卖双方深厚的信任关系。在这种信任的基础上,顾客自然更愿意接受店员的推荐和定制建议。
>
> 最后,一杯暖茶不仅滋润了顾客的喉咙,更温暖了他们的心田。在这种温馨的氛围中,顾客往往会产生额外的购买欲望,比如增加蛋糕的尺寸、选择更加丰富的配料,或是顺便选购几款店内美味的甜点。

这个典型的案例向我们展示了,在实体门店中,一个服务细节的调整,竟然能够引发如此显著的业绩提升。那么,这背后的深层次原因又是什么呢?

优质的服务体验是吸引和留住顾客的关键。在购物过程中,顾客所追求的不仅仅是产品本身的质量和价值,更在于整个购物过程所带来的愉悦感和满足感。当门店具有舒适、温馨的环境且能够提供贴心的服务时,顾客自然会心生好感,产生购买的意愿进而增加对店铺的忠诚度。

同时,深度的沟通交流是挖掘顾客潜在需求的有效途径。当店员愿意坐下来与顾客进行面对面的交流时,他们便有更多的机会去了解顾客的真实想法、喜好以及预算等关键信息。基于这些信息,店员可以为顾客提供更加精准、个性化的服务,从而极大地提高顾客的满意度和成交率。

当然,要想让这种改变真正落地并发挥最大效用,商家还需注意以下几点。

加强店员培训:提升店员的沟通能力和服务意识至关重要。店员需要学会如何主动引导顾客、耐心倾听顾客需求,并提供专业、贴心的建议。

营造舒适环境:座位区的布置应温馨宜人,让顾客在品尝美味的同时,有宾至如归的感觉。

灵活应对:虽然新的服务流程效果显著,但仍需根据门店的实际情况和顾客的具体需求进行灵活调整,以确保服务始终贴合顾客期望。

持续改进:在实施新服务流程后,应密切关注顾客反馈和市场变化,及时调整策略,以保持门店的竞争力和吸引力。

综上所述,这家烘焙店通过改进一个服务细节——引导顾客坐下来交流并递上茶水,便实现了业绩的翻倍增长。这充分证明了在实体门店经营中关注服务细节、提升顾客体验的重要性。对于其他商家而言,这无疑是一个极具启示意义的成功案例。通过不断优化服务流程、提升服务质量并关注顾客需求,相信更多的门店能够在激烈的市场竞争中脱颖而出,实现业绩的持续飙升。

||| 落地时刻

现在，是时候将这一成功策略应用到你的门店中了。从培训店员开始，让他们学会主动与顾客进行深度沟通，了解并满足顾客的个性化需求。同时，优化门店环境，为顾客提供一个舒适、温馨的购物空间。记住，每一个细节的改变都可能成为业绩翻倍的关键。持续关注顾客反馈，不断调整和优化服务流程，希望你的门店在竞争中脱颖而出，实现业绩的持续增长。

**你的行动**

---
---
---
---

# 第 49 招

## 创造产品使用场景，用户下单不自禁

在琳琅满目的商品世界里，如何让顾客在众多选择中一眼相中你的产品？答案或许就藏在那些看似不经意实则能触动顾客心灵的场景化设计中。今天，我们就来聊聊如何创造产品的使用场景，让顾客在不知不觉中产生购买欲望，从而促进门店业绩的大幅度增长。

**案例 49-1：**

有那么一家普通的烘焙店，店面不大，位置也不显眼，但有一天，它突然成了街坊邻里热议的话题。原来，这家烘焙店对自家的宣传图册进行了一次大刀阔斧的改革。

以前，他们的宣传图册只是简单地按照蛋糕种类进行排列，顾客往往要花上好一阵功夫才能找到自己想要的款式。但经过重新设计后，图册焕然一新，每一页都精心设计成了一个个温馨的生活场景：家庭聚会时的欢声笑语、孩子生日派对的惊喜连连、情侣纪念日的浪漫晚餐……每一款蛋糕都被巧妙地融入这些场景之中，仿佛它们不仅仅是食物，而是承载情感与回忆的使者。

这样的改变，让顾客在翻阅图册时，不仅是在挑选蛋糕，更是在预演一个个美好的瞬间。顾客开始想象，当这款蛋糕出现在自己的家庭聚会或纪念日派对时，会是怎样一番景象。于是，购买变得自然而然，甚至有点迫不及待。

本案例中的烘焙店通过场景化方式设计宣传图册，将蛋糕融入温馨生活场景，成功激发了顾客的购买欲望。此策略利用情感共鸣降低决策成本，同时提升了品牌形象。通过深入了解顾客、精心打造场景、优化销售话术及持续改进创新，烘焙店实现了业绩增长。这验证了场景化设计在触动顾客情感、提升购买效率及增强品牌吸引力方面的有效性。

为什么场景化设计能有如此大的魔力？这背后，其实是深刻洞察了人性的需求。

（1）情感共鸣：人们购买产品，不仅仅是为了满足物质需求，有时更多的是追求一种情感上的满足。场景化设计将产品与特定的生活场景相结合，触发顾客情感共鸣，让他们在购买商品时不仅是得到一个物品，更是满足一种期待、获得美好的回忆。

（2）降低决策成本：面对琳琅满目的商品，顾客往往需要花费大量时间和精力去比较和选择。而场景化设计则通过预设场景，帮助顾客快速定位自己的需求，降低决策成本，提高购买效率。

（3）提升品牌形象：一个懂得用场景讲故事的品牌，往往更容易在顾客心中留下深刻印象。场景化设计不仅展示了产品的多样性，更彰显了品牌传递的生活态度和价值观，增强了品牌的辨识度和吸引力。

既然场景化设计如此有效，那么作为门店经营者，应该如何实施这一策略呢？以下是一些实用的建议。

（1）深入了解顾客需求：场景化设计的第一步，是深入了解你的目标顾客。他们是谁？他们的生活状态如何？他们有什么样的需求和痛点？通过市场调研、顾客访谈等方式，收集并分析这些信息，为后续的场景设计提供有力支持。

（2）精心打造场景：在了解顾客需求的基础上，开始动手打造场景。这不仅限于宣传图册的设计，还可以延伸到门店的陈列布局、灯光效果、场景配乐等各个方面。要让顾客一走进门店，就能感受场景温馨、浪漫，仿佛置身于梦境之中。

（3）优化销售话术：场景化设计不仅仅是一种视觉上的呈现，更是一种情感的传递。销售人员需要掌握灵活多变的销售话术，能够根据顾客的不同需求和场景，提供个性化的推荐和服务。比如，当顾客提到要为孩子举办生日派对时，销售人员可以立即引导顾客关注那些与派对主题相契合的蛋糕款式，并分享一些成功的派对布置案例，激发顾客的购买欲望。

（4）持续改进与创新：市场是不断变化的，顾客的需求也在不断升级。因此，场景化设计也需要持续改进与创新。定期收集顾客反馈和市场数据，分析场景设计的有效性和不足之处，及时进行调整和优化。同时，保持敏锐的市场洞察力，关注行业趋势和竞争对手的动态，确保自己的场景化设计始终走在行业前沿。

### ||| 落地时刻

现在，是时候将产品场景化的营销策略应用到你的门店中了。从深入了解客户需求开始，精心设计符合他们期望的产品场景。通过优化销售话术和服务流程，让消费者在沉浸式的购物体验中不自觉地下单。记住，持续地创新和改进是保持门店竞争力的关键。借助产品场景化，让你的门店在激烈的市场竞争中脱颖而出，实现业绩的持续增长。不要犹豫，立即行动吧！

**你的行动**

_____
_____
_____
_____

## 第50招

# 门店多配一工具，客单立马就上去

在线下门店的经营中，每一个细节都可能影响客户的购物体验和购买决策。有时候，一些看似微不足道的改变，却能带来意想不到的效果。比如，一家烘焙店通过简单地为产品配置托盘，并提醒客人使用，就实现了客单价的提升和成交率的增长。这个例子生动地说明了工具策略的改变可对线下门店的业绩产生积极影响。

**案例50-1：**

有一家烘焙店原本的经营模式是，客人进店后自己拿袋子夹面包，装进去买单，或者由服务员帮忙夹面包。这种模式虽然简单直接，但存在一些潜在的问题。首先，客人自行夹取面包时可能会因为不熟悉产品或者难以选择而犹豫不决，导致购物体验不佳。其次，没有统一的购物工具，客人在选购过程中可能会感到不便，甚至可能因为手忙脚乱而放弃购买。

为了解决这些问题，烘焙店决定配备托盘，并在客人进店时主动提醒他们使用。这个看似微小的改变，却带来了显著的效果。客人们在使用托盘后，可以方便地挑选面包，购物体验得到了极大的提升。同时，托盘的使用也增加了客人在店内的停留时间，让客人有更多的机会了解和选择产品。

更重要的是，托盘的引入还间接提高了客单价。客人在使用托盘挑面包时，往往会不自觉地挑选更多的面包，因为他们可以方便地将多个面包放在托盘上一起结算。这种"一站式"的购物体验不仅提高了购买的便捷性，还激发了客人的购买欲望。因此，烘焙店在配备托盘后，成交的客单价也明显上升了。

这个案例充分说明了工具策略的改变对线下门店提高成交概率和实现业绩增长的重要性。首先，合适的工具可以提升客户的购物体验，使他们在选购过程中感到更加便捷和舒适。这有助于增强客户对门店的好感度和忠诚度，从而增加他们再次光顾的可能性。

其次，工具的使用还可以引导客户进行更多的消费。案例中的烘焙店，托盘的使用让客人能够更方便地挑选和携带多个面包，从而增加了顾客的购买量。这种引导消费的方式既满足了客户的需求，又提高了门店的销售额。

当然，要想让工具策略真正发挥作用，还需要注意以下几个执行要点。

（1）选择合适的工具：不同的门店和产品需要不同的工具来辅助销售。烘焙店选择托盘是因为它符合面包的销售特点，能够方便客人挑选和携带。因此，门店在选择工具时要充分考虑自身的产品特性和客户需求，选择最适合的工具。

（2）培训员工：员工是门店的重要资产，他们需要充分了解新工具的使用方法和好处，以便能够向客人进行推荐和介绍。在烘焙店的例子中，员工需要主动提醒客人使用托盘，并帮助他们熟悉使用方法。通过培训，员工可以更好地为客户提供服务，提高客户满意度和成交率。

（3）持续观察和改进：引入新工具后，门店需要持续观察其效果，并根据客户的反馈进行必要的调整和改进。比如，烘焙店可以定期收集客户对托盘使用的意见和建议，以便不断完善和优化工具的使用体验。

## ▍落地时刻

现在，是时候将工具策略的智慧应用到你的门店中了。从深入了解顾客需求和市场趋势开始，精准选择合适的辅助工具，加强员工培训以确保策略的顺利实施。同时，保持敏锐的市场洞察力，根据实际情况不断调整和优化策略。通过巧妙运用工具，相信你的门店也将在激烈的市场竞争中脱颖而出，实现业绩的腾飞。立即行动吧！

**你的行动**

_____

_____

_____

_____

## 第51招

# 他没有卖我产品，我却消费六七千

在商业的广阔天地中，销售策略层出不穷，但有一种常被忽视的哲学却蕴藏着巨大的智慧，那就是"好销售，其实是不销售"。这看似悖论的理念，实则揭示了销售的最高境界——不强行推销，而是以诚待人，用专业与真诚赢得客户的信赖。下面，我将通过一则典型案例，深入剖析这一策略的精妙之处。

**案例51-1：**

某次，我步入一家知名的汽车服务门店，原意是想寻购一款能有效去除车内异味的清新剂。我走向店长，寻求他的推荐。然而，他的回答却大出我意料。他并未急于向我推销店内的产品，反而平和地告诉我，通风是去除车内异味的最佳方式，或者在车内简单放置一块香皂，也能使车内气味清新。

这位店长的做法，便是对"好销售，是不销售"策略的生动诠释。他没有盲目地推销，而是从客户的实际需求出发，给出了既实用又经济的建议。这种站在客户角度思考的表现不仅体现了他的专业素养，更在无形中拉近了与客户的距离。

结果如何呢？虽然那次我并未购买任何产品，但店长的真诚与专业却深深打动了我。自此以后，我成了这家门店的常客，每次汽车需要保养或美容，我都会毫不犹豫地选择这里。一年下来，我在这家店的消费额竟然达到了六七千元。

这个案例不仅说明了"不销售的销售"策略的威力，更揭示了其对于提升门店业绩的重要性。首先，它有助于建立深厚的客户信任。当销售人员不再一味地推销，而是真正站在客户的角度考虑问题并提供建议时，客户能感受到前所未有的尊重与关怀。这种信任关系的建立，为后续的交易奠定了坚实的基础。

其次，该策略能显著提升客户满意度。当客户发现所接受的建议切实有效时，便会对门店的服务质量和专业水平给予高度的评价和认可。这种满意度不仅促使客户再次选择门店，更可能通过顾客的口碑推荐，使门店收获更多的新客户。

从长远来看，"好销售，是不销售"的策略能够培育出更高的客户忠诚度，并为门店带来持续且稳定的业绩增长。当客户对门店充满信任时，他们更愿意与门店建立长期的合作关系，门店由此而产生更多的业绩。

要成功践行这一策略，需要做到三个方面：一是始终保持对客户的真诚关怀，提供真正有价值的建议；二是持续保持与客户沟通，了解他们的需求变化，提供及时的服务；三是重视口碑的力量，鼓励满意的客户分享他们的体验，以此吸引更多的潜在客户。

在实际操作中，门店可能需要在短期内舍弃一些直接的销售机会，但长远来看，这种策略将带来更为稳健和可持续的业绩增长。因此，门店应根据自身特色和市场定位，灵活而策略性地运用这一理念。

回顾汽车服务门店的案例，那位店长的成功并非偶然。他的智慧在于深谙销售的真谛——不是简单地追求销售额，而是通过真诚与专业的服务，赢得客户的长期信赖。他没有为了眼前利益而牺牲与客户的长期关系，反而通过"不销售的销售"策略，实现了业绩与口碑的双赢。

### ||| 落地时刻

现在，是时候将"好销售，是不销售"的策略融入你的门店经营中了。从深入理解客户需求开始，为客户提供真正有价值的建议和解决方案。加强与客户的持续沟通，建立稳固的信任关系。同时，充分利用口碑的力量，鼓励满意的客户分享他们的经历，吸引更多的新客户。相信通过这一策略的实施，你的门店将在激烈的市场竞争中脱颖而出，实现业绩的持续增长。行动起来吧！

**你的行动**

_____
_____
_____
_____

# 第52招
# 不去推荐产品，客户选择更自由

对于销售来说，有时候，最好的策略就是"不作为"。这听起来可能有些矛盾，但实际上，这种"不作为"并非真的无所作为，而是一种销售艺术，一种让客户自然选择产品的策略。接下来，我将通过一个典型的案例，详细解析这种策略如何在实际销售中发挥作用，以及它为何能够有效提升成交概率和业绩增长。

**案例 52-1：**

某高端家居用品店成功地运用了这一策略。他们销售的每一件产品都是精心挑选的，无论是设计、品质还是实用性，都达到了行业的顶级水平。然而，他们并不急于向每一位进店的客户推荐产品，而是让客户自由地观看、体验。销售人员的主要任务不是推销，而是解答客户的疑问，提供专业的家居搭配建议。

有一次，一位中年女士走进店里，她并没有明确的购买目标，只是想看看有哪些新品。销售人员热情地迎接她，但并没有立刻推荐产品，而是让她在卖场自由地参观。该女士自己观看的过程中，销售人员适时地提供一些家居搭配的建议，使女士对店内的产品产生了浓厚的兴趣。最终，这位女士不仅购买了多件产品，还成了该店的忠实客户。

这个案例充分显示了"不刻意推荐，让客户自然选择"策略的魅力。当销售人员不过于热情地推销产品时，客户能够更自由、更放松地观看、挑选，从而更容易找到自己真正喜欢的产品。同时，销售人员的专业素养和搭配建议也为客户提供了额外的价值，进一步增强了客户的购买意愿。

这种策略之所以能够提升成交概率和业绩增长，主要有以下几个原因。

（1）减少了客户的购买压力。在传统的销售模式中，销售人员往往会给客户带来一定的购买压力，导致客户产生抵触情绪。而这种策略则让客户在轻松愉快的氛围中购物，更容易做出购买决策。

（2）提升了客户的购物体验。当客户能够自由地选择和体验产品时，他们会更加享受购物过程。这种积极的购物体验不仅有助于促成当前的交易，还可能带来客户的复购和口碑传播。

（3）增强了客户的信任感。当销售人员以专业的态度为客户提供建议和帮助时，客户会感受到他们的真诚和专业性。这种信任感是促成交易的重要因素之一。

成功实施这种策略，需要做到以下两个方面。

（1）提升销售人员的专业素养。销售人员需要具备丰富的产品知识和搭配技巧以便在客户需要时提供专业的建议和帮助。此外他们还应具备良好的沟通能力和服务意识，确保客户在购物过程中感受到尊重和关怀。

（2）关注客户的个性化需求。每位客户都有自己的审美和喜好，门店需要密切关注客户的反馈和需求变化，以便为他们提供更精准的产品推荐和搭配建议。

### ‖‖ 落地时刻

现在，是时候将"不刻意推荐，让客户自然选择"的策略应用到你的门店中了。从优化产品陈列和展示开始，为客户打造一个舒适、吸引人的购物环境。同时，加强销售人员的专业培训，提升他们的专业素养和服务意识。密切关注客户的个性化需求，为他们提供更加精准的产品推荐。相信通过这种策略的实施，你的门店能够吸引更多的客户，提高成交概率，实现业绩的持续增长。不要犹豫，行动起来吧！

**你的行动**

_____
_____
_____
_____

## 第53招

# 客户体验重如山，成交之路更宽广

在竞争日益激烈的商业环境中，门店不再仅仅是销售产品的场所，更是提供独特体验的舞台。客户体验，这个看似无形的概念，实则成了决定门店生死存亡的关键。今天，我们就来聊聊为什么"客户体验重如山"，以及如何通过提升客户体验来拓宽成交之路。

想象一下，你走进两家相邻的咖啡店。一家店内环境嘈杂，服务员态度冷淡，点单流程烦琐；而另一家则播放着轻柔的音乐，店内布置温馨雅致，服务员面带微笑，细心询问你的需求。你更愿意选择哪一家进去消费？答案显而易见。

这就是客户体验的力量。它虽无声，却能深深触动人心，让你愿意再次光顾，甚至将门店推荐给亲朋好友。正如那句老话所说："金杯银杯，不如顾客的口碑。"好的客户体验，就是最好的广告。接下来，我们通过一则生动案例，深入剖析"极致客户体验"如何为门店铺就一条更宽广的成交之路。

**案例53-1：**

一家位于一条不起眼的街道上的服装店，店面装修简单，商品陈列也缺乏新意。尽管价格实惠，但客流量一直不高，顾客复购率也很低。面对困境，店主决定从客户体验入手，进行一系列改革。

首先，店主对店面进行了重新装修，采用了柔和的色调和合理的布局，营造出一种家的感觉。店内增设了休息区，提供免费的茶水和杂志，让顾客在试衣或等待时也能享受片刻的宁静。

其次，店主加强了员工培训，要求每位员工都能熟练掌握产品知识，并能根据顾客的身材特点和风格喜好，提供个性化的搭配建议。员工不再只是被动地等待顾客提问，而是主动上前，用真诚和专业的态度

> 为顾客服务。
>
> 最后，店主还引入了一套完善的售后服务体系。顾客购买商品后，如果在使用过程中遇到任何问题，可以随时联系店员，得到及时的解答和帮助。对于不满意的商品，店主也承诺无条件退换，让顾客购物无忧。
>
> 这些看似微小的改变，却像一股暖流，温暖了顾客的心田。没过多久，这家服装店就赢得了周边居民的广泛好评，客流量和销售额大幅度提升。更重要的是，顾客开始自发地在社交媒体上分享自己的购物体验，使门店吸引了更多潜在客户的关注。

通过上面的案例，我们可以看到提升客户体验对于门店业绩增长的重要性。那么，具体来说，应该怎么做呢？

（1）营造舒适的购物环境：店面装修要符合目标客群的审美需求，保持干净整洁，营造温馨舒适的氛围。同时，要合理规划店内布局和商品陈列，让顾客能够轻松找到心仪的商品。

（2）提供个性化的服务：员工要具备专业的产品知识和销售技巧，能够根据顾客的需求和喜好提供个性化的推荐和服务。同时，要保持热情友好的态度，让顾客感受到被重视。

（3）完善售后服务体系：建立健全的售后服务机制，确保顾客在购物过程中无后顾之忧。对于顾客的反馈和投诉，要及时响应并妥善处理，以赢得顾客的信任，使顾客满意。

### ||| 落地时刻

现在，是时候将"极致客户体验"的策略应用到你的门店中了。从洞察消费者需求开始，为他们量身定制个性化的购物体验；持续优化服务流程，关注每一个细节；加强员工培训与管理，提升专业素养和服务态度；不断创新服务模式和手段，引入新技术来优化顾客的购物体验。相信通过这些努力，你的门店能够吸引更多顾客并显著提高销售业绩。不要等待，立即行动起来吧！

**你的行动**

## 第54招

# 成功案例多分享，成交信心更增强

在商业销售中，成功案例的分享对于提升销售团队的信心和促进业绩增长具有不可忽视的作用。特别是在线下门店销售环境中，面对面的交流与沟通，使得成功案例的分享更加直观并具有说服力。下面将结合实际案例，探讨"成功案例多分享，成交信心更增强"的策略如何帮助线下门店提高成交率，促进业绩增长，并分析需要注意的问题。

在实体门店的经营中，我们常常会发现，销售团队的状态和信心对业绩的取得有着不可估量的影响。若店员充满自信，他们的言谈举止自然流露出一种说服力，让顾客更加信任，从而促成交易。那么，如何提升销售团队的信心呢？一个简单而有效的方法就是——多分享成功案例。

想象一下，你是门店里的一名销售人员，每天面对形形色色的顾客，心里难免会有不确定和紧张的时候。但如果你每天都能听到同事分享他们如何成功搞定难缠的客户，或是如何巧妙地处理顾客存在异议的故事，你作何感想？是不是会觉得，原来这些问题并不是无解的难题，只要方法得当，成功并不遥远？

这正是成功案例分享的魅力所在。它像一股温暖的春风，吹散销售人员心中的阴霾，让他们看到希望的曙光。以某知名家居装饰门店为例，他们每周都会组织一次成功案例分享会。会上，销售人员轮流上台，讲述自己最近的成功经历，从初次接触客户到最终成交的全过程，每一个细节都娓娓道来。这些故事不仅是业绩的体现，更是信心与经验的传递。

在这样的氛围中，销售人员之间的交流和学习变得更加频繁和深入。他们不再孤军奋战，而是形成了一个团结互助的集体。每当遇到难题，他们总能从同事的成功案例中找到灵感和解决方案。这种相互激励和支持，让每个人都信心倍增，门店业绩随之水涨船高。

当然，成功案例的分享并不是简单的讲故事。要想让分享真正发挥作用，就必须确保案例的真实性和可信度。虚假的案例只会让销售人员产生反感，甚至丧失对分享会的兴趣。因此，门店在组织和筛选案例时，一定要严格把关，确保每一个案例都是真实发生的，具有代表性和可借鉴性。

**案例54-1：**

以一家家居装饰门店为例。他们要求每位销售人员在分享成功案例时，必须提供详细的客户资料、成交数据等证据。这样一来，分享的内容真实可信，更容易让人产生共鸣和认同感。同时，门店还会定期对分享的案例进行整理和归档，形成一套完整的知识库，供销售人员随时查阅和学习。

除了真实性和可信度之外，多样性和时效性也是成功案例分享不可忽视的两个方面。不同的客户和场景会带来不同的挑战和机遇，因此门店需要收集和分享多种类型的成功案例，以便销售人员能够从中汲取更多的经验和教训。

同时，随着市场环境和顾客需求的不断变化，一些旧的成功案例可能已经失去了参考价值。因此门店需要定期更新和筛选案例库中的内容，确保分享的案例都是最新的、最具代表性的。这样既能保证分享会的时效性和吸引力，又能让销售人员始终保持敏锐的市场洞察力和应变能力。

成功案例的分享不应只是领导或优秀销售人员的专利。门店应该鼓励所有团队成员积极参与其中，让每个人都成为分享的主角和受益者。通过全员参与的方式，可以最大限度地激发销售团队的积极性和创造力，形成一种良性竞争和共同进步的氛围。

### ‖ 落地时刻

现在，是时候将"以成功案例为引擎"的策略应用到你的门店中了。比如门店可以设立一个"月度最佳案例奖"，鼓励销售人员积极投稿和分享自己的成功案例。获奖者不仅可以获得物质奖励和精神鼓励，还能为门店树立榜样起到标杆作用。这样一来，越来越多的销售人员会愿意主动分享自己的经验和心得，使整个团队在相互学习和借鉴中不断成长和壮大。

第 5 章 成交——尽管大胆去成交，增长业绩有高招

> 你的行动

_____
_____
_____

## 第 55 招

# 只要话术变得佳，首次消费就充卡

在实体门店的日常经营中，我们常常遇到这样的情况：明明有很好的充值活动，顾客却总是不为所动。这时，你是不是也在想，是活动力度不够大，还是顾客真的对充值无感？其实，很多时候，问题可能并不出在活动本身，而是出在我们与顾客沟通的方式——销售话术上。

想象一下，你去面包店买早餐，销售员只是简单地告诉你："充 300 送 50 哦！"你可能只是微微一笑，然后继续挑选面包。但如果销售员换了一种说法："您选的这些面包总共 50 元，如果现在充值 300 元，那么卡里进去 350 元，今天这 50 元面包就相当于免费送给您了！"感觉是不是就不一样了？

这就是话术的魅力。好的话术，能让原本平淡无奇的活动变得吸引人，甚至让顾客产生"占便宜"的错觉，从而心甘情愿地掏出钱包。

**案例 55-1：**

一家开了多年的社区烘焙店，生意一直不温不火。店主尝试了各种促销活动，但效果都不明显。直到有一天，他们店里的一个年轻销售员，无意间用了一种新的话术，结果当天就有好几位顾客主动充值了会员卡。

这个销售员是怎么做的呢？他没有

> 像往常一样，只是简单地推荐充值活动，而是根据顾客选购的商品，算了一笔账："您看，您今天选的这些蛋糕和面包，总共是 150 元。我们店现在有个特别优惠，如果您充值 200 元，这 150 元的商品就相当于免费送给您了，而且卡里还剩下 50 元，下次来还能继续用。"
>
> 这样的说法，让顾客一听就觉得特别划算。原本可能只是想买点早餐的顾客，一听充值这么合算，纷纷掏出手机扫码充值。就这样，烘焙店的会员卡销售量在短短几天内就翻了好几倍。

本案例中的烘焙店通过优化销售话术，成功吸引顾客充值会员卡，实现了业绩增长。销售员将充值优惠与顾客选购商品相结合，具体化呈现优惠，满足了顾客占便宜的心理，并增强了顾客对店铺的信任感。此案例验证了巧妙话术在促进顾客充值、提升业绩方面的有效性。通过了解顾客、真诚沟通、持续优化和反馈以及培训销售团队，门店员工使用更具吸引力的销售话术，可以推动业绩增长。

为什么这种话术这么有效呢？

（1）具体化呈现优惠：将抽象的充值金额转化为顾客眼前实实在在的商品，让顾客一眼就能看到充值带来的实惠。

（2）满足顾客占便宜的心理：人有占便宜的心理，这种话术正好击中了这一点，让顾客觉得不充值就亏大了。

（3）增强信任感：通过具体的计算和真诚的推荐，增强顾客对销售员和店铺的信任感，觉得这家店很实在，不骗人。

那么，如何打造你的"黄金话术"？

（1）了解你的顾客：不同的顾客有不同的需求和偏好，要根据顾客的实际情况来调整话术。比如年轻人可能更注重产品的时尚感和新鲜感，而中老年人则更看重产品的性价比和眼前可得的实惠。

（2）真诚沟通，避免夸大：说话要自然流畅，不能生硬推销，更不能夸大其词。真诚地对待每一位顾客，用事实和数据说话，才能赢得顾客的信任。

（3）持续优化和反馈：没有一成不变的话术，要根据顾客的反馈和市场变化不断优化。比如可以尝试不同的表达方式、调整店铺优惠的额度或方式等，看看哪种方式最能打动顾客。

（4）培训销售团队：好的话术需要好的执行者。定期对销售人员进行培训，让他们掌握并灵活运用话术是至关重要的。通过角色扮演和实操演练等方式提升销售人员的沟通能力和自信心。

### ‖ 落地时刻

现在，组织销售人员进行话术培训和实操演练吧，确保他们面对顾客能够自信且自然地运用新话术。同时，应关注客户的反馈意见和销售数据变化，不断优化和调整话术应用策略。相信通过精心打磨销售话术的使用，你的门店能够成功吸引更多客户成为长期会员，为业绩增长注入强劲动力。

**你的行动**

_____
_____
_____
_____

## 第56招

# 多了这么一句话，后面客户都办卡

在线下门店的日常运营中，排队结账这一环节往往被忽视，然而，这却是一个潜藏的巨大营销机会。如何通过短短的一句话，巧妙引导排队结账的客户，提高会员卡的办理率，是接下来要探讨的核心问题。我们将通过一则典型案例，深入剖析这一策略在实际操作中的应用与效果，并提炼出实施要点，以期为广大门店提供有益的参考。

> **案例56-1：**
> 
> 一家知名连锁咖啡店，他们没在广告宣传上花费巨额资金，却在会员营销上取得了显著成效。每当顾客排队等待结账时，店员们总不忘与顾客进行温馨的互动。对于已经是会员的顾客，店员会微笑着告知他们："您这杯拿铁因为是会员，节省了5块钱呢！"这句话听起来简单，

但背后却蕴含着巨大的商业智慧。

非会员顾客听到这句话，往往会投来羡慕的目光，心里暗自盘算："如果我也是会员，那也能省不少钱？"就在这时，店员适时地介绍起会员政策，强调成为会员不仅能享受折扣，还有积分兑换、生日特惠等多重福利。很多顾客一听，当即就决定办理会员卡，从此成为这家咖啡店的忠实拥趸。

为什么这句话如此有效？

（1）利用等待时间，创造营销机会。排队结账的几分钟，对顾客来说可能是无聊的等待，但对商家来说，却是宝贵的营销时机。通过这段时间的简短交流，不仅能缓解顾客的焦虑情绪，还能自然地引导他们关注会员政策。

（2）直观展示优惠，激发办卡欲望。当店员告知会员顾客节省的金额时，这种实实在在的优惠让非会员顾客看在眼里，急在心里。他们开始意识到，成为会员意味着每次消费都能享受到实实在在的优惠，这种直观的刺激极大地激发了他们的办卡欲望。

（3）利用从众心理，增强信任感。人天生就有从众心理，看到别人因为某个选择而受益，自己也会倾向于做出同样的选择。在咖啡店这一案例中，当非会员顾客看到周围的会员顾客因为会员身份而享受优惠时，他们对会员卡的信任度和好感度自然而然地提升了。

如何成功实施这一策略？虽然这个策略看起来很简单，但要想真正落地并取得成效，还需要注意以下几个方面。

（1）提升店员沟通能力

店员是这一策略的执行者，他们的沟通能力直接影响营销策略实施的效果。因此，门店需要加强对店员的培训，让他们掌握基本的沟通技巧和会员条款。只有这样，他们才能在与顾客交流时显得自信、专业且亲切。

（2）灵活调整话术

面对不同年龄、性别和消费习惯的顾客，店员需要灵活运用不同的话术。比如对年轻人可以强调会员卡的时尚感和便捷性；对中老年人则可以重点介绍会员卡的实惠和长期回报。这样不仅能更好地满足顾客的需求,还能增强他们的办卡意愿。

(3)持续优化会员政策

会员政策是吸引顾客办卡的关键。门店需要定期审视和优化会员政策,确保它能够持续吸引顾客并保持竞争力。比如可以推出更多的会员专享活动、提高积分兑换比例等,让会员卡更具吸引力。

(4)关注顾客反馈

顾客的意见和反馈是改进服务的宝贵资源。门店应该通过问卷调查、线上留言等方式收集顾客的意见和建议,并根据这些反馈及时调整策略和服务。只有这样,才能确保策略的有效性和可持续性。

### ‖ 落地时刻

现在,是时候让你的门店也尝试这种巧妙的会员推广策略了。组织店员进行培训和演练,确保他们能够自信且自然地与顾客沟通并介绍会员卡的优势。同时,关注顾客的反馈和销售数据变化,不断优化和调整策略。相信在顾客的排队结账环节进行巧妙的话术引导、推销,你的门店能够成功吸引更多顾客成为忠实会员,为业绩增长注入新的活力。

**你的行动**

___

___

___

___

## 第57招

# 门口多放一辆车,客流来了转化多

在商业世界中,每一个细节都可能成为吸引顾客、促成交易的关键。有时候,关键的细节甚至简单到只是在店铺门口多放一辆车。不要小看这个小小的改变，它可能带来的客流和转化率提升是惊人的。接下来，我们将通过一个典型案例来深入解析这一策略，并探讨如何将其应用于更广泛的商业场景。

**案例 57-1：**

在城市的繁华地段，有两家相邻的电动自行车专卖店。其中一家店主极富创新意识。他注意到每天有大量潜在的顾客从店门前经过，但真正进店选购的人并不多。为了改变这一状况，他决定尝试一种新的展示策略——在门口摆放一辆最新款、外观时尚的电动自行车。

这辆精心挑选的电动自行车不仅外观亮丽，而且配备了最新的智能功能，如导航、防盗等。每当有路人经过，都会被这辆独特的电动自行车所吸引，不少人甚至会上前询问详情。店主则趁机邀请他们进店参观，详细介绍产品的特点和优势。结果，这一策略的实施大幅度提升了进店率和转化率，店铺的业绩因此获得了显著增长。

这个案例充分说明了"门口多放一辆车"策略的有效性和普适性。将产品直观地展示在顾客面前，商家能够迅速抓住顾客的注意力，并激发他们的购买欲望。这种策略不仅适用于电动自行车专卖店，还可以广泛应用于汽车销售、摩托车销售，甚至是家居用品销售等多个领域。

当然，要成功实施这一策略，商家需要注意以下几个方面。

### 1. 精选展示产品

展示在门口的产品至关重要。它应该是店内最受欢迎、最具代表性的产品，能够充分体现店铺经营产品的特色和品质。同时，产品的外观和设计要足够吸引人，能够在第一时间抓住顾客的眼球。

### 2. 保持产品的新鲜感

长时间展示同一款产品可能会导致顾客产生视觉疲劳。因此，商家需要定期更换展示的产品，保持新鲜感以持续吸引顾客的关注。这也可以作为店铺促销活动的一部分，通过更换展示产品来推广不同的商品。

### 3. 提供优质的顾客服务

当顾客被门口的产品吸引进店后，商家需要提供热情周到的服务，以满足顾客的咨询和购买需求。这包括详细的产品介绍、专业的购买建议以及承诺提供售后服务等。商家通过提供优质的服务，可以增强顾客的购买信心，进而促成交易。

### 4. 线上线下结合营销

"门口多放一辆车"的策略可以与线上营销相结合，如通过社交媒体平台发布产品信息、优惠活动等，吸引更多线上用户到店体验。同时，店铺内的产品也可以配备二维码，方便顾客扫码了解更多详情或进行线上购买。这种线上线下融合的营销模式有助于扩大店铺的影响力，提高销售额。

**||| 落地时刻**

现在，是时候让你的门店也尝试这种有效的展示策略了。首先，挑选一款最具代表性的产品，确保它能够在门口吸引顾客的注意。其次，定期更换展示产品，保持顾客的新鲜感。再次，加强店内服务人员的培训，确保他们能够为进店的顾客提供专业、热情的服务。最后，用线上线下相结合的营销手段，扩大店铺的知名度和影响力。相信通过这些努力，你的门店将迎来更多的客流和更高的转化率。

**你的行动**

## 第58招

# 礼品挑选要精心，成交概率自然增

在商业的世界里，赠送礼品早已成为商家吸引顾客、留住客户的常用手段。然而，你是否注意到，有些商家赠送礼品纯属敷衍，顾客收到后毫无用处，甚至觉得这是一种浪费？而另一些商家，为顾客精心挑选的礼品却能深深打动顾客的心，不仅提升了客户满意度，还大大增加了成交的机会。今天，我们就来聊聊如何精心挑选礼品，让它在促进成交上发挥最大效用。

> **案例58-1：美妆品牌的贴心之举**
>
> 有一家知名的化妆品品牌，在面对激烈的市场竞争时，没有选择简单粗暴的价格战，而是另辟蹊径，从顾客体验入手。他们发现，仅仅赠送小样或普通化妆品，已经无法满足顾客的期待。于是，品牌团队深入调研，了解目标客户的真实需求，最终决定推出一款定制的美妆工具包作为赠品回馈顾客。
>
>
>
> 这个美妆工具包设计时尚且品质上乘，内含化妆刷、美妆蛋等专业工具。每当顾客收到这份礼物，无不惊喜连连。她们感受到了品牌的用心和关怀，这份超出预期的惊喜，让顾客对品牌的好感度直线上升。更重要的是，对于这份独特的礼品，顾客口口相传，为品牌带来了更多潜在客户。

本案例中的美妆品牌通过深入调研目标客户，精心定制了美妆工具包作为回馈顾客的赠品，成功传递了品牌价值，满足了顾客实际需求，为客户创造了愉悦的购物体验。此举不仅提升了顾客满意度，还增加了成交机会。这验证了精心挑选礼品在促进成交方面的有效性，强调了深入了解顾客、与品牌关联、注重品质设计及合理控制成本的重要性。

为什么精心挑选的礼品如此有效？

（1）传递品牌价值：精心挑选的礼品，往往与品牌形象紧密相连。当顾客看到这份礼品时，就能联想到品牌的独特魅力和高品质承诺。这种联想无形中增强了顾客对品牌的认知度和好感度，让顾客在购买时倾向于选择此品牌。

（2）满足实际需求：了解顾客的真实需求是挑选礼品的关键。只有真正符合顾客需求的礼品，才能让他们感受到商家的贴心和诚意。当顾客在日常生活中频繁地使用这份礼品，品牌的形象也会在顾客心中不断加深。

（3）创造愉悦体验：一份精美的礼品，不仅是一件物品，更是一种情感的传递。当顾客收到这份用心准备的礼品时，他们会感受到品牌方的真诚和关怀。这种愉悦的体验会让顾客对品牌产生更深的情感链接，从而更愿意为品牌买单。

那么，应该如何精心挑选礼品？

（1）深入了解顾客：首先，你需要深入了解你的目标顾客群体。他们的年龄、性别、职业、兴趣爱好等，都是影响礼品选择的重要因素。通过市场调研和数据分析，你可以更准确地把握顾客的需求和喜好，从而挑选更符合他们心意的礼品。

（2）与品牌和产品相关联：在选择礼品时，一定要注重礼品与品牌、产品的关联性。这份礼品应该能够体现品牌的特色和理念，同时也要与产品形成互补。比如，一家售卖高端护肤品的品牌，可以选择一款高品质的美容仪作为赠品；而一家售卖儿童玩具的店铺，则可以赠送一些有趣的益智玩具。

（3）注重品质和设计：礼品的品质和设计是吸引顾客的关键。一份精美的礼品，不仅能让顾客感受到品牌的用心和专业性，还能提升他们的购物体验。因此，在选择礼品时，一定要注重其品质和设计的细节。无论是材质的选择、工艺的精湛还是外观的设计感，都应该力求完美。

（4）合理控制成本：当然，在挑选礼品时也不能忽略成本的控制。商家需要根据自身的财务状况和营销策略来合理设定礼品的预算。可以通过与供应商协商、选择性价比高的礼品来降低成本。同时，也可以根据顾客的购买金额或购买频率来设定不同的礼品赠送标准，以实现更精准的营销效果。

## ||| 落地时刻

现在，是时候让你的门店也通过精心挑选的礼品来吸引和留住客户了。首先，深入了解你的目标客户群体，明确他们的需求和喜好。其次，选择与你的品牌和产品紧密相关的礼品，确保它们既实用又精美。再次，别忘了在礼品的品质和包装上下功夫，让客户感受到你的用心和专业性。最后，通过合理的成本控制和精准的营销策略，让这份精心挑选的礼品成为你提升成交概率的有力武器。

你的行动

_____
_____
_____
_____

## 第59招

# 门前水牌改个字，当月销售提上去

在实体店经营中，每一个细节都可能成为业绩增长的突破口。今天，我要和大家分享一个看似微不足道，实则效果惊人的小改动——门前水牌的微调。通过这个小小的变化，一家老年人服装专卖店成功实现了进店率和销量的双重飞跃。

> **案例59-1：从"老人衫"到"防老衫"**
>
> 一家老年人服装专卖店，原本门口的水牌上写着"老人衫"，但后来店主将其改为"防老衫"。这看似简单的修改，却带来了意想不到的效果：相同的客户群体，进店率和销量却有了显著提升。深入分析这一现象，我们不难发现其中蕴含的营销策略和消费者心理学原理。
>
>
>
> 首先，从消费者心理角度来看，"老人衫"这一描述无形中给老年人贴上了"老"的标签，而这是许多老年人所不愿接受的。相比之下，"防老衫"则传达了一种积极、年轻化的信息，仿佛在告诉消费者，穿上这件衣服能够延缓衰老、保持年轻。这种微妙的心理暗示，极大地迎合了老年人追求年轻、不愿被视为老者的心理需求。

其次，从营销策略的角度来看，这一改变实际上是对目标客户群体心理需求的精准把握。通过修改产品描述文案，成功地将产品的卖点从简单的"适合老年人穿"转变为"帮助老年人保持年轻"，从而提升了产品的附加值和吸引力。这种策略不仅使得产品更具市场竞争力，还让消费者在购买过程中感受到了店主的用心和关怀。

进一步分析，这种产品描述文案的修饰优化策略对于线下门店提高成交概率和业绩增长的重要性不言而喻。一方面，优化的文案能够更准确地传达产品的核心价值和卖点，帮助消费者更好地了解产品，从而提高购买意愿。另一方面，通过把握消费者的心理需求，店家可以在激烈的市场竞争中脱颖而出，吸引更多的潜在客户进店选购。

当然，这种改动并非一蹴而就的事情。在执行此类策略时，有几点需要特别注意。

（1）深入了解目标客户：在改动之前，务必深入了解目标客户的心理需求和痛点。只有真正站在顾客的角度思考问题，才能写出打动人心的文案。

（2）保持真实性：文案的优化应以真实性为基础。夸大其词或虚假宣传只会适得其反，损害店铺的信誉和口碑。

（3）注重差异化：在众多的门店和产品中脱颖而出，需要具有创意和差异化的文案。避免使用陈词滥调或模仿他人，努力打造独一无二的品牌形象。

（4）持续优化：文案的优化是一个持续的过程。应密切关注市场反馈和顾客评价，及时调整策略以适应市场变化。

### ||| 落地时刻

亲爱的读者朋友们，如果你也是实体店的经营者，不妨借鉴老人衫门店的经验，从身边的小细节入手寻找增长点。不妨仔细观察一下你的店铺门头、水牌、宣传语等是否还有优化空间。一个小小的改动或许就能带来意想不到的效果。

**你的行动**

## 第60招

# 细节关怀人心暖，促成交易机会多

在商业的战场上，细节往往是决定胜负的关键。对于线下门店来说，那些看似微不足道的细心关照，往往能深深打动客户的心，不仅提升了客户的购物体验，还能有效促进交易的达成，为业绩增长添砖加瓦。接下来，我们将通过一个典型案例，深入探讨如何利用细节关怀的策略来增强线下门店的吸引力，并分析其背后的原因及实施要点。

**案例60-1：**

曾有一家知名独立书店，在线上书店和电子书的双重冲击下，业绩逐渐下滑。为了扭转颓势，书店老板开始从细节入手，提升顾客体验。他们注意到，许多顾客在挑选书籍时，常常因为不了解书籍内容而犹豫不决。于是，书店决定在每本书的旁边放置一张小卡片，上面有书店员工的亲笔手写推荐语。这一举措迅速受到了顾客的热烈欢迎，不仅提高了书籍的销售量，还大幅提升了书店的口碑。

这个案例生动地说明了细节关怀的巨大威力。那么，为什么细节关怀能够产生如此显著的效果呢？

首先，细节关怀能够显著提升顾客的满意度。在购物过程中，顾客往往会被商家的细心和周到所打动。当商家能够关注并解决顾客在购物过程中的每一个小问题，顾客就会感觉被重视，从而对商家产生更深的信任和依赖。这种积极的情感体验，会大大增加顾客的购买意愿。

其次，细节关怀有助于塑造独特的品牌形象。一个对细节如此上心的商家，必然给顾客留下专业、贴心的印象。这种印象不仅能够吸引新顾客，还能让老顾客变成品牌的忠实拥趸，进而形成强大的品牌传播力。在竞争激烈的市场环境中，拥有注重细节的品牌形象无疑是商家于行业中脱颖而出的重要法宝。

最后，细节关怀还能为商家创造更多的销售机会。当商家在关注并解决顾客细节问题的过程中，往往能够发现顾客的更多潜在需求，从而针对性地推荐更多产品，实现销售业绩的提升。

然而，要想成功实施细节关怀策略，商家需要特别注意以下几个方面。

（1）深入洞察顾客需求

要提供贴心的细节关怀，商家首先必须深入了解顾客的需求和期望。这需要通过多种渠道收集顾客反馈，包括直接沟通、问卷调查、社交媒体监测等。只有真正站在顾客的角度思考问题，才能发现那些真正打动人心的细节。

（2）加强员工培训，提升服务意识

细节关怀的实施需要全体员工的共同努力。因此，商家应定期为员工提供服务意识培训，让他们明白关注细节的重要性，并学会如何在实际工作中提供周到的服务。同时，建立相应的激励机制至关重要，以此鼓励员工主动发现并解决顾客的细节问题。

（3）持续优化与创新服务方式

细节关怀是一个持续优化的过程。商家需要定期回顾现有服务流程，发现并改进存在的问题。同时，借鉴行业内外的成功案例并结合自身实际情况进行创新也是提升细节关怀水平的有效途径。通过不断优化和创新服务方式，商家可以始终保持对顾客的吸引力。

（4）建立与顾客的长期互动关系

为了持续提供有效的细节关怀，商家需要与顾客建立长期的互动关系。这可以通过建立会员制度、定期推送个性化推荐、提供在线客服支持等方式实现。通过与顾客的持续互动，商家可以更好地了解顾客需求的变化并及时调整服务策略以确保细节关怀的针对性和实效性。

### ||| 落地时刻

"细节关怀得人心"这一策略在线下门店经营中具有举足轻重的地位。通过深入洞察顾客需求、加强员工培训提升服务意识、持续优化与创新服务方式以及建立与顾客的长期互动关系等措施，商家可以有效地实施细节关怀策略并赢得顾客的心，进而促成更多交易并实现业绩的持续增长。

你的行动

_____
_____
_____
_____

## 第61招

# 好的广告促销语,可能来自销冠语

在繁华的商业街上,每一家门店都像是一扇窗,展示着各自的魅力,吸引着过往行人的目光。而在这众多的"窗"中,如何让自己的门店脱颖而出,成为顾客心中的首选?答案或许就藏在那些日常销售中,由销售冠军不经意间说出的温暖话语里。

想象一下,当你走进一家化妆品店,一位笑容可掬的销售员迎面而来。她不仅了解你的肤质,还能准确推荐最适合你的产品,用一句话就让你心动不已。这样的场景,是不是很熟悉?没错,这正是销售冠军的魔力所在。他们的话语,如同魔法一般,能够瞬间拉近与顾客的距离,激发顾客的购买欲望。

**案例61-1:**

让我们走进一个真实的故事,看看销售冠军的话术是如何被巧妙地转化为广告促销语的。小李是某化妆品品牌门店的销售冠军,她总能以最自然的方式,让顾客感受到产品的魅力。比如,面对一位寻找抗衰老面霜的顾客,小李会轻声说:"这款面霜,就像给肌肤喝的营养汤,坚持用,细纹都悄悄跑掉了,您看起来会更年

> 轻哦。"而对于挑选口红的顾客,她则会微笑着建议:"这支口红,颜色正,涂上去气场全开,保证让您成为聚会上的焦点。"
>
> 门店经理注意到了小李的这些"金句",决定将它们融入广告宣传中。于是,"给肌肤喝营养汤,年轻不是梦"和"一抹亮色,气场全开,聚会女王就是你"这样的促销语应运而生。这些源自销售一线的真实话语,迅速吸引了大量顾客,门店的销售额也随之攀升。

本案例中的化妆品门店,通过提炼销售冠军的话术,成功打造了直击人心、个性化强且能提升门店形象的广告促销语。这些促销语不仅吸引了大量顾客,还促进了销售额的攀升。此案例验证了从销售一线提炼话术的有效性,强调了实战验证、个性化与贴近顾客以及提升顾客信任度的重要性。通过倾听记录、筛选提炼、加工润色及测试优化等步骤,可打出更具吸引力的广告促销语。

为什么从销售冠军的话术中提炼广告促销语如此有效呢?原因有以下几个方面。

(1)实战验证,直击人心。销售冠军的话术,是在无数次与顾客的交流中打磨出来的,它们能够精准地触碰顾客的痛点,满足顾客的需求。这样的促销语,自然更容易打动人心,促成交易。

(2)个性化强,贴近顾客。在信息爆炸的时代,千篇一律的广告很难引起顾客的注意。而销售冠军的话术,往往是根据顾客的具体情况量身定制的,因此更具有个性化和针对性。将这些话术转化为广告促销语,就能让顾客感受到门店的用心和关怀。

(3)提升形象,增强信任。一句句温馨、专业的话语,不仅能让顾客对门店产生好感,还能增强他们对门店的信任感。这种信任感一旦建立,就会转化为持续的购买力和口碑传播,为门店带来长远的利益。

那么,如何从销售冠军的话术中提炼出有效的广告促销语呢?下面是几个实用的步骤。

第一步,倾听与记录。我们要密切关注销售冠军与顾客的交流过程,用心倾听他们说的每一句话。当听到那些能够触动顾客心弦的话语时,要及时记录下来,作为后续提炼的素材。

第二步,筛选与提炼。在记录的基础上,我们要对这些话语进行筛选和提炼。去掉那些冗长、复杂或不具有普遍适用性的部分,保留那些简洁明了、能够直击人心的"金句"。

第三步，加工与润色。提炼出的"金句"虽然好，但可能还需要进一步加工和润色，才能更好地适应广告宣传的需要。我们可以对这些话语进行适当的调整和修改，使其更符合广告的语言风格和表达习惯。

第四步，测试与优化。广告促销语制作完成后，不要急于投入使用。可以先在小范围内进行测试，观察顾客的反应。根据测试结果，对促销语进行进一步优化和调整，确保其能够达到最佳效果。

### ‖‖ 落地时刻

现在，你也尝试从销售冠军话术中提炼广告促销语吧。首先，密切关注你的销售冠军与顾客的交流过程，记录下销冠使用的有效话术。然后，从这些话术中提炼出具有普遍适用性和吸引力的广告促销语。最后，将这些促销语应用到你的广告宣传中，并持续优化和创新。相信使用这个策略，你的门店将能够吸引更多顾客，有效提高成交率。

**你的行动**

---
---
---

## 第62招

# 产品陈列有高招，做好自动去成交

在繁华的商业街，每一家店铺都像是一位精心装扮的舞者，渴望在顾客的心中留下最动人的舞姿。而在这场无声的竞争中，产品陈列不仅是店铺的门面，更是吸引顾客、促进成交的隐形推手。今天，我们就来聊聊那些看似简单，实则暗藏玄机的陈列技巧，看它们如何助力门店业绩悄然攀升。

**案例 62-1：**

以一家时尚服饰店为例，过去，该店的产品陈列相对随意，缺乏章法，导致销售业绩平平。为了打破这一僵局，店主求助于专业的陈列师，希望通过改变陈列方式来吸引更多顾客。

陈列师在深入了解门店特色和目标客群后，提出了一套全新的陈列方案。首先，采用主题式陈列，根据季节、节日或流行趋势来设定不同的陈列主题，如"春季新潮流""复古风尚"等。这样的陈列方式不仅让店面焕然一新，还能引导顾客关注更多商品。

其次，陈列师巧妙运用了色彩搭配的原理。他们将同色系的服装摆放在一起，营造出和谐统一的视觉效果，同时在不同区域使用对比色来增加空间的层次感，吸引顾客的注意力。

再次，他们注重产品的展示细节。每件服装都被精心搭配，并配以合适的配饰和鞋履，呈现出完整的时尚造型。最后，陈列师还利用模特、展板和小道具来打造生动的展示场景，让顾客能够直观地感受产品的魅力。

这些陈列方式的调整很快便取得了显著成效。顾客纷纷被店内的新颖陈列所吸引，停留时间明显延长，试穿和购买的意愿也大幅度提升。店主惊喜地发现，陈列方式调整后，不仅客流量有所增加，客单价和销售额也出现了明显的增长。

这个案例生动地说明了精妙的陈列策略助力门店提高成交率。那么，这背后的原因是什么呢？

（1）科学的陈列能够提升顾客的购物体验。当顾客走进一家陈列有序、布局合理的店铺时，他们会感到愉悦和舒适，从而更愿意花时间去了解和选择商品。

（2）巧妙的陈列能够突显产品的特点和优势。通过精心地搭配和展示，顾客可以更清晰地看到产品的细节、了解其特色，进而产生购买的欲望。

（3）有创意的陈列能够增强品牌的形象和认知度。与众不同的陈列风格往往能够让顾客对门店留下深刻印象，进而提高门店的知名度和美誉度。

当然，在实施陈列策略时，我们也需要注意以下几个方面。

（1）保持陈列的新鲜感和时尚感：时尚潮流瞬息万变，门店的陈列也要与时俱进。定期更新陈列内容和风格，保持与最新潮流的同步，是吸引顾客的关键。

（2）注重陈列的层次感和空间感：避免将产品堆砌得过于密集或凌乱，应该通过合理的空间布局和层次划分来展示产品。这样不仅能够提升产品的美感，还方便顾客挑选和比较。

（3）加强与顾客的互动和沟通：陈列是静态的展示，因此商家可以通过设置互动环节、提供咨询服务等方式，帮助顾客更加深入地了解产品，从而增加顾客购买的可能性。

### ||| 落地时刻

现在，是时候让你的门店也焕发新生了。从调整陈列方案开始，打破传统框架，注入创意与时尚元素。关注市场趋势，定期更新陈列内容，保持与潮流同步。同时，不忘与顾客保持互动，倾听他们的声音，不断优化陈列方式。相信通过这些努力，你的门店能吸引更多顾客，实现业绩的稳步增长。

**你的行动**

_____
_____
_____
_____

第 6 章

# 追销
## ——八大工具去追销，增长就是这么巧

"追销"在销售环节中是一种重要的策略，能够有效地提升客户满意度、增加销售额，并稳固客户关系，对于实体门店的业绩增长具有显著的作用。本章重点介绍8种追销策略，通过合理地运用追销策略，线下实体门店可以保持更高的业绩增长和更稳固的市场地位。

## 第63招

# 再消第二杯半价，要不再来续一杯

在激烈的商业竞争中，实体门店要想脱颖而出，实现业绩增长，必须不断地创新销售策略。而"再消"策略，就是其中一种非常实用的方法。本招将从"再消"的角度出发，以奶茶店"第二杯半价"的案例来探讨如何通过巧妙的销售策略，促进实体门店的业绩增长。

### 案例63-1：小莉的奶茶店

小莉在镇上开了一家名叫"××时光"的奶茶店，起初生意一般。一次偶然的机会，她尝试了"第二杯半价"的活动。起初，她还担心这样的优惠会压缩利润空间，但结果却大大出乎她的意料。

选择合适的时机：小莉发现，当顾客在店内悠闲地品尝第一杯奶茶时，是推荐第二杯的最佳时机。于是，她培训店员们在这个时刻，以轻柔温和的语气推荐优惠活动，让顾客感觉这份优惠是自然而然、贴心而不过分的。

突出优惠的吸引力：小莉不仅在店内显眼位置贴出了活动海报，还利用社交媒体分享顾客享受优惠的喜悦瞬间，配以温馨的文字："一杯给自己，一杯给爱，第二杯半价，甜蜜加倍！"这样的宣传，让优惠信息像春风一样，温暖地吹进了每个潜在顾客的心田。

自从小莉实施了"第二杯半价"策略后，奶茶店的销售额显著提升。许多原本只打算购买一杯的顾客，在优惠活动的吸引下，纷纷选择了第二杯，有的甚至成了常客，每次来都会点两杯，已经形成了消费习惯。

本案例中的"××时光"奶茶店，通过实施"第二杯半价"的再销策略，成功吸引了众多顾客，显著提升了销售额。此案例强调选择合适推荐时机、突出优惠吸引力及提供优质服务体验的重要性。通过这一策略，奶茶店不仅增加了顾客的购买量，还提高了客户黏性，为品牌建设和口碑传播奠定了基础。

"第二杯半价"的再销策略实施应注意以下几点。

（1）选择合适的时机进行推荐：当客户在奶茶店完成第一次购买后，店员应抓住时机，主动向客户介绍"第二杯半价"的活动。这个时机非常关键，因为客户在享受第一杯奶茶的同时，对店家的服务和产品已经有了初步的了解和信任。

（2）突出优惠活动的吸引力："第二杯半价"的优惠活动本身就具有很大的吸引力。店员在推荐时，应重点强调这一优惠，让客户感觉购买第二杯奶茶的性价比非常高。同时，店员还可以根据客户的口味和需求，推荐适合的奶茶口味，增加购买的诱惑力。

（3）提供优质的服务体验：除了价格优惠外，优质的服务体验也是吸引客户进行再次购买的关键因素。奶茶店应确保每一杯奶茶的品质和口感都达到最高标准，让客户在享受优惠的同时，也能品尝到美味的奶茶。此外，店员应保持热情周到的服务，让客户有宾至如归的感受。

### ||| 落地时刻

如果你也是一位实体门店的经营者，不妨借鉴"第二杯半价"的再销策略，为你的门店注入新的活力。无论你是经营咖啡店、甜品店还是其他任何品类的实体店，都可以根据自身的产品和服务特点，设计出类似的再销策略。记住，关键是要选择合适的时机进行推荐、突出优惠活动的吸引力以及提供优质的服务。这样，你的门店不仅能提升销售额、增强客户黏性，还能在无形中为品牌建设和口碑传播打下坚实的基础。

**你的行动**

_____

_____

_____

_____

## 第64招

# 增销出来高配版,要不加点选这款

在汽车销售领域,增销策略是一种常见且有效的销售手段。其中,通过让客户试驾高配版车型,从而引导他们购买更高配置的产品,是增销策略中的经典一招。本招将从"增销"的角度出发,以汽车销售4S店为例,探讨如何通过巧妙的销售策略,实现实体门店的业绩增长。

> **案例64-1:李先生的升级之选**
>
> 李先生,一位普通的上班族,原本计划购买一辆入门级的家用轿车,以满足日常通勤和周末出游的需求。他走进了4S店,带着几分犹豫和期待。经过一番交流,销售人员了解到李先生对驾驶体验有着较高的要求,并希望车辆具有更高的舒适度与安全性。于是,销售人员向李先生推荐了某款车型的高配版进行试驾。
>
>
>
> 试驾过程中,李先生被该车型高配版的细节打动:从自动泊车的便捷到车道保持的安心,从音响系统的震撼到座椅可自动调节,每一个功能都让李先生赞不绝口。试驾结束后,销售人员详细对比了高配版与标配版的配置差异和价格差距,并耐心解答了李先生的所有疑问。最终,李先生决定选择高配版车型,他告诉销售人员:"高配版虽然价格高了一些,但开起来真的不一样,我觉得值!"

增销策略的核心思想是在客户原有的购买意图基础上,通过提供更高品质、更高配置的产品或服务,引导客户增加消费,从而实现销售额的提升。在汽车销售中,这种策略通常表现为向客户展示并让他们试驾更高配置的车型,让客户在实际体验中感受到高配版车型带来的优越性和舒适度,进而产生购买高配版车型的意愿。

下面介绍"试驾高配版"车型的增销策略实施步骤。

（1）选择合适的时机进行推荐：在客户进入4S店后，销售人员应首先了解客户的购车需求和预算。在此基础上，当客户对某一车型表现出兴趣时，销售人员可以适时地推荐客户试驾该车型的高配版。这个时机非常关键，因为客户在试驾过程中能够直观感受到高配版车型的优势，从而更容易产生购买意向。

（2）突出高配版的优势：在推荐客户试驾高配版车型时，销售人员应重点强调高配版的独特之处和优势，如更先进的驾驶辅助系统、更舒适的座椅、更强劲的动力等。这些特点能够让客户在试驾过程中获得更好的驾驶体验，从而增强购买高配版车型的意愿。

（3）提供专业的试驾服务：试驾过程中，销售人员应为客户提供专业的指导和解答，让客户充分了解高配版车型的各项功能和特点。同时，销售人员还可以根据客户的驾驶习惯和喜好，为客户提供个性化的车辆配置和参数调整建议，使客户在试驾过程中获得最佳体验。

### ||| 落地时刻

"试驾高配版"的增销策略在汽车销售中具有显著的效果。如果你的实体门店所在行业类似汽车销售，也有低配、中配、高配版本的产品或服务，可以借鉴这种增销策略，通过设计接待客户体验的流程动作，引导客户消费升级。这种策略不仅能够提高销售额还可以提高客户满意度，最终实现线下实体门店的业绩可持续增长。

**你的行动**

_____
_____
_____
_____
_____

## 第65招

# 减销这件更优惠，两者对比就破费

在销售行业中，"减销"是一种极为巧妙且有效的销售策略。与"增销"相对应，减销不是通过增加产品或服务的价值来提高销售额，而是通过推荐更经济实惠、性价比更高的产品或服务方案，使客户得到实实在在的优惠，从而促成交易。这种策略在多个行业中都有广泛应用，尤其是在需要频繁与客户互动、提供个性化服务的领域。

今天，咱们就来聊聊这种既接地气又高效的销售策略——减销，它如同一股清流，在顾客的心田里悄然流淌，用实实在在的优惠，赢得顾客的信赖。

想象一下，当你走进一家店铺，面对琳琅满目的商品，是不是常常感到选择困难？这时，如果有一位销售员，不急于推销最贵的商品，而是耐心询问你的需求，然后拿出一款性价比超高的产品，并细心地与你分析它的优势，你是不是会眼前一亮，心生好感？

减销，正是这样一种以商品"性价比"为核心，注重客户感知价值的销售策略。它不像传统的"增销"那样，一味堆砌功能或提升价格，而是站在客户的角度，通过精准匹配客户需求与预算，向客户推荐最适合、最经济的产品。这种策略，不仅能让顾客得到实实在在的优惠，更能增强顾客对品牌的信任与忠诚度。

下面介绍减销策略的施实步骤。

（1）倾听，是理解的开始：一切策略实施的前提，都是深入了解客户。销售员应像朋友一样，耐心倾听客户的每一种需求、每一个顾虑。客户选购商品是追求品质生活，还是注重经济实惠？是追求最新科技，还是更看重实用性？只有真正了解了客户的心声，才能为他们量身定制最合适的选购方案。

（2）对比，让价值一目了然：有了对客户的深入了解，接下来便是准备选购方案了。不妨准备两个或更多的产品，一个是市场上常见的配置，另一个则是精心挑选、性价比更高的产品。比如，在电子产品销售中，销售员可以对比一款高端手机与一款中端手机：高端手机固然功能强大，但中端手机在满足日常需求的同时，价格更亲民，且性能并不逊色太多。这样的对比，让客户一眼就能看到性价比。

（3）讲述，让优惠触手可及：对比之后，便是讲述的时刻。销售员要用平实的语言，将性价比高的产品的优点娓娓道来。不必堆砌专业术语，只需真诚地告诉客户："这款产品，虽然价格不高，但性能稳定、质量可靠，非常适合您。"同时,也可以适当提及一些用户评价或实际案例,让客户感受到产品的真实价值。

(4)解惑,消除所有顾虑:面对客户的疑问或顾虑,销售员要耐心解答,用事实和数据说话。比如,客户担心中端手机的使用寿命,销售员可以展示产品的保修政策、用户反馈以及实际测试数据,让客户放心购买。

(5)促成,让交易自然发生:当客户对性价比高的产品产生兴趣时,销售员应适时推动交易。可以适时告知优惠活动、赠品或售后服务等附加价值,让客户产生购买的紧迫感和超值感。同时,也要保持耐心和热情,帮助客户完成购买流程,确保交易顺利进行。

### 案例 65-1:实惠与品质并重

在电子产品销售门店,减销策略尤为奏效。小张是一位对手机性能有一定要求但预算有限的年轻人。销售员小李在了解小张的需求后,向他推荐了某品牌的中端手机。通过对比高端手机与中端手机在处理器性能、摄像头像素、电池续航等方面的差异,小李成功让小张看到了中端手机的性价比优势。最终,小张满意地购买了这款手机,并成为门店的忠实顾客。

### 案例 65-2:预算内的精彩旅行

在旅游服务门店,减销策略同样有效。王阿姨计划带家人出游,但预算有限。旅游顾问小李根据王阿姨的需求和预算,为她推荐了一条性价比极高的旅游线路。这条线路不仅包含王阿姨心仪的景点,还巧妙地避开了旅游旺季,降低了住宿和交通成本。王阿姨听后非常满意,决定立即预订。

### 案例 65-3:美味与实惠并存

在餐饮门店,减销策略则体现在推荐性价比高的菜品或套餐上。小李是一家川菜馆的服务员。他注意到一位顾客在菜单前犹豫不决,便主动上前询问。得知顾客既想品尝正宗的川菜又不想花费太多后,小李向他推荐了店里的经典套餐。这个套餐不仅包含多道经典川菜,还附赠饮料和甜点,价格却比单点要实惠得多。顾

客听后欣然接受，用餐体验非常愉快。

案例65-1至案例65-3分别阐述了电子产品、旅游服务和餐饮门店中减销策略的应用。通过深入了解客户需求，推荐性价比高的产品，并强调其优势，成功吸引了预算有限的顾客。这些案例证明了减销策略不仅能帮助顾客在有限预算内获得最大满足，还能增强顾客对门店的信任和忠诚度，是实体门店提升业绩、增强竞争力的有效手段。

||| 落地时刻

减销策略，以其朴实无华却直击人心的力量，在多个行业经销中展现出了强大的生命力。作为实体门店的经营者或销售员，不妨将这一策略融入日常销售，通过深入了解客户需求、提供对比方案、推荐性价比高的产品以及耐心解答客户疑虑等步骤，成功促成交易。记住，减销不是卖给顾客低品质的产品，而是让顾客在有限的预算内购买性价比高的产品，通过购物获得最大的满足感和幸福感。只有这样，实体门店才能在激烈的市场竞争中脱颖而出，实现业绩的持续增长。

你的行动

_____
_____
_____
_____

## 第66招

# 跨销别类再推荐，轻松让你再卖件

跨销，作为追销策略中的一种，其核心思想是跨品类推荐，为客户提供更加全面的选择，进而促进销售。下面，我们就以线下服装店为例，深入探讨如何通过跨销策略,让客户在原本只想买一件衣服的情况下,最终满意地多买一件。

**案例66-1:从单一到多元的魔法**

春日的午后,一位面带微笑的女士踏入了你的服装店。她的目光被一款轻盈飘逸的连衣裙深深吸引,那是春天的颜色,试穿以后,连衣裙温柔地包裹着她的身姿。这一刻,作为店主或销售员的你,是否只想着如何促成这一单的交易?但跨销的魔法,就在于让这份美好不止于此。

你微笑着上前,轻声细语:"这款连衣裙真是为您量身定制的,穿上它,您就像是漫步在花海中的仙子。不过,春天早晚温差大,何不试试搭配我们新到的那款针织开衫呢?颜色相近,风格却多了几分知性,无论是上班还是约会,都能让您轻松应对。"

这就是跨销的起点,它不仅仅是一次简单的商品推荐,更是一次关于美的探索与创造。当顾客看到两种衣物搭配在一起,展现出意想不到的效果时,那份惊喜与满足感,便是跨销策略最动人的魅力所在。

跨销的成功,离不开对顾客需求的深刻洞察。就像那位被连衣裙吸引的女士,或许她本身并未意识到,自己还需要一件合适的开衫来完善整个造型。而你的任务,就是成为她时尚路上的引路人。

这需要你具备一定的时尚敏感度和敏锐的观察力。通过观察顾客的穿着风格、言谈举止,甚至是她挑选衣物的眼神,你都能捕捉到一些细微的线索。如果顾客偏爱简约风格,你可以推荐同色系的基础款外套,简洁而不失格调;如果她钟情于复古风情,那么一件带有复古元素的披肩或是配饰,定能让她眼前一亮。

跨销的魅力,还在于它能够兼顾实用与美学。记得那位经常出差的女士吗?在为她推荐衣物时,你不妨多考虑一些实用性强的单品,比如速干面料的衬衫、易折叠的旅行背包等。这些能体现你的专业性,从而加深顾客对你店铺的好感与信赖。

同时,你也需要注重产品的陈列与搭配。将风格相近或能够相互衬托的商品摆放在一起,利用灯光、色彩等视觉元素营造出一种和谐统一的美感。这样一来，顾客在店铺内能自然而然地看到不同商品之间搭配的可能性，从而产生更多的购买欲望。

跨销策略，不仅仅是一种销售策略，更是一种以顾客为中心的服务理念的体现。它要求商家在销售过程中，不仅要关注商品本身的价值，更要关注顾客的需求与感受。通过精准推荐、实用搭配与温馨服务相结合的方式，为顾客提供更加全面、个性化的购物体验。

||| 落地时刻

现在，请结合你线下实体门店的产品或服务特点，合理运用跨销策略吧！无论是服装店的时尚搭配、家居店的家居产品布置建议，还是家电店的智能生活解决方案，跨销都能为你的店铺带来意想不到的业绩增长。记住，顾客的心是最细腻的，只要你用心去感知、去满足，就一定能收获他们最真挚的回应与信赖。合理地运用跨销策略，不仅可以增强客户的购物体验，还能有效地提升门店的销售业绩，实现买卖双方双赢。

你的行动

---

## 第67招

# 搭销组合搭配妙，客户买了还感谢

在餐饮行业中，搭销是一种极为有效的销售策略，它不仅可以提升客户满意度，还能显著增加销售额。搭销的核心思想是为顾客提供最佳的商品或服务组合，以满足顾客的多样化需求，并在这一过程中实现销售业绩增长。下面，我们将通过线下餐饮门店点餐组合的例子，来详细探讨搭销策略的实际应用及其益处。

# 第6章 追销——八大工具去追销,增长就是这么巧

> **案例67-1:一碟小菜,一段故事**
>
> 张先生和他的家人在周末选择了一家口碑不错的餐厅为家中长辈祝寿。翻开菜单,琳琅满目的菜品让人目不暇接,张先生正犹豫着要点哪道招牌菜时,一位面带微笑的服务员轻轻走来,他没急于推销,而是先耐心地询问了张先生的口味偏好和家庭成员的情况。得知张先生喜欢牛排,且今天是为家里的长辈祝寿,服务员温柔地
> 推荐道:"先生,我们的菲力牛排鲜嫩多汁,搭配我们特制的红酒酱汁和一杯精选的红酒,定能让您和长辈都享受到极致的美味。同时,为了营养均衡,我还建议您加上一份我们店内的招牌蔬菜沙拉,清爽解腻,也符合健康饮食的理念。"
>
> 张先生听后,心中一动,这样的搭配既考虑到了自己的喜好,又兼顾了家人的需求,他欣然接受了服务员的建议。当美食一一上桌,全家人围坐一起,享受着店家精心准备的晚餐,那份温馨与满足,不仅仅来自食物本身,更源自餐厅细致入微的关怀与贴心服务。餐后,张先生特意找到点餐时的服务员表示感谢,并对服务员推荐的餐品赞不绝口。

搭销的魅力,在于懂得顾客的心理。搭销的魅力,恰恰在于它能够超越简单的商品交易,深入到顾客内心的需求与期待之中。每一位走进餐厅的顾客,都带着一份期待和一份未知,而优秀的服务员就像是一位心灵导师,通过细致的观察与有效的沟通,为顾客量身定制最适合他们的用餐方案。比如,对于追求刺激的年轻人,可以推荐一些辣味十足的菜品,并搭配一杯冰镇的果汁或酸奶,既满足味蕾的探险,又缓解辣味的刺激;对于注重养生的顾客,则可以推荐低油低盐、富含膳食纤维的菜品组合,再配上一壶清新的绿茶,让健康与美味同行。

实施搭销策略还是推广新菜品、凸显品牌特色的有效途径。记得去年夏天,那家餐厅新推出了一款海鲜拼盘,为了吸引顾客尝鲜,餐厅巧妙地将这款新菜与夏日特饮——冰镇柠檬水进行了捆绑销售,并打出"清凉一夏,海鲜盛宴"的宣传语。一时间,这道海鲜拼盘成了餐厅的明星产品,不仅吸引了大量

食客前来品尝，还带动了其他菜品的销售，餐厅的生意也因此更加红火。

在实施搭销策略时，细节决定成败。餐厅需确保推荐的菜品组合价格合理透明，既不让顾客觉得被宰，又能体现出菜品的价值。同时，服务员的专业素养和沟通技巧也至关重要，他们需要具备敏锐的洞察力，能够准确捕捉顾客的微妙变化，适时给予恰当的推荐和建议。

此外，餐厅还应建立一套完善的顾客反馈机制，定期收集并分析顾客的意见和建议，不断优化搭销策略和服务流程。只有这样，才能确保搭销策略始终紧贴市场需求，为顾客带来持续的新鲜感和惊喜。

### ‖ 落地时刻

搭销是餐饮行业中一种极为有效的销售策略。如果你的实体门店属于餐饮或者其他类似的行业，你可以结合门店实际，通过深入了解顾客的需求和喜好，推荐个性化的菜品或服务组合，提升顾客满意度和忠诚度，实现门店业绩增长。

**你的行动**

_____

_____

_____

_____

## 第68招

# 赠销感觉免费赠，其实这单你已赚

赠销是一种被广泛采用的营销策略。它通过向消费者赠送产品或服务，以吸引他们的注意力，激发他们的购买欲望，并最终促成交易。虽然表面上看，是商家在"免费赠送"，但实际上，这种策略往往能够为商家带来巨大的收益。下面，我们将通过不同行业线下门店的例子，来探讨赠销策略如何提升客户满意度，并实现线下实体门店的业绩增长。

## 案例68-1：

某化妆品店推出了一项赠销活动：凡消费满××元，即可免费获得一款价值××元的护肤品小样。对于消费者来说，赠品好似免费的午餐，但实际上，这种赠销策略对商家而言有着深远的意义。首先，它刺激了消费者的购买欲望，为了达到获得赠品的标准，消费者可能会增加购买量。其次，护肤品小样的赠送不仅让消费者体验到了产品的品质，还可能促使他们在未来购买此款小样的正装产品。最后，赠销活动也增加了消费者对品牌的好感和忠诚度。

## 案例68-2：

一家新开的餐厅为了吸引顾客，推出了"免费试吃"的活动。顾客在餐厅消费满一定金额后，即可免费品尝一道特色菜。这种赠销策略不仅吸引了大量顾客前来体验，还通过特色菜的品尝，让顾客对餐厅的菜品有了更深入的了解。许多顾客在试吃后，都对餐厅的菜品赞不绝口，并成为餐厅的常客。这样一来，餐厅不仅提升了客户满意度，还实现了业绩的增长。

除了上述例子，许多其他行业也可以运用赠销策略。例如，服装店可以推出"买一送一"的活动，即购买一件正价商品，可以免费获得一件指定商品。这种活动能够刺激消费者的购买欲望，增加销售额。同时，赠送的商品也可以作为消费者的二次购买诱因，进一步提升销售业绩。

那么，为什么赠销策略能够如此有效地提升客户满意度并实现业绩增长呢？这主要有以下几个方面的原因。

（1）赠销策略满足了消费者"占便宜"的心理。消费者在购买商品时，往往希望能够获得更多的附加价值。而赠销策略正是通过赠送商品或服务，让消费者得到了额外的收益，从而增加了购物的满足感。

（2）赠销策略有助于建立品牌形象、促进口碑传播。通过赠送优质的商品或服务，商家可以向消费者展示自己产品或服务的品质和实力。当消费者对赠送的商品感到满意时，会对品牌产生更好的印象，并可能将这种好感告诉给更多的人。

（3）赠销策略可以激发消费者的购买潜力。有些消费者可能原本没有购买计划，但在看到赠销活动后，可能会被吸引并产生购买欲望。此外，赠送的商品也可能成为消费者未来购买的诱因，从而促进销售业绩持续增长。

然而，要想成功运用赠销策略，商家还需要注意以下几点。

（1）确保赠送的商品或服务具有一定的价值和吸引力。如果赠送的商品质量低劣或毫无用处，那么赠销策略很可能适得其反，对品牌产生负面影响。

（2）合理设置赠送的门槛。门槛过高可能导致消费者望而却步；门槛过低则可能让商家承受过大的成本压力。因此，商家需要根据自身的实际情况和市场需求来合理设置赠送门槛。

（3）持续关注消费者的反馈并不断优化赠销策略。商家需要密切关注消费者对赠销活动的反应和意见，并根据实际情况进行调整和优化。只有这样，才能确保赠销策略的长期有效性和可持续性。

||| 落地时刻

赠销是一种有效的营销策略，能够帮助商家提升客户满意度、树立品牌形象并实现业绩增长。现在请结合你线下实体门店产品或服务的实际特点，充分考虑市场需求、消费者心理等多个因素，进行合理的规划，实施赠销策略吧。

你的行动

## 第69招

# 捆销套装或套餐，业绩增长真见效

捆销，即将两种或多种产品进行合理捆绑，以一个相对优惠的价格进行销售。这种销售策略不仅满足了消费者对于商品便利性和性价比的需求，同时也为商家带来了更高的销售额和客户满意度。下面将通过不同行业线下门店的例子，探讨捆绑套装或套餐策略如何提升客户满意度，并最终实现线下实体门店的业绩增长。

**案例69-1：**

某知名快餐连锁店推出了"全家福套餐"，该套餐包含汉堡、薯条、可乐和鸡翅等多种食品，套餐价格相较于单独购买这些食品要更为优惠。这种捆绑策略不仅为消费者提供了丰富的食品，还通过套餐的优惠价格吸引了更多顾客。顾客在品尝美味的同时，也享受到了价格的实惠，门店提升了顾客满意度和回头率。

**案例69-2：**

在零售行业，捆绑策略同样展现出了强大的威力。例如，一家时尚服装店推出了"春季潮流套装"。该套装包含春季流行的上衣、裤子和鞋子，整体搭配时尚又实用。消费者在购买套装时，不仅省去了自己搭配的烦恼，还能享受到套装带来的价格优惠。这种捆绑策略不仅提升了店铺的销售额，还通过时尚的套装搭配吸引了更多年轻消费者，进一步扩大了品牌影响力。

**案例69-3：**

除了餐饮和零售行业，捆绑策略在电子产品销售中也屡试不爽。一家电子产品专卖店为了推广新款智能手机，推出了"智能手机＋手机壳＋充电宝"的捆绑套餐。消费者在购买新款智能手机的同时，还能以优惠价格获得配套的手机壳和充电宝。这种捆绑策略不仅满足了消费者对智能手机及其配件的需求，还通过套餐的优惠价格刺激了消费者的购买欲望，从而提升了销售业绩。

> **案例 69-4：**
>
> 在旅游行业，捆销策略同样可以广泛应用。某旅行社为了吸引更多游客，推出了"机票+酒店+景点门票"的捆销套餐。游客在购买套餐时，可以享受到"一站式"的旅游服务，省去了自行预订和逐项单独购买的麻烦。同时，套餐的优惠价格也让游客得到了实惠和便利。这种捆销策略不仅提升了旅行社的销售额，还通过优质的旅游套餐提升了游客对旅行社的满意度和忠诚度。

捆销策略之所以能够取得如此显著的效果，主要得益于其满足了消费者的多种需求。首先，捆销策略提供了便利性和高性价比，让消费者在购买过程中得到了实惠和方便。其次，捆销策略通过多样化的产品和服务组合，满足了消费者的个性化需求，提升消费者的购物体验。最后，捆销策略还有助于商家推广新产品或服务，通过套餐的优惠价格吸引更多消费者尝试和体验。

然而，要想成功运用捆销策略，商家还需要注意以下几点：首先，要确保捆绑的产品或服务具有一定的关联性和互补性，以满足消费者的实际需求；其次，要合理设定套餐的价格，以确保消费者能够享受到优惠；最后，要持续关注消费者的反馈和需求变化，及时调整捆销策略以适应市场变化。

在实施捆销策略时，实体门店还需要注意以下几点，以确保策略的有效性。

（1）确保产品质量。无论是单独销售还是捆绑销售，产品质量始终是吸引和留住客户的关键。因此，门店在选择捆绑产品时，必须确保每一件产品都能达到消费者的期望。

（2）精心设计套餐组合。不同的消费者有不同的需求和偏好，因此，门店需要深入了解目标客户的需求，设计出符合他们需求的套餐组合。例如，针对家庭客户，可以提供包含儿童用品的套餐；针对年轻人，可以提供时尚潮流套餐。

（3）明确宣传策略。好的产品需要好的宣传来推广。门店可以利用社交媒体、广告牌、促销活动等手段来宣传捆销套餐，吸引更多潜在客户进店消费。

（4）提供良好的售后服务。售后服务是提升客户满意度和忠诚度的重要环节。门店需要建立完善的售后服务体系，及时解决消费者在购买和使用产品过程中遇到的问题，让消费者感受到商家贴心的关怀。

### ||| 落地时刻

捆销套装或套餐是一种有效的销售策略，能够帮助实体门店提升客户满意度、实现业绩增长。现在请结合你的线下实体门店产品或服务的特点，精心设计套装或套餐组合、明确宣传策略以及提供良好的售后服务，来吸引更多潜在客户，并将他们转化为忠诚的回头客，最终实现实体门店的持续业绩增长吧。

**你的行动**

_____
_____
_____
_____

## 第70招

# 锁销一次交易后，增长持续更牢靠

在销售领域，锁销是一种极具智慧的策略，它旨在通过一系列精心设计的方案，将一次性交易转化为持续性的交易关系。这种策略的核心在于，通过建立稳固的客户关系和提供持续的价值，促使客户在未来进行多次购买，从而实现销售额的持续增长。本招将通过不同行业线下门店的例子，探讨锁销多次交易策略是如何提高复购率，并最终推动线下实体门店业绩增长的。

**案例70-1：**

某知名咖啡店通过推出会员卡制度，成功地实施了锁销策略。顾客在购买咖啡时，可以选择办理会员卡，享受积分累计、优惠折扣等特权。这种会员卡不仅为顾客提供了实惠，更重要的是，它建立了一种长期的互动关系。顾客在每次消费时都能享受到会员卡的专属优惠和服务，从而增加对咖啡店的忠诚度和复购意愿。通过锁销策略，这家咖啡店成功地将一次性交易转化为与顾客持续性的交易关系，实现了门店销售额的稳步增长。

**案例 70-2：**

在美容行业，锁销策略同样展现出了强大的威力。一家美容院通过提供个性化的护肤方案和长期的护肤咨询服务，成功地锁定了客户群体。顾客在购买护肤产品后，美容院会为其制定一套具有针对性的护肤方案，并定期跟进顾客的使用情况和肌肤变化。这种个性化的服务和持续的关注让顾客感受到了美容院的专业和关怀，从而增加了对美容院的信任和忠诚度。顾客在长期使用护肤产品的过程中，不仅解决了肌肤问题，还成为美容院的忠实拥趸，推动了美容院的业绩增长。

**案例 70-3：**

除了上述行业外，锁销策略在服装销售中也可以广泛应用。一家时尚服装店通过推出会员制度和积分兑换活动，成功地吸引了大量忠实顾客。顾客在购买服装时，可以获得会员积分，积分可以在下次购物时抵扣现金或兑换礼品。这种策略不仅为顾客提供了实惠，还通过积分兑换活动增加了顾客的购物频次和购物金额。同时，

服装店还定期为会员推送时尚资讯和新品信息，保持了与顾客的互动，增强了客户黏性。通过锁销策略，这家服装店成功地提高了复购率，实现了销售业绩的持续增长。

**案例 70-4：**

在餐饮行业中，锁销策略同样可以发挥重要作用。一家连锁餐厅通过推出储值卡和优惠券活动，成功地锁定了客户群体并提高了复购率。顾客在餐厅消费时可以选择办理储值卡并享受一定的充值优惠。同时餐厅还会定期发放优惠券和特价菜品信息给储值用户，刺激并引导他们再次光临餐厅。这种策略不仅为顾客提供了实惠和便利，还通过持续的优惠活动增加了顾客的回头率和消费频次。

在实施锁销策略时，实体门店还需要注意以下几点以确保策略的有效性：首先，要深入了解目标客户的需求和偏好，以提供个性化的服务和产品；其次，要保持与客户的定期沟通和互动，以增强客户黏性和忠诚度；最后，要不断创新和优化锁销策略以适应市场变化和客户需求的变化。

此外，锁销策略还可以与其他追销工具相结合，形成更强大的销售组合拳。例如，在推出会员卡的同时，可以搭配赠销策略，赠送一些特色小礼品或优惠券给新会员，提高他们的归属感和满意度。或者结合捆销策略，推出一些会员专享的套餐或组合优惠，进一步提高会员的消费频次和消费金额。

### ‖ 落地时刻

锁销策略的关键不仅在于完成初次销售，更在于通过一系列精心设计的后续动作，确保客户在未来进行多次消费，从而实现销售额的持续增长。锁销策略是一种长效的销售策略，它强调的是与客户的长期关系建设和持续的价值提供。现在请结合你的实体门店产品或服务的特点，精心设计和实施属于你的锁销策略，与客户建立长期关系吧。

**你的行动**

_____
_____
_____
_____

第 7 章

# 裂变
## ——八大策略来裂变，增长有了就变现

裂变对实体门店业绩增长至关重要，本章重点介绍 8 种裂变策略，通过口碑、邀请、拼团、分享等手段，希望有效吸引新客户、激活老客户，实现门店客源的快速增长和销售额的提升。

第71招

# 口碑裂变零成本，更多客户不忘本

口碑裂变，作为一种低成本、高效率的营销策略，正被越来越多的实体门店所重视和运用。本招将从策略、方法以及案例实操等方面，深入探讨口碑裂变如何助力实体门店实现业绩增长。

口碑裂变，顾名思义，就是通过顾客的口碑传播，实现客户数量的快速增长。这种策略的核心在于利用现有顾客对门店的良好评价和推荐，吸引更多潜在客户。与传统的广告营销相比，口碑裂变具有成本低、信任度高、传播速度快等优势。

**案例71-1：**

以某咖啡店为例，该店通过提供高品质的咖啡和舒适的用餐环境，赢得了大量顾客的好评。为了进一步扩大品牌影响力，该店开展了以下口碑裂变活动。

（1）会员推荐计划：该店推出了"邀请好友喝咖啡"活动，现有会员每成功邀请一位新会员注册并消费，即可获得一杯免费咖啡的奖励。这一举措有效激发了会员的推荐热情，带来了大量新客户。

（2）社交媒体互动：该店在微信、微博等社交媒体上积极发布新品信息、优惠活动等内容，并举办线上互动活动，如"咖啡拉花大赛""最佳搭配分享"等，吸引了大量粉丝关注和参与。通过这些活动，门店的知名度和美誉度得到了显著提升。

（3）线下体验活动：该店定期举办"咖啡品鉴会""手工咖啡制作课程"等线下体验活动，邀请顾客到店亲身体验。这些活动不仅增强了顾客对品牌的认同感，还为他们提供了向亲朋好友推荐的理由和动力。

> 通过上述口碑裂变策略的实施，该咖啡店实现了业绩的持续增长。新客户的不断增加为门店带来了更多的销售机会，而老客户的忠诚度也得到了进一步提升。这表明，口碑裂变作为一种低成本、高效率的营销策略，对实体门店的业绩增长具有显著的长效帮助。

实施口碑裂变的策略，首先，确保门店的产品或服务达到甚至超越顾客的期望，这是口碑传播的基础。其次，门店需要构建一个便于顾客分享和传播的机制，如提供优质的售后服务、建立会员推荐制度、开展线上社交活动等，以激发顾客的分享欲望。最后，门店要善于利用社交媒体等线上平台，扩大口碑传播的范围和影响力。

口碑裂变，简单来说，就是顾客成了你的"免费代言人"。想象一下，当你对一家餐厅的菜肴赞不绝口，自然会在朋友聚会时提起，甚至直接带他们前往品尝。这种基于个人体验和信任的传播方式，其效果往往远超冷冰冰的广告宣传。口碑裂变的魅力，就在于它能在人与人之间建立起一座信任的桥梁，让新顾客在走进店门之前，就已经对这里充满了期待。口碑裂变的具体方法，可以遵从以下要点。

（1）超越期待的服务体验：要想让顾客心甘情愿地为你"打call"，首先得让他们享受到前所未有的服务体验。比如，一家书店不仅提供丰富的书籍品种，还设有舒适的阅读角落，定期举办作家见面会和文化沙龙。这样的服务，让顾客在购书之余，还能得到心灵的滋养，顾客自然会对书店产生深厚的情感联结，乐于向他人推荐书店。

（2）会员推荐的双赢策略："独乐乐不如众乐乐"，这句古话在会员推荐制度上得到了完美的诠释。一家美容院推出了"美丽共享"计划，老会员每推荐一位新会员成功消费，双方都能获得一次免费护理的机会。这样的设计，让老会员感受到了被重视，激发了他们分享的热情，由此得到回馈，形成良性循环。

（3）社交媒体上的温情互动：在这个信息爆炸的时代，社交媒体成了口碑传播的重要阵地。一家烘焙店利用微信公众号和微博，分享每日新鲜出炉的面包制作过程、顾客的好评反馈以及有趣的烘焙小知识。他们还会定期举办线上烘焙大赛，鼓励粉丝晒出自己的作品，参与互动赢取奖品。这样的活动不仅增强了粉丝的黏性，也让店铺的口碑在朋友圈中迅速扩散开来。

（4）线下活动的亲密接触：线上再热闹，也抵不过线下的一次亲密接触。一家健身房在周末举办了"健康跑"活动，邀请会员及其亲友参加。活动中，大家不仅享受了运动的乐趣，还结识了志同道合的朋友。健身房的教练进行现场指导，让大家感受到了其专业与热情。活动结束后，许多参与者纷纷表示要将这份健康的生活方式推荐给更多人。

### ‖ 落地时刻

口碑裂变已成为实体门店实现业绩增长的重要手段之一。现在，请结合你线下门店产品或服务的特点，根据实际情况，通过提供超预期的产品或服务、建立会员推荐制度、利用社交媒体传播以及开展线下体验活动等方法，帮助你的实体门店有效激发顾客的推荐热情，实现口碑的快速传播和业绩的持续增长吧。

你的行动

_____

_____

_____

_____

## 第72招

# 邀请裂变老带新，增长客源会更新

邀请裂变作为一种有效的营销策略，通过老客户邀请新客户的方式，不仅能够帮助门店低成本地拓展客户群，还能够增强客户对门店的信任度和忠诚度。本招将从策略、方法以及案例实操等方面，深入探讨邀请裂变如何为实体门店带来持续增长的客源。

想象一下，当你对一家店铺的服务或产品深感满意时，是否会不自觉地想要与亲朋好友分享这份喜悦？邀请裂变，正是基于这份人性中的美好分享欲，将老客户的信任与满意转化为新客户的初次尝试。它不仅仅是一种营销策略，更是一种情感的传递，一种口碑的累积。

## 第 7 章 裂变——八大策略来裂变，增长有了就变现

**案例 72-1：美容院里的温情裂变故事**

让我们走进一家温馨的美容院，看看它是如何运用邀请裂变策略，让客源如潮水般涌动的。

这家美容院深知老客户的宝贵，于是精心策划了一场"美丽传递，共享呵护"的邀请活动。活动中，老客户每成功邀请一位新客户到店体验并消费，即可获得一次免费的面部护理机会。这一奖励机制迅速点燃了老客户的热情，她们纷纷通过微信、朋友圈等渠道分享自己的美丽秘籍。

美容院还特别注重邀请流程的便捷性，客户只需在店内扫描二维码或关注公众号，即可轻松生成自己的邀请链接。同时，美容院还根据老客户的消费记录，为她们量身定制邀请方案，推荐适合邀请的服务项目。这样的个性化服务，不仅让老客户感受到了被重视，还大大提高了邀请的成功率。

为了进一步提升活动的吸引力，美容院还定期举办"美丽分享会"，邀请老客户与她们的好友一同到店参与。活动现场不仅有专业的美容咨询和体验环节，还有轻松愉快的互动游戏和精美的礼品赠送。在这样一个充满爱与美的氛围中，新客户不仅了解了美容院的服务与产品，更感受到了来自老客户的真诚推荐与温暖关怀。

通过实施上述邀请裂变策略，该美容院在短短几个月内就实现了客源的显著增长。新客户的增加不仅提升了美容院的业绩，还进一步扩大了美容院的品牌知名度。同时，老客户在邀请过程中也增强了对美容院的忠诚度和归属感。

邀请裂变策略的核心，在于构建一个温馨而有力的邀请网络。首先，我们要做的是珍视每一位老客户，他们的每一次光顾都是对门店的认可与信赖。接着，设计一套既贴心又吸引人的邀请奖励机制，让老客户在分享的同时，也能收获一份来自门店的感激与回馈。最后，通过持续优化服务和产品，确保每一位新客户都能感受到门店的诚意与专业，从而顺利转化为新的老客户，使客源形成一个生生不息的良性循环。

邀请裂变的实操秘籍，可以参考以下几点。

（1）提供温馨的邀请奖励：想象一下，当你因为朋友的推荐而享受到一次特别的优惠或服务时，那份惊喜与感激是否会让你对推荐人更加亲近？门店同样可以运用这一心理，设置如"邀请好友，共享好礼"的奖励机制。比如，一家咖啡馆推出"邀请一位新朋友，两人同享半价咖啡"的活动，既让老客户感受到被重视，也让新客户感受到温暖与实惠。

（2）优化邀请流程：在这个快节奏的时代，简便快捷是王道。门店应尽可能简化邀请流程，让老客户能够轻松一键分享。无论是通过社交媒体的一键转发，还是店内直接扫描二维码，都应确保邀请过程的流畅。同时，提供多样化的邀请方式，满足不同客户的习惯与需求，让邀请变得自然而然，无处不在。

（3）个性化邀请，温暖人心：每个人都是独一无二的，邀请也应考虑这一点。门店可以根据老客户的消费记录和偏好，为他们量身定制邀请方案。比如，一家服装店可以根据老客户的购衣风格，推荐他们邀请好友体验相似风格的服饰搭配服务。这样的个性化邀请，不仅提高了邀请的成功率，也让新客户感受到门店的用心与关怀。

（4）举办趣味邀请活动：门店可以定期举办各类邀请活动，如"家庭欢聚日""好友同行优惠日"等，通过有趣的互动游戏、丰富的奖品设置，让老客户在邀请新客户的同时，也能享受与亲朋好友共度的美好时光。这样的活动，不仅能增强老客户对门店的归属感，也能吸引更多新客户的目光。

### ||| 落地时刻

亲爱的读者，邀请裂变不仅是一种策略，更是一种情感的传递与共鸣。现在，请结合你实体门店的独特魅力与产品特色，尝试构建一套属于你的邀请裂变体系吧！从设立温馨的邀请奖励开始，到优化邀请流程、提供个性化的邀请体验、举办趣味邀请活动……每一步都蕴含着无限可能。

> 你的行动

## 第73招

# 拼团裂变买家得实惠，卖家业绩增长成本低

为了吸引顾客、扩大销售，门店需要不断创新营销策略。拼团裂变，作为一种新兴的营销方式，以其独特的优势，正在被越来越多的实体门店所采纳。今天，我们就来聊聊一种既能让买家省钱，又能帮助卖家实现高效增长且节省成本的营销利器——拼团裂变。

**案例73-1：**

你正计划周末与朋友们小聚，突然在朋友圈看到一家心仪的餐厅推出"三人同行，一人免单"的活动。这不仅仅是一个用餐的邀请，更像是一份与朋友共享欢乐的邀请函。你心动了，立刻转发给两位好友，三人一拍即合，不仅享受了美食，还省下了一个人的饭钱，这样的好事怎能不让人心动？

这就是拼团裂变的魅力所在。它像一股温暖的春风，轻轻吹散了消费者的犹豫，让购物的过程变得经济实惠又有趣。而对于商家来说，这种策略就像是一把钥匙，打开了顾客心门，使新客户源源不断，老客户也更加忠诚。

拼团裂变的成功，并非偶然，它蕴含着深刻的商业逻辑和人性洞察。

（1）优惠直击人心：谁不喜欢省钱呢？拼团活动通过集合多人购买的力量，降低了单价，让消费者得到实实在在的优惠。这种直接的经济激励，是吸引顾客参与的首要因素。

（2）社交裂变效应：人是群居动物，喜欢分享。拼团活动恰好利用了这一点，让顾客在享受优惠的同时，自发地成为品牌的传播者。他们通过社交媒体邀请亲朋好友加入，形成了强大的口碑传播效应，为商家带来了源源不断的客源。

（3）低成本高效获客：相较于传统的广告投放和促销活动，拼团裂变的成

本更低，效果却更加明显。因为参与活动的顾客本身就是最精准的目标客户，他们的分享和推荐，往往能带来高质量的潜在客户。

> **案例 73-2：**
>
> 　　某小镇上有一家以手冲咖啡闻名的咖啡馆，为了吸引更多顾客，他们推出了"好友共享，第二杯半价"的拼团活动。活动规定，只要两位顾客一起购买咖啡，其中一杯即可享受半价优惠。
>
> 　　咖啡馆通过微信公众号和社交媒体平台发布了活动信息，并鼓励顾客转发分享。很快，这个温馨的活动就在小镇上传开了。顾客们纷纷带着朋友来咖啡馆享受这难得的优惠，不仅品尝到了美味的咖啡，还增进了彼此之间的友谊。
>
> 　　活动期间，咖啡馆的客流量明显增加，销售额也节节攀升。更重要的是，通过这次活动，咖啡馆成功吸引了一批新客户，并加深了与老客户的情感联系。如今，这家咖啡馆已经成为小镇上人们聚会、休闲的首选之地。

现在，让我们一起来看看，如何结合你线下实体门店的特色，打造一场属于你的拼团裂变盛宴。

（1）设定合理的拼团价格：价格是拼团活动的灵魂。你需要根据产品的成本、市场接受度以及竞争情况，设定一个既能吸引顾客又能保证利润的价格。记住，过高的价格会让顾客望而却步，而过低的价格则可能损害品牌形象。找到那个平衡点，至关重要。

（2）创意无限的拼团规则：除了常见的"几人成团"模式外，你还可以尝试更多创新的拼团方式。比如，针对特定时间段（如午餐时段）推出限时拼团；或者设置"阶梯团"，参与人数越多，优惠力度越大。这些独特的规则不仅能增加活动的趣味性，还能吸引更多不同类型的顾客参与。

（3）社交媒体的力量：社交媒体是拼团活动不可或缺的推广渠道。你可以利用微信、微博、抖音等平台，发布活动信息，引导顾客关注并分享。同时，别忘了利用 KOL（关键意见领袖）的影响力，让他们为你的活动代言。当然，鼓励顾客自发分享活动链接至自己的社交平台也是关键一步。

（4）额外的甜蜜奖励：为了进一步提升顾客的参与度和忠诚度，你可以设置一些额外的奖励机制。比如，邀请好友成功参团即可获得积分、优惠券或下次消费的小礼品等。这些小小的奖励，往往能让顾客感受到你的诚意和关怀，从而更愿意为你代言。

||| 落地时刻

拼团裂变是一种有效的营销策略,能够帮助实体门店实现业绩增长。现在,请结合你线下实体门店所提供的产品或者服务的特点,通过设定合理的拼团价格、制定多样化的拼团规则、利用社交媒体进行推广以及设置额外的奖励机制等方法,制定属于你的门店的拼团裂变方案,激发买家的参与热情,最终实现业绩增长吧。

**你的行动**

_____

_____

_____

_____

## 第74招

# 分享裂变一变百,增长多了乐开怀

新媒体时代,每一个不经意的分享都可能成为门店业绩腾飞的翅膀。分享裂变,这个听起来高大上的词儿,其实质就是借用顾客的"朋友圈",让口碑像涟漪般一圈圈扩散开去,最终汇聚成推动业绩增长的磅礴力量。今天,我们就来聊聊这招"分享裂变",看看它是如何帮助那些聪明的实体门店,实现从一到百,乃至更大的飞跃。

想象一下,你刚在一家小店享用了一顿美味的午餐,或者购买了一件心仪已久的衣服,那种满足感是不是让你忍不住想跟身边的朋友分享?分享裂变,正是基于这样的人性光辉——分享快乐,传递价值。门店只需稍作引导,这份由心而发的分享欲望,就能成为推动业绩增长的强大动力。

分享策略的实施,关键在于,如何让顾客心甘情愿地去分享?秘诀在于三个"心":用心做产品,贴心服务顾客,真心回馈分享。当你的产品足够吸引人,服务足够贴心,再加上一点点分享的甜头,顾客自然就成了你最给力的推销员。

**案例74-1：**

以"××花店"为例，这家小店位于城市一隅，起初并不起眼。但店主小悠却凭借一系列贴心的分享裂变策略，让花店逐渐成为城市中的一道亮丽风景线。

产品为魂：小悠精选当季花卉，每一束花都搭配得既时尚又富有深意，让人一眼难忘。她还推出定制花束服务，根据顾客的情感需求量身打造，让每一份礼物都充满心意。

情感链接：花店定期举办花艺课程，邀请顾客亲手制作花束，体验创作的乐趣。在这个过程中，顾客不仅学到了花艺知识，更与花店建立了深厚的情感。

分享有礼：小悠实施了"花香传递"计划，顾客只需将购花体验或花艺作品分享至社交平台，并@××花店，即可获得下次购物的优惠券或小礼品。这一举措极大地激发了顾客的分享热情。

便捷分享：花店提供了多种便捷的分享方式，包括一键生成精美海报、分享链接等，让顾客能够轻松地将这份美好传递给更多人。

随着时间的推移，"××花店"的名字开始在朋友圈里频繁出现，越来越多的新顾客被这份美丽与温情所吸引，纷纷踏足花店。销售额的稳步增长，使小悠的笑容更加灿烂。更重要的是，那些因为分享而走进花店的顾客，也成了花店的忠实拥趸。他们继续分享着自己的故事与花店的美好，形成了良性的裂变循环。

本案例中的"××花店"通过精选产品、举办花艺课程、实施"分享有礼"计划和提供便捷分享方式，成功实现了分享裂变。这些举措不仅增强了顾客与花店之间的情感连接，还激发了顾客的分享热情，形成了良性的裂变循环。此案例验证了产品为王、创意体验、奖励机制和简化流程在分享裂变策略中的重要性，是实体门店实现业绩快速增长的有效路径。

下面是本招数的实操指南——分享裂变"四步走"。

（1）产品为王，口碑筑基：无论时代如何变迁，产品始终是王道。一家实体门店要想让顾客主动分享，首先得有过硬的产品或服务。比如，那家藏在街角的咖啡馆，因为每一杯咖啡都精心调制，饮每一口都是味蕾的盛宴，顾客自然会在朋友圈里晒图点赞，分享这份美好。

（2）创意体验，情感连接：除了产品本身，独特的消费体验也是吸引顾客分享的重要因素。比如，一家书店在周末举办读书会，邀请知名作家与读者面对面交流，这样的互动不仅让顾客收获了知识，更感受到了文化的温度，他们怎会不乐于分享这份独特的体验呢？

（3）奖励机制，激发动力：人们总是乐于得到认可与奖励。门店可以设置一些简单而诱人的分享奖励，比如"分享朋友圈集赞换礼品""邀请好友首次消费双方享优惠"等，这些小小的激励，往往能大大激发顾客的分享热情。

（4）简化流程，畅通无阻：别忘了，便捷是分享的第一要义。确保分享流程简单明了，一键直达。无论是社交媒体上的分享按钮，还是二维码快速跳转，都要让顾客能够轻松完成分享动作，不增加任何负担。

### ‖落地时刻

分享裂变是一种高效的推广方式，能够帮助实体门店实现业绩的快速增长。结合你门店的产品或服务特点，从提供优质的产品、创造独特的消费体验、设置吸引人的分享奖励、简化分享流程等方面入手，制定出一套符合自己门店特色的分享裂变方案。相信在不久的将来，你也能收获那份因分享而带来的喜悦与增长。

**你的行动**

_____
_____
_____

## 第75招

# 助力裂变多朋友，朋友多了增长有

在当下这个社交媒体高度发达的时代，利用人际关系网络进行营销已经成为一种非常有效的推广方式。助力裂变，作为其中的一种策略，正被越来越多的实体门店采用，以实现业绩增长。本招将从助力裂变的策略、具体方法以及案例实操等方面进行探讨，以证明其对实体门店业绩增长的长效帮助。

想象一下，你走进一家心仪已久的小店，品尝到那份令人难忘的味道，或是感受到那份独特的氛围，心里不由自主地想：这么好的地方，我得让朋友们也来体验一番。这就是助力裂变的起点——让顾客的满意成为品牌传播的起点，通过他们的社交网络，一传十，十传百，形成不容小觑的口碑效应。

助力裂变的精髓，在于它不仅仅是一场营销活动，更是一次情感的传递。它鼓励顾客分享，让每一次消费都成为一次美好的分享，每一次分享都带来更多的朋友，而这些朋友，又将成为门店新的客源。

**案例 75-1：**

在城镇的一隅，有一家名为"××小馆"的餐馆，它曾默默无闻，却在一次助力裂变活动中大放异彩。

餐馆老板李叔，决定尝试一种新奇的营销方式。他设计了一个"朋友圈美食接力"活动：顾客只需在用餐后，拍摄一张满意的菜品照片并附上餐馆的位置信息，发布到朋友圈，邀请三位好友到店品尝，即可获得下次用餐的半价优惠。活动一出，迅速在小镇上引起轰动。

李叔还巧妙地利用了镇上的微信群和公众号进行宣传，每天更新菜品美图和顾客好评截图，让更多人了解这家餐馆的魅力。不到一周时间，餐馆的客流量就翻了一番，连平日里冷清的角落也坐满了人。更重要的是，这些新顾客中，有很大一部分是通过朋友的推荐而来，他们对餐馆的信任度和忠诚度远高于一般顾客。

本案例中的"××小馆"通过设定接地气的助力目标、打造心动的奖励机制、简化助力流程以及利用社交媒体宣传，成功实现了助力裂变。这些策略不仅激发了顾客的分享欲望，还吸引了大量新顾客，提升了门店的客流量和忠诚度。此案例证明了助力裂变策略在实体门店业绩增长中的有效性，是门店利用人际关系网络进行营销的一种高效方式。

如何让助力裂变动起来？以下几点可供参考。

（1）设定接地气的助力目标：别让目标高不可攀，让它像邻家小妹的邀请一样亲切。比如，你的咖啡店可以设定"邀请三位好友助力，即可免费升级为一杯招牌拿铁"，这样的目标既不过分，又能激发顾客的分享欲。记住，目标要清晰、易达成，让顾客觉得"踮起脚就能够到"。

（2）打造让人心动的奖励机制：奖励，是助力裂变中的甜蜜诱饵。它不必昂贵，但一定要贴心、有诚意。比如，服装店可以准备一些精美的搭配饰品或是下次购物的优惠券，让顾客在享受优惠的同时，也能感受到店家的用心与关怀。奖励的设计，要充分考虑顾客的需求和喜好，让顾客每一次分享都有所值。

（3）让助力流程变得比呼吸还简单：别让复杂的流程成为顾客分享的绊脚石。一个成功的助力活动，应该是傻瓜式的操作。你可以通过二维码、小程序链接等方式，让顾客一键分享至社交平台。同时，提供清晰的助力进度显示，让顾客随时了解距离奖励还有多远。这样，即使是不熟悉网络操作的顾客，也能轻松参与进来。

（4）社交媒体：你的免费宣传大军。在这个人人都是自媒体的时代，社交媒体是助力裂变不可或缺的战场。利用微博、微信、抖音等平台，发布有趣、有料的活动信息，鼓励顾客转发、点赞、评论。别忘了，好的内容自带流量，一个有趣的活动视频或是一张精美的海报，都可能成为病毒式传播的起点。

### ||| 落地时刻

看到"××小馆"的成功故事，你是否也跃跃欲试了呢？无论你的实体门店是售卖时尚服饰的潮流小店，还是提供温馨服务的咖啡馆，都可以借鉴这种助力裂变的策略，为你门店的业绩增长插上翅膀。现在，就请拿起笔，结合你门店的实际情况，制定一份专属于你门店的助力裂变方案吧。设定一个既接地气又吸引人的助力目标，打造一份让人心动的奖励机制，简化助力流程，让顾客轻松参与。同时，充分利用社交媒体的力量，让你的活动信息像春风一样吹遍每一个角落。

**你的行动**

_____

_____

## 第76招

# 分销裂变来销售，省去工资业绩增

当下，为了突破销售瓶颈，实现业绩增长，越来越多的门店开始尝试分销裂变策略。分销裂变，即通过顾客的社交关系，将产品销售渠道扩散至更广泛的潜在客户群体，从而实现销售业绩的增长。分销裂变，这把看似简单却威力无穷的利器，正悄然成为众多门店突破销售瓶颈、实现飞跃的秘密武器。今天，我们就来聊聊如何通过分销裂变，让顾客的社交力量成为你店铺销售增长的强大助力，而这一切，还无需额外支付工资。

想象一下，你的店铺里总有那么几位常客，他们不仅热爱你的产品，还在朋友圈里小有名气。如果他们愿意帮你推荐，那效果得有多好？分销裂变，正是基于这样的社交逻辑，让每一位满意的顾客都能成为你的"隐形销售员"。

它的魔力在于，通过激励机制，让顾客因分享而获利，同时也为店铺带来更多潜在客户。这种基于信任和共赢的合作模式，让产品推广变得更加自然、高效。毕竟，谁会拒绝一个来自朋友真心推荐的好东西呢？

### 案例76-1：美丽事业的裂变传奇

让我们以一家名为"××坊"的化妆品门店为例，看看他们是如何通过分销裂变实现业绩翻盘的。

"××坊"起初也面临着销售增长乏力的困境。后来，他们决定尝试分销裂变策略。首先，他们从忠实顾客中筛选出了一批有潜力的分销商候选人，并为候选人提供了系统的培训和支持。从产品知识到销售技巧，再到社交媒体运营策略，"××坊"倾囊相授。

接着，"××坊"制定了一套极具吸引力的分销方案：分销商不仅能享受高额的佣金回报，还能通过累计销售积分兑换精美礼品或参与门店专属活动。这些条款极大地激发了分销商的积极性。

> 很快,"××坊"的产品开始在分销商的朋友圈中迅速传播开来。他们分享的使用心得、产品对比视频等内容,吸引了大量潜在客户的注意。而分销商们也不忘利用自己的社交关系,将产品推荐给亲朋好友。一时间,"××坊"成了社交圈中的热门话题。
>
> 随着分销商队伍的不断壮大,"××坊"的销售业绩也实现了质的飞跃。更重要的是,这种裂变效应还带来了品牌知名度和影响力的显著提升。如今,"××坊"已从一个默默无闻的小店,成长为拥有众多忠实粉丝和分销商的知名品牌。

本案例中的"××坊"化妆品门店通过分销裂变策略,成功实现了业绩翻盘。他们通过筛选分销商、提供培训支持、制定吸引政策、利用社交媒体和持续优化手段,激发了分销商的积极性,扩大了品牌曝光度,提升了销售业绩。此案例验证了分销裂变策略在实体门店业绩增长中的有效性,是门店利用顾客社交力量实现销售增长的明智选择。

分销裂变实施的四个步骤。

(1)打造诱人的"分享甜头":要让顾客愿意分享,首先得让他们觉得分享有价值。设计一套既能让分销商满意,又不至于压缩自己利润空间的分销政策至关重要。比如,可以设置阶梯式的佣金比例,分销商销售越多,获得的佣金比例就越高;或者设立"推荐奖",只要成功推荐新客户购买,就能获得额外奖励。这样的政策,既公平又激励人心。

(2)手把手教你成为"带货达人":不是每个人都是天生的销售员,但每个人都有能力成为自己朋友圈的"意见领袖"。因此,为分销商提供全方位的支持和培训至关重要。从产品知识到销售话术,从客户服务到社交媒体运营,每一环节都应有详尽的指导。让他们不仅能讲出产品的好,还能讲出产品故事,触动人心。

(3)社交媒体,你的免费广告牌:在这个信息爆炸的时代,社交媒体是最快速、最直接的传播渠道。鼓励分销商利用微信朋友圈、微博、抖音等平台分享产品信息和优惠券。门店也可以组织线上活动,如"转发抽奖""集赞送礼"等,借助社交媒体的裂变效应,迅速扩大品牌曝光度。记住,有趣、有料的内容更容易引发传播。

(4)数据为王,持续优化策略:分销裂变不是一次性的营销活动,而是一场持久战。因此,建立一套完善的跟踪和反馈机制至关重要。通过数据分析,了解分销商的业绩情况、客户需求变化等信息,及时调整分销策略、优化产品组合,确保策略的有效性和针对性。同时,也要及时给予分销商反馈和鼓励,让他们感受到自己的价值和成长。

### ||| 落地时刻

分销裂变，不仅是一种销售策略，更是一种商业智慧。它让我们看到了顾客力量的无限可能，也让实体门店在激烈的市场竞争中找到了新的增长极。现在，轮到你了。结合你门店的独特产品或服务特点，制定一套切实可行的分销裂变方案吧！从设计吸引人的分销方案开始，到给分销商提供全面的培训和支持，再到利用社交媒体扩大影响力，最后通过数据分析持续优化策略，最终实现你门店的业绩持续增长。

_____

_____

_____

## 第77招

# 炫耀裂变晒的图，我的荣誉我追求

在这个指尖轻触便能连接世界的时代，社交媒体如同一面巨大的镜子，映照出每个人生活的点滴与光彩。人们乐于分享，更乐于炫耀那些让生活增色的瞬间。正是这份天然的炫耀与分享欲，孕育了"炫耀裂变"这一营销策略，它像一股温暖的春风，吹进了实体门店，为业绩增长带来了新的生机。

炫耀裂变，顾名思义，是通过精心设计的消费体验，让消费者在享受中感受独特的荣耀与满足，进而自发地在社交媒体上炫耀这份特别，从而引发一系列的口碑传播和品牌曝光。其核心在于"独享"与"分享"的完美结合，让消费者在成为品牌拥趸的同时，也成为品牌的传播者。

实施炫耀裂变包括以下几个关键步骤。

（1）匠心独运的体验：门店需从产品到服务，每一个环节都力求创新，让消费者感受到前所未有的惊喜与尊贵。比如，定制的礼物、专属的购物空间，或是仅对特定会员开放的隐藏菜单，都能成为炫耀的资本。

（2）情感共鸣的激发：利用消费者的心理需求，设计能够触动内心的活动或福利，让消费者在享受之余，更愿意将自己的快乐与成就感传递给更多人。

（3）便捷的分享渠道：简化分享流程，提供精美的图片模板、有趣的文案建议，让消费者一键即可将这份荣耀分享至朋友圈、微博等社交平台。

### 案例77-1：构建专属会员帝国

想象一下，踏入一家店铺，不仅有专属的休息区，还能享受到一对一的私人顾问服务，这样的待遇怎能不让人心生炫耀？某高端服饰品牌深谙此道，他们推出了"VIP尊享计划"，会员不仅能享受全年无休的折扣优惠，更有机会参与品牌举办的时装周预览会，与设计师面对面交流。每当这些难得的体验被会员们晒在社交媒体上时，都如同为品牌穿上了一袭华丽的礼服，吸引了无数羡慕的目光。

### 案例77-2：打造话题性活动

活动策划不仅要有趣，更要有"晒点"。一家网红咖啡馆定期举办"手冲大师课"活动，邀请知名咖啡师现场教学。参与者不仅能学会一门新技能，还能获得限量版手冲套装作为纪念。这样的活动，不仅让参与者收获满满，更激发了他们晒图的欲望，一时间，咖啡馆的社交媒体账号被各式各样的手冲照片刷屏，成为城市中的一股清风。

### 案例77-3：社交媒体上的互动盛宴

鼓励消费者分享，更要与他们互动。一家甜品店在推出新品时，发起了"最美甜品照"征集活动，邀请顾客拍摄并分享自己与甜品的创意合影，最佳作品不仅能获得丰厚奖品，还有机会被制作成海报张贴在店内。这样的活动不仅让顾客享受到了创作的乐趣，也让店铺的社交媒体账号活跃起来，形成了良好的品牌氛围。

案例 77-1 至案例 77-3 中的实体门店通过炫耀裂变策略，成功实现了品牌曝光率和业绩增长。无论是高端服饰品牌的 VIP 尊享计划、网红咖啡馆的"手冲大师课"，还是甜品店的"最美甜品照"征集活动，都通过匠心独运的体验、情感共鸣的激发和便捷的分享渠道，让消费者自发炫耀，实现了口碑传播。这些案例证明了炫耀裂变的实施在实体门店业绩增长中的巨大潜力。

### ||| 落地时刻

现在，是时候将炫耀裂变的魔力引入你的门店了。无论你是经营着一家咖啡馆、服装店，还是任何其他类型的实体门店，都可以借鉴上述策略，结合你自身的产品或服务特点，设计出属于你的炫耀裂变方案。

**你的行动**

---
---
---

## 第78招

# 认同裂变你想要，我的增长我想要

在市场营销的海洋中，有一种力量悄然无声，却能引发巨大的涟漪，这就是"认同裂变"。当消费者对品牌、产品或服务产生深刻的认同时，他们会自发地成为品牌的传播者，推动品牌的增长。这种基于认同的裂变，不仅能为实体门店带来持续稳定的客流，还能深化品牌形象，实现长效的业绩增长。

想象一下，当你走进一家小店，不仅被它的商品吸引，更被门铺独特的氛围和其产品背后的故事深深打动，那一刻，你仿佛找到了归属感，想要把这份美好的感受分享给更多人。这就是认同裂变的魅力所在：它让消费者与品牌之间建立起了一种超越商品交易的深厚情感连接。

认同裂变的核心理念，简单而纯粹——用真心换真情。通过打造独特的品牌价值观，提供超越顾客期待的产品或服务，赢得了他们的认同与信赖。这份认同，如同春风化雨，自然而然地引发他们的分享欲，让品牌的故事在朋友圈、社群中悄然传开。

> **案例 78-1：书香里的认同裂变**
>
> 以某家独立书店为例，它深谙认同裂变的真谛，通过实施策略成功吸引了大量忠实顾客，实现了业绩增长。
>
>
>
> 这家书店以"阅读点亮生活，文化滋养心灵"为品牌理念，致力于为读者打造一个温馨舒适的阅读空间。店内藏书丰富，从经典文学到新锐作品应有尽有。但更吸引人的是书店定期举办的文化沙龙、作者见面会等活动，让读者在购书之余，还能与志同道合的朋友交流思想、碰撞火花。
>
> 书店还建立了会员制度，为会员提供专属的购书优惠、定制书单、生日礼物等贴心服务。这些个性化的关怀让会员感受到了家的温暖，也让他们成了书店最忠实的"精神股东"。他们不仅在书店里度过了无数美好的时光，更在社交媒体上自发地分享着书店的故事和好书推荐，为书店带来了源源不断的客流。

认同裂变的核心理念在于，通过塑造独特的品牌价值观和提供优质的服务或产品，赢得消费者的内心认同，使他们从内心深处愿意为品牌发声。这种发声，不仅仅是简单的分享或推荐，更是对品牌理念的一种传播和推崇。认同裂变的实施策略，可参考以下几点。

（1）社交媒体的温度交流：社交媒体不仅是一个品牌的形象展示窗口，更是与顾客情感交流的桥梁。通过及时回复评论、点赞分享、发布贴近生活的有趣内容，可以让品牌更接地气，更有温度。这样的互动，能够拉近品牌与顾客之间的距离，增强彼此的信任与认同。

（2）品牌活动的情感共鸣：举办与品牌价值观相符的活动，是加深顾客认同感的有效途径。比如，一家环保主题的餐厅，可以定期举办"无塑挑战日"，鼓励顾客减少使用一次性塑料制品，共同为地球减负。这样的活动，不仅传递了品牌的环保理念，也让顾客在参与中感受到了品牌的社会责任感与使命感，从而产生更深的情感共鸣。

（3）个性化服务的情感连接：在这个追求个性化的时代，提供个性化的服务显得尤为重要。一家服装店，通过了解顾客的喜好、风格，为他们量身定制搭配建议，甚至提供一对一的形象升级服务。这样的个性化服务，让顾客感受到被重视，也让他们对品牌产生了更强的归属感。

### ||| 落地时刻

认同裂变是一种基于消费者内心认同的营销策略。现在请结合你线下门店所提供的产品或者服务的特点，通过塑造独特的品牌价值观、提供优质的服务或产品和培养"精神股东"，来赢得消费者的信任和忠诚，最终实现门店长效的业绩增长吧。

**你的行动**

_____
_____
_____
_____

第 8 章

## 数据
——科学分析七数据、业绩倍增更有利

数据分析不仅能帮助门店减少浪费,还能找到业绩增长点,是线下实体门店实现业绩倍增的重要工具。本章从5个维度,强调了数据分析在营业增长中的关键作用。通过对营业额、分类货品销售额、畅销与滞销款、坪效、人效及客单价等数据的细致分析,门店能更精准地制定增长目标,优化资源配置,激发员工潜能,深入挖掘客户消费力,最终实现业绩的长久增长。

## 第79招

# 营业额数据分析,增长目标更清晰

在这个信息爆炸的数字化时代,数据分析仿佛一双透视眼,帮助我们在纷繁复杂的商业世界中寻找规律,洞见未来。对于每一位线下实体门店的经营者来说,营业额数据不仅是冰冷的数字堆砌,它们还是店铺经营状况的晴雨表,更是指引商家走向成功的明灯。今天,我们就来聊聊如何通过细致入微的营业额数据分析,让增长目标变得清晰可触。

想象一下,你站在店铺的收银台前,每天看着顾客进进出出,但你是否真正了解,店里的流水,那些数字背后,隐藏着哪些关于店铺的秘密?营业额数据分析,就是那把开启秘密之门的钥匙。

它不仅直观地告诉我们卖了多少东西,收支是多少,更重要的是,它能揭示销售波动的规律,顾客的购买偏好,甚至是市场需求的微妙变化。这些信息,如同寻宝地图上的线索,引导商家精准定位问题,优化经营策略,从而推动门店业绩持续攀升。

### 案例79-1:数据驱动下的业绩飞跃

让我们走进一家名叫"××服饰"的连锁服装店,看看他们是如何通过营业额数据分析,实现业绩翻盘的。

"××服饰"在过去的一年里,面对激烈的市场竞争,没有选择盲目跟风,而是决定从内部着手,深挖数据宝藏。他们首先系统地收集了店铺每日、每周、每月的营业额数据,并进行了细致的整理与分析。通过数据分析,他们惊讶地发现,店铺的销售额并非全年平均分布,而是呈现出明显的季节性波动——春季和秋季是销售旺季,夏季和冬季则相对冷清。

基于这一发现,"××服饰"迅速调整了营销策略。在春季和秋季,他们加大了新品的上市力度,同时增加广告投放,吸引更多顾客进

> 店。而在夏季和冬季，他们则推出了"换季大促销"活动，通过打折、满减、会员专享等多重优惠，刺激顾客的消费欲望。
>
> 此外，"××服饰"还密切关注了顾客的购买行为和反馈，通过数据分析识别出热销产品和滞销商品。对于热销产品，他们及时补货，确保库存充足；对于滞销商品，则通过调整陈列位置、优化商品描述或是考虑下架等措施，减少库存积压。
>
> 通过一系列精准有效的操作，"××服饰"的业绩实现了质的飞跃。一年后，他们的年销售额同比增长了30%，成了行业内的一匹黑马。

营业额数据是反映门店经营状况最直观的指标。通过对营业额数据的深入分析，商家可以了解门店的销售能力、客户满意度、市场竞争力等多方面的信息。这些信息对于制定和调整销售策略、优化库存管理、提高客户满意度等方面具有重要的指导意义。

如何进行营业额数据分析？有效的营业额数据分析，需要商家收集并整理一定时间内的营业额数据，然后运用数据分析工具和方法进行深入挖掘。以下是建议步骤。

（1）数据收集：首先，商家需要收集门店的每日、每周、每月的营业额数据，这些数据可以来源于销售系统、财务报表等。

（2）数据整理：将收集到的数据进行整理，按照时间顺序排列，并计算出各个时间段的销售额、销售量等关键指标。

（3）数据分析：利用数据分析工具（如Excel、数据分析软件等）对数据进行可视化展示，如折线图、柱状图等，以便更直观地观察销售趋势。同时，通过对比不同时间段的销售额，识别出销售旺季和淡季。

（4）结果解读：根据数据分析结果，商家可以了解门店的销售情况，包括销售额的波动、销售旺季和淡季的分布等。这些信息可以帮助商家制定更精确的销售目标和营销策略。

### ||| 落地时刻

现在，轮到你了。是时候调出你的实体门店开业至今的营业额数据，像"××服饰"那样，用数据分析的魔法棒去挖掘数据中的价值信息了。不要害怕数据复杂和烦琐，因为每一个数字背后都藏着提升业绩的密码。按照上面分享的步骤——收集、整理、分析、解读，一步步深入分析。数据不会说谎，它只会告诉你最真实的市场反应和顾客需求。只要你愿意倾听，并付诸行动，那么门店业绩增长就不再是遥不可及的梦想，而是触手可及的现实。

**你的行动**

_____
_____
_____
_____

## 第 80 招

## 分析分类货品销售额，看看哪个占大头

在实体门店经营中，每一件商品都承载着商家的心血与期待。但你是否曾停下脚步，细细思量过，哪些货品是真正的销售明星，哪些默默躺在角落，等待被发掘？今天，我们就来聊聊一个简单却极其实用的策略——分类货品销售额分析，看看如何通过这一招，让你的门店业绩持续增长。

如果你的仓库里堆满了顾客不感兴趣的货品，而热销产品却时常断货，那是一种怎样的无奈？分类货品销售额分析，就像是给你的库存做了一次全面的体检，让你清楚地知道哪些货品是"畅销王"，哪些则是"冷门选手"。这样一来，你就能灵活调整库存，减少不必要的积压，确保资金快速流转，让每一分钱都花在刀刃上。

**案例 80-1：从平凡到非凡的蜕变**

小李经营一家时尚女装店，起初店铺的生意平平无奇。一次偶然的机会，小李接触到了分类货品销售额分析的方法。她决定尝试使用，看看能否为店铺经营带来转机。

（1）数据启示录：小李首先收集了店铺过去三个月的销售数据，并按照服装的款式、颜色、价格等因素进行了分类整理。通过数据分析工

具，她惊讶地发现，某些款式的连衣裙和特定颜色的外套销售情况远超预期，而一些看似时尚的裤子却鲜有人问津。

（2）策略大变身：基于数据分析结果，小李迅速调整了店铺的经营策略。她加大了畅销款式的进货量，并将这些款式陈列在店铺最显眼的位置。同时，针对滞销的裤子，她策划了一场"裤子专场"促销活动，通过打折、搭配销售等方式吸引顾客关注。

（3）业绩飙升：经过一系列的策略调整和优化，小李的店铺逐渐焕发了新的生机。畅销款式的销售额持续攀升，滞销货品的库存也得到了有效消化。更重要的是，店铺的整体业绩实现了飞跃，顾客满意度和回头率也大幅度提升。

本案例中的时尚女装店通过分类货品销售额分析，实现了业绩的显著增长。店主小李通过收集销售数据、分类整理、占比分析，精准识别了畅销与滞销货品，并据此制定了针对性的策略。这一过程不仅优化了库存结构，还提高了顾客满意度和回头率，最终实现了店铺业绩的飞跃。此案例说明分类货品销售额分析在实体门店业绩增长中的有效性。

通过对不同分类货品的销售额分析，商家可以针对不同类别的消费者制定更精准的营销策略。例如，对于销售额高的货品，可以加大市场推广力度，提高品牌知名度和美誉度；对于销售额低的货品，可以通过促销活动或价格调整来刺激消费。那么，如何进行分类货品销售额分析呢？可以参考以下步骤。

（1）数据收集：细致入微，确保准确。首先，你需要从销售系统、库存管理系统等渠道全面收集销售数据。这些数据不仅仅是销售额那么简单，还包括销售数量、顾客反馈、退货率等多个维度。在收集过程中，务必确保数据的准确性和完整性，因为每一个数字背后都隐藏着顾客的真实需求和市场趋势。

（2）分类整理：条理清晰，一目了然。接下来，根据货品的属性、价格、功能等因素进行分类整理。比如，你可以将服装按照款式、颜色、尺码进行分类；将家居用品按照材质、用途、风格进行分类。分类是为了更清晰地看到每一类货品的销售情况，为后续的分析提供便利。

（3）占比分析：数据说话，直击要害。利用数据分析工具对各类货品的销售额进行占比分析。这一步是关键，因为它能直观地反映哪些货品是"明星产品"，哪些是滞销品。通过对比不同分类货品的销售额占比，可以发现店铺的优势和劣势，为后续的优化策略提供有力支持。

（4）制定策略：因地制宜，精准施策。根据占比分析结果，制定针对性的优化策略。对于畅销货品，可以考虑采取增加库存量、优化陈列位置、加强市场推广等措施；对于滞销货品，则需要深入分析原因，是价格过高、款式过时还是市场需求变化？根据不同原因制定针对性的改进策略，如调整价格、优化产品设计、开展促销活动等。

||| 落地时刻

分类货品销售额分析对于线下实体门店业绩增长具有重要作用。现在请调出你的门店开业至今的数据，对各类货品的销售额进行深入分析吧，这样能切实做到更有效地管理库存、制定精准的营销策略并提升顾客满意度，最终助力门店实现业绩的持续增长。

**你的行动**

---
---
---

## 第 81 招

# 分析五大畅销款数据，资源管理更准确

货品畅销是推动线下实体门店的运营业绩增长的关键因素。今天，我们就来聊聊如何利用五大畅销款的数据分析，精准施策，让资源投入更给力，从而实现实体门店业绩腾飞。

通常走进生意兴隆的店铺，映入眼帘的便是那些被顾客争相购买的"明星商品"。它们不仅是店铺销售的主力军，更是代表店铺形象和口碑的闪亮名片。畅销款，以其独特的魅力，赋予整间店铺活力与业绩。

> **案例81-1：从畅销到火爆的蜕变**
>
> 以街角一家深受年轻人喜爱的时尚服饰店为例。起初，这家店只是众多店铺中不起眼的一员。但自从他们开始关注并分析销售数据后，一切悄然发生了变化。
>
>
>
> 通过对过去一年的销售记录进行细致分析，店主锁定了五款最受欢迎的服饰作为畅销款。接下来，店主迅速行动。
>
> 库存管理：与供应商建立紧密合作，确保畅销款库存充足，并根据销售趋势灵活调整补货计划。
>
> 陈列升级：将畅销款精心布置在店铺中心位置，搭配时尚元素和灯光效果，将畅销款衬托得更具吸引力。
>
> 创意营销：推出"爆款推荐"专区，结合社交媒体发起话题挑战，邀请顾客晒单分享，形成口碑传播效应。
>
> 员工培训：定期组织员工学习畅销款的设计理念、面料特性及搭配技巧，提升他们的专业素养和服务水平。
>
> 一系列举措的实施，让这家时尚服饰店迅速脱颖而出，成为街角的明星店铺。顾客络绎不绝，销售额节节攀升，店铺的知名度和美誉度水涨船高。

锁定五大畅销款后，接下来研究如何精准施策，让资源投入更高效。这里，有几个小妙招分享给大家。

（1）库存管理要灵活：畅销款库存不足，顾客扫兴而归；库存过多，又占用资金。因此，要根据销售数据和市场需求预测，灵活调整库存量，保持供需平衡。

（2）陈列艺术，吸引眼球：将畅销款置于店铺的黄金位置，如进门处、中央展示台等，辅以精美的陈列和吸引人的宣传语，让顾客一下就能被吸引。

（3）营销创新，刺激购买：针对畅销款设计独特的促销活动，如限时折扣、买赠搭配等，同时利用社交媒体、短视频等新媒体平台进行宣传，扩大影响力。

（4）员工培训，专业推荐：让员工成为畅销款的"代言人"，通过专业培训，让他们了解产品的特性、优势及适用场景，以便更好地向顾客推荐。

### ▎落地时刻

通过对畅销款数据进行深入分析继而合理配置资源，线下实体门店可以实现销售业绩的最大化。现在请结合你实体门店的产品或服务的特点，选择三五种畅销产品进行数据分析，及时调整畅销货品的投入策略，加强供应链管理、优化库存管理并提高员工服务质量，以此提升门店业绩吧。

你的行动

---

## 第82招

# 分析五大滞销款数据，放弃这些找代替

在线下实体门店的经营过程中，不可避免地会遇到一些货品销售不畅的情况。这些滞销货品不仅占用宝贵的库存空间，还可能导致资金周转不畅，影响门店的整体业绩。因此，及时识别和淘汰滞销款，并寻找合适的替代品，对门店的业绩增长至关重要。今天，我们就来聊聊如何分析五大滞销款数据，使门店焕发新生，找到业绩增长的新动力。

就像花园里的花争艳也总会有几朵开得不鲜艳的花儿一样，每家店铺经营中也有卖得好的产品与卖得不好的产品,如何发现滞销款,我们得学会几招。

(1)销售量的小秘密:每月末,不妨坐下来,细细翻阅销售记录,将销售量按从高到低排序,那后五名,就是你需要特别关注的滞销品。

(2)时间的考验:有些货品,就像害羞的孩子,总需要等待更多的时间才能遇到欣赏它们的人。但如果某款商品在货架上静静地待了几个月,仍未引起顾客的注意,那么,或许它真的需要换个环境了。

(3)库存周转率的低语:库存周转率,这个看似冰冷的数字,实则蕴含着门店运营的奥秘。它告诉你哪些货品在快速流转,哪些却在拖后腿。当某款货品的周转率远低于平均值时,是时候要重新考虑它的去向了。

### 案例 82-1:从滞销到畅销的华丽转身

以一家温馨的小书店为例。店主小李在整理销售数据时,发现了几本长期无人问津的书籍,它们成了书店的滞销款。面对这一挑战,小李采取了以下行动。

滞销书的"重生":小李在书店的一角设立了一个"特惠专区",将这些滞销书以超低折扣价出售。同时,发起线上读书会,并巧妙地将滞销书融入其中,成功吸引了大量读者前来选购。

寻找新的阅读风向标:小李通过社交媒体和读者交流群,收集了大量读者的阅读偏好和推荐。他发现,近年来,心理学和自我管理类书籍备受青睐。于是,他精心选购了一批新书,并组织社群共读会,迅速吸引了读者的关注。

新书的温馨推荐:新书到货后,小李第一时间在店内布置了精美的展示台,并制作了精美的推荐卡片,详细介绍了每本书的亮点和作者背景。同时,他还鼓励店员主动向顾客推荐新书,店员用专业的知识和贴心的服务赢得了顾客的信赖和好评。

经过一系列的努力,小李的书店发生了翻天覆地的变化。滞销书得到了妥善处理,为书店腾出了更多的展示空间和资金;新书迅速成为热销产品,带动了整体销售业绩的提升。然而,小李深知,这只是一个开始。他定期组织团队进行销售数据分析，及时发现并处理潜在的滞销问题；同时，他也时刻关注市场动态和读者需求变化，不断调整选品结构和销售策略以适应市场变化。

识别出滞销款后，不应直接抛弃它们，应给予它们体面的告别，并为门店引入新的生命力。

（1）清仓的艺术：为滞销款举办一场特别的"告别会"吧！打折、买赠、限时抢购……用各种促销手段，让它们在最后的舞台上发光发热，同时也为门店回收一部分占压资金。

（2）替代品的选择之道：在选择替代品时，我们要像侦探一样，敏锐地捕捉市场趋势和顾客需求。走进顾客的世界，听听他们的声音，看看他们在寻找什么。通过市场调研、竞品分析，找到那些既能满足顾客需求，又能彰显门店特色的新品。

（3）新品的温柔绽放：新品入驻，如同春天里绽放的花朵，需要精心的呵护与展示。将新品置于店内最显眼的位置，搭配吸引人的宣传海报，让每一位进店的顾客都能第一时间注意到它们。同时，培训店员成为新品的"代言人"，用专业的知识和热情的态度，引导顾客发现新品的魅力。

### ||| 落地时刻

现在请结合你线下门店产品或服务的特点，整理出你门店的滞销款，可能是五款，也可能是三款。通过细致的数据分析、果断的滞销处理以及精心的替代品选择与推广策略的实施，你的线下门店也能焕发新生、实现业绩增长。记住，每一个滞销款的离开都是为了更好的替代品的到来；而每一次的调整与优化都是为了让你的门店更加贴近顾客的心。

**你的行动**

_____
_____
_____
_____

第 8 章 数据——科学分析七数据、业绩倍增更有利

## 第83招

# 坪效数据做分析，节约空间创业绩

在线下实体门店的运营中，坪效是一个至关重要的指标。坪效，即每平方米销售面积所产生的销售额，是衡量门店经营效率的重要标准。通过对坪效数据的深入分析，门店可以更有效地利用每一寸销售面积，减少空间浪费，从而提升整体业绩。今天，我们就来聊聊如何通过细致入微的坪效数据分析，使门店每一寸空间都发挥出最大价值，减少面积浪费。

想象一下，两家相邻的咖啡馆，一家总是门庭若市，顾客络绎不绝；另一家却显得冷清，座位常常空置。除了口味、服务等因素，坪效的差异很可能就是两家店铺效益悬殊背后的原因。坪效高的咖啡馆，每一寸空间都被精心设计，从入口的迎宾区到窗边的阅读角，无一不吸引着顾客的目光与脚步。而坪效低的店铺，或许正悄悄地浪费着宝贵的面积，错失着潜在的商机。

坪效，就像门店的一本隐形账本，记录着每一次交易背后的空间效率。它告诉我们，哪里是销售的热点，哪里成了无人问津的"冷宫"。通过对此账本的深入研读，我们不仅能发现问题，更能找到提升业绩的办法。

> **案例83-1：家居用品店的华丽转身**
>
> 让我们走进某家居用品店，看一下它的变革之旅，看看坪效分析如何助力其业绩腾飞。
>
> 这家位于城市郊区的家居店，原本以丰富的产品线和温馨的购物环境著称。然而，随着市场的竞争加剧，店主渐渐发现，店铺的一角总是格外冷清，坪效远低于其他区域。通过坪效数据分析，他们找到了症结所在——这个区域主打的是一些高端但较为小众的家居饰品，既不符合大多数顾客的购买习惯，也未能在视觉上形成足够的吸引力。
>
>
>
> 于是，一场变革悄然展开。

> 布局重构：他们将这个区域重新规划为"创意生活展示区"，精选了一系列设计感强、性价比高的家居小物，并巧妙地搭配成不同的生活场景，让人一眼看过去就能感受到如家一般的温馨与美好。
>
> 陈列革新：利用灯光、色彩和材质的变化，营造出层次分明的视觉效果。每一件商品都像是舞台上的演员，等待着与顾客的目光相遇。
>
> 互动体验：增设了互动体验区，邀请顾客亲手触摸、试用商品，甚至参与简单的DIY活动。这种沉浸式的购物体验，让顾客在享受乐趣的同时，也增加了购买的欲望。
>
> 几个月后，这个曾经冷清的角落变成了店铺的"网红打卡点"，坪效显著提升，带动了整个店铺的销售业绩。

坪效数据是评估门店经营效率的关键指标，它直接反映门店单位面积内的销售能力。坪效高，意味着门店的销售空间得到了有效利用，反之则表明存在空间浪费。因此，通过对坪效数据的分析，门店可以找出销售空间的利用不足，进而优化商品布局，提高销售业绩。

要进行坪效数据分析，首先需要收集门店各区域的销售额和销售面积数据。然后，通过计算各区域的坪效值，找出坪效较低的区域。具体分析方法如下。

（1）区域坪效对比：将门店划分为不同的销售区域，计算每个区域的坪效值，并进行对比。这有助于发现哪些区域的销售空间利用不足。

（2）时间序列分析：观察坪效数据随时间的变化趋势，以了解销售空间的利用效率是否有所提升或下降。

（3）商品布局分析：结合商品布局图，分析坪效低的区域是否存在商品布局不合理的问题。

基于坪效数据分析的结果，门店可以采取以下策略来提高坪效，步骤如下。

（1）调整商品布局：针对坪效低的区域，重新规划商品布局，确保热销商品和吸引消费者的商品占据显眼位置。

（2）优化陈列方式：通过改变商品的陈列方式和展示效果，吸引消费者，提高商品的销售转化率。

（3）引入新品或开展促销活动：在坪效低的区域引入新品或进行促销活动，以吸引更多消费者于此停留和购买。

||| 落地时刻

　　坪效数据分析，不仅是一串数字游戏，更是店铺管理者智慧的体现。它以数据为镜，照见店铺的真实面貌；以顾客为心，洞察他们的真实需求。现在，请你拿起这把钥匙，开启你店铺的坪效提升之旅吧！不妨先从收集店铺各区域的销售额和销售面积数据开始，一步步计算坪效值，找出那些"沉默的角落"。然后，结合商品特性与顾客需求，调整布局、优化陈列、引入新品或开展促销活动。每一次微小的改变，都可能成为推动门店业绩增长的重要力量。

**你的行动**

_____

_____

_____

_____

## 第84招

# 人效数据做分析，员工潜能好激励

　　在线下实体门店的运营中，员工管理和培训是至关重要的。如何更好地激发员工的潜能，提高他们的工作效率和服务质量，是门店业绩增长的关键。人效数据作为衡量员工工作效率的重要指标，对于门店运营的优化有着不可替代的作用。今天，我们就来聊聊如何通过人效数据分析，找到那把钥匙，解锁员工潜能，从而促进线下实体门店的业绩增长。

　　想象一下，如果每位员工的工作都能像精准的时钟一样，分秒不差地贡献着价值，那该有多理想。但现实往往并非如此，员工间存在着效率的差异，这些差异，正是人效数据所要揭示的秘密。人效，就是每位员工在单位时间内为门店创造的价值量。它不仅是一个数字，更是员工工作态度、技能熟练度、团队协作能力的综合体现。

通过对人效数据的细致分析，店主可以像侦探一样，抽丝剥茧，发现那些隐藏在日常运营中的"效率瓶颈"。比如，有的员工总是能够超额完成任务，而有的则显得力不从心。了解这些差异背后的原因，就如同找到了提升门店业绩的钥匙孔。

> **案例 84-1：从低谷到高峰的蜕变**
>
> 说起激励员工、提高人效的成功案例，不得不提曾经陷入困境的某餐饮连锁店。几年前，这家店的业绩持续下滑，员工士气低落，人效数据更是惨不忍睹。面对这样的困境，管理层没有放弃，而是决定从人效数据分析入手，寻找突破口。
>
>
>
> 他们首先进行了全面的数据分析，发现部分员工在销售技巧和服务态度上存在明显不足。于是，他们制定了针对性的培训计划，邀请行业专家授课，同时举办"销售之星"和"服务之星"评选活动，对表现优秀的员工给予物质和精神上的双重奖励。此外，他们还加强了团队建设活动，组织员工聚餐、户外拓展等，增强了团队凝聚力和协作能力。
>
> 几个月后，这家餐饮店发生了翻天覆地的变化。员工的工作效率和服务质量得到了显著提升，顾客满意度随之飙升。更重要的是，员工们的脸上重新绽放出了自信的笑容。门店业绩不仅止跌回升，还实现了稳步增长。

通过对人效数据的深入分析，门店可以找出员工工作效率低下的原因，制定针对性的激励措施，从而提高员工的工作效率和服务质量，推动门店业绩增长。

人效数据分析，听起来高深莫测，其实并不复杂。它就像是我们手中的放大镜，能帮助我们把问题看得更清楚、更透彻。进行人效数据分析，可以尝试以下几种方法。

（1）横向对比：看看同一岗位不同员工之间的效率差异，找出"效率之星"，同时也不忽视那些需要帮助的同事。

（2）纵向追踪：时间是最好的见证者。通过追踪员工工作效率的变化趋势，能发现哪些时段是员工的"黄金期"，哪些时段员工可能遭遇了"小低谷"。

（3）关联分析：业绩、客户满意度、员工满意度……这些看似独立的指标，实则相互关联。找到它们之间的纽带，就能更好地解决影响员工工作效率的问题。

知道了问题所在，接下来就要采取行动了。激励，就是那个能够点燃员工心中火焰的魔法棒。但激励并非盲目地给予奖励，而是要基于对人效数据的深刻理解和分析，制定出既公平又有效的策略。

（1）设定清晰目标：每一段伟大的旅程都始于一个清晰的目标。为员工设定明确、可达成的工作目标，让他们知道自己的方向在哪里，也知道自己的努力会换来什么。

（2）个性化培训：世界上没有两片完全相同的叶子，也没有两个完全相同的员工。针对每位员工的实际情况，提供个性化的培训和支持，帮助他们弥补短板，发挥长处。

（3）创新激励机制：奖励，是激励的重要组成部分。但奖励不限于金钱和物质，还有对员工的认可、尊重以及为其提供实现自我价值的机会。设立多样化的激励机制，让每一位员工都能积极地投入工作，在工作岗位上绽放光彩。

（4）营造良好氛围：一个充满正能量的工作环境，能够极大地提升员工的工作积极性和效率。加强团队建设，增进员工间的沟通与合作，让门店成为一个温暖的大家庭。

### ||| 落地时刻

现在，轮到你了。作为线下门店的经营者，你手中也握有提升业绩的钥匙——人效数据分析。不妨现在就行动起来，深入分析你门店的人效数据，找出那些隐藏在数字背后的真相。然后，根据分析结果制定出切实可行的激励制度，点燃员工心中的火焰，激发他们的潜能。每一位员工都是门店宝贵的财富，他们充分发挥自己的潜能，门店的业绩才能更好地增长。

你的行动

_____

_____

_____

_____

## 第85招

# 分析客单价，客户消费力来挖掘

客单价是衡量门店销售水平、顾客购买能力和市场营销策略效果的关键指标。它不仅能够反映客户的消费能力和消费习惯，更是门店业绩增长的主要驱动力。通过对客单价的深入分析，门店可以挖掘客户的消费潜力，进而提升整体销售业绩。今天，我们就来聊聊一个简单却有效的策略——通过客单价分析，挖掘并提升客户的消费力。

客单价，这个词比较专业，它的意思就是我们常说的"每位顾客平均花了多少钱"。别小看这个概念，它可是反映门店经营状况的镜子，它包含的数字直接反映顾客的购买力和消费习惯。

> **案例85-1：从数据到行动，服饰店的华丽转身**
>
> 某时尚服饰店，通过分析客单价，店主发现低消费顾客占比过高，于是决定调整商品结构。她购进了更多设计感强、品质上乘的服装，同时保留了一部分性价比高的基础款。这样一来，店里的商品既能满足追求品质的顾客，也没让预算有限的顾客望而却步。
>
>
>
> 开展促销活动是提升客单价的利器。但要注意的是，不能"一刀切"，而要因人而异。比如，针对高消费顾客，可以推出"会员日专享折扣"，让他们享受"特权"，感受到尊贵；而对于低消费顾客，则可以设置"满额赠品"或"积分换购"等优惠活动，激发他们的购买欲望。
>
> 会员制度不仅是一种优惠手段，更是一种情感连接。店主完善会员制度，为高消费会员提供了更多个性化的服务，如新品试穿优先权、生日专属礼物等。这些贴心的服务让会员感受到温暖，从而更加忠诚于店铺，也愿意在店内进行更多的消费。

> 上述策略在这家时尚服饰店得到了完美应用。起初，店铺面临着客单价低、顾客忠诚度不高的窘境。但经过一系列调整和优化，情况发生了翻天覆地的变化。高品质的商品吸引了更多追求时尚的顾客；精准的促销活动让顾客愿意花更多的钱；而完善的会员制度则让顾客成了店铺的忠实粉丝。
>
> 几个月后，该服饰店的客单价显著提升，销售业绩也实现了大幅度增长。更重要的是，门店形象和市场影响力得到了极大的提升。这一切的改变，均源于商家对客单价的深入分析和精准施策。

要进行有效的客单价分析，门店需要收集并分析销售数据，包括每位顾客的购买记录、消费金额等。具体分析方法包括下面几项。

（1）平均客单价计算：统计一段时间内所有顾客的消费金额，除以顾客数量，得出平均客单价。这有助于门店了解顾客的整体消费水平。

（2）客单价分布分析：将顾客按照消费金额进行分组，观察不同消费水平的顾客占比。这有助于门店识别高消费和低消费顾客群体，为制定差异化营销策略提供依据。

（3）消费频次与客单价关联分析：研究顾客的消费频次与客单价之间的关系。一般来说，消费频次高的顾客往往客单价也高。门店可以想办法增加顾客的消费频次来提升客单价。

基于客单价分析的结果，门店可以采取以下策略来挖掘客户消费力。

（1）商品组合优化：针对高消费顾客群体，门店可以提供更多高品质、高价值的商品和服务，以满足他们的消费需求。对于低消费顾客群体，门店可以提供性价比更高的商品，以吸引他们进行更多消费。

（2）促销活动策略：通过举办促销活动，如满减、折扣、赠品等，刺激顾客增加消费量，从而提高客单价。门店可以根据不同的顾客群体制定差异化的促销策略。

（3）完善会员制度：建立完善的会员制度，对高消费顾客提供更多优惠和服务，如积分兑换、会员专享折扣等，以增强顾客的忠诚度和消费黏性。

### ||| 落地时刻

亲爱的店主朋友们，客单价分析是洞察顾客需求、优化经营策略的重要工具，现在，请开始你的客单价分析之旅吧。通过深入了解顾客的消费行为和习惯，制定出更符合市场需求的营销策略，最终使门店提升整体销售业绩并满足不断变化的市场需求。

**你的行动**

_____
_____
_____
_____

第 9 章

# 员工
## ——不用 PUA 员工，也会拼命来打工

员工的优异表现是线下实体门店业绩增长的关键因素。优秀的员工管理不仅能提升员工的工作效率和服务态度，还能增强团队凝聚力。实体门店经营过程中，员工状态直接影响顾客体验，令顾客满意的员工能创造愉悦的购物氛围，从而吸引更多顾客。本章从 12 个角度阐述如何让员工长期保持优异的工作状态。

## 第86招

# 最好的销售服务,就是最好的销售

在线下实体门店的运营中,员工的服务态度和销售能力往往决定着门店的业绩。然而,在员工管理中,我们经常会面临一个问题:服务重要还是销售重要?这其实并不是一个选择题,而是一个主观题。服务的目的就是销售;若想成功销售,则离不开高质量的服务。换句话说,服务与销售是相辅相成的,它们共同构成门店的客户体验体系。

走进一家店铺,迎接我们的,往往不是琳琅满目的商品,而是店员那温暖的笑容和贴心的问候。这一刻,服务,已悄然拉开序幕。在很多人眼里,服务和销售似乎是两条平行线,但在真正的商业世界里,它们却是紧密相连、相互成就的。

**案例 86-1:**

想象一下,当你走进一家咖啡馆,服务员不仅为你推荐了当季的特色饮品,还细心询问你的口味偏好,甚至在你翻阅菜单时,已经悄悄为你准备了一份个性化的搭配建议。这样的服务,怎能不让人心生暖意,又怎能不促成一次愉快的交易呢?

**案例 86-2:**

服务的真谛,在于"从心出发"。这不是一句空洞的口号,而是每一个优秀销售员内心的真实写照。以一家历史悠久的书店为例,那里的店员不仅是书籍的搬运工,更是文化的传播者。他们会根据顾客的兴趣爱好,推荐那些或许连顾客自己都未曾发现的好书。这样的服务,不仅让顾客满载而归,更让顾客的心灵得到了滋养。

这种服务背后的逻辑其实很简单：真正的销售，不是强买强卖，而是帮助顾客解决问题，满足他们的需求。当销售员能够站在顾客的角度思考问题，用真诚和专业去服务时，销售就变得水到渠成了。

那么，如何让员工保持销售员状态，提供最优质的服务呢？这需要从员工的角色认知入手。员工应该认识到，销售并不仅仅是推销产品，而是满足顾客的需求，提供解决方案。每一次销售，都应以顾客为中心，持续为顾客创造价值。因此，员工在服务过程中，要始终保持敏锐的洞察力，发现顾客的需求和痛点，并针对性地提供解决方案。这样，服务自然就能转化为销售。

**案例 86-3：**

> 以某知名家居用品店为例，他们的员工在服务过程中，不仅会详细介绍产品的特点和优势，还会根据顾客的实际需求和家居风格，提供个性化的搭配建议。这种以顾客为中心的服务理念，不仅提升了销售业绩，还赢得了顾客的高度赞誉。许多顾客在购物后表示，他们更看重的是员工的专业建议和贴心服务，而不仅仅是产品本身。

除了提升员工的角色认知水平，门店还可以通过培训和激励机制，进一步强化员工的销售意识。例如，可以定期组织开展对员工销售技巧和服务态度的培训，让员工掌握更多的专业知识和技能。同时，通过设置销售业绩目标和相应的奖励机制，激发员工的工作热情和积极性。

此外，门店还可以从企业文化和团队建设入手，营造积极向上、团结协作的工作氛围。当团队具有凝聚力，员工感受到企业的关怀时，他们自然会更加投入地工作，以销售员状态去服务每一位顾客。

当然，要让员工保持销售员状态并不是一蹴而就的事情。这需要门店持续地投入时间和精力去培养、去激励。但只要坚持不懈地努力，相信员工的销售员状态一定会成为推动门店业绩增长的重要力量。

在实际案例中，我们可以看到许多成功的线下实体门店都注重培养员工的销售员状态。他们通过优质的服务和专业的销售技巧赢得了顾客的信任和喜爱。这些门店的业绩持续增长不仅得益于产品的质量和创新也离不开员工的努力和付出。

### ||| 落地时刻

结合你线下门店产品或服务的特点，培训并激励员工吧，切实做到让员工以销售员状态去服务每一位顾客，员工在上班时间提供优质的服务，还能让顾客在消费离店后依然想念这种专业的服务和贴心的关怀。这种持续的影响力将为门店带来更多的回头客和口碑传播，从而实现业绩的持续增长。

**你的行动**

___

___

___

___

## 第 87 招

# 让利的钱给员工，激发员工积极性

在市场竞争激烈的今天，线下实体门店为了吸引顾客，经常开展各种打折促销活动。这些促销活动往往都是将优惠直接给到顾客，以期通过价格优势来换取销量。但你有没有想过，如果我们改变一下策略，不将这部分优惠直接给顾客，而是奖励给员工，会是什么样的效果呢？

当你走进一家店铺，满眼的"打折""促销"标语固然能吸引你驻足，但真正让你决定购买的，往往不是那几块钱的优惠，而是店员真诚的笑容、专业的介绍和贴心的服务。那么，为什么我们不将这份原本打算直接给顾客的"甜头"，转而赠予那些用笑容和汗水为顾客服务提供购物体验的伙伴呢？

让利给员工，而非顾客，这一策略看似简单，实则蕴含着深远的管理智慧。员工是门店运营的核心力量，他们的工作态度、服务质量和销售能力直接影响着门店的业绩。因此，将原本用于促销的优惠转为对员工的奖励，不仅能激发员工的工作热情，还能有效提升门店的整体业绩。

**案例 87-1：激发内在动力，业绩悄然攀升**

小李是某精品服饰店的资深销售员。平日里他总是以饱满的热情迎接每一位顾客，但面对日益激烈的市场竞争和顾客越来越挑剔的眼光，他也感到了一丝疲惫。直到店里实施了一项新政策——将部分促销预算转为员工业绩奖励。每当小李成功促成一笔交易，特别是推荐了店内的明星产品时，他都能获得一笔奖金。这份意外的收获，如同春日里的一缕阳光，点燃了他心中的热情。小李开始更加主动地学习产品知识，优化服务流程，甚至下班后还主动研究顾客的购买心理。几个月下来，他的个人业绩翻了一番，整个店铺的销量水涨船高。

小李的故事，在店里迅速传开，成为一段激励人心的佳话。员工们开始意识到，自己的努力与门店的繁荣息息相关，每一次的成功推销，都是对自己价值的最好证明。这种正向的反馈循环，不仅提升了员工的工作积极性，更在无形中增强了他们的忠诚度和归属感。他们开始像守护自己的家园一样，为门店的每一个细节操心，为顾客提供更加贴心、专业的服务。在这样的氛围中，门店的顾客满意度显著提升，回头客越来越多，口碑效应也逐渐显现。

在实际操作中，我们可以根据员工的销售业绩、服务态度等来设定奖励标准。例如，可以设定不同层次的销售目标，员工达到或超越目标即可获得相应的奖金或其他形式的奖励。同时，门店还可以定期组织优秀员工评选活动，对表现突出的员工进行表彰和奖励。

除了直接的物质奖励外，门店还可以考虑为员工提供更多的培训和发展机会。这样不仅能提升员工的专业技能和知识水平，还能让他们感受到公司对员工个人成长的重视和支持。这种全方位的激励机制将有助于员工实现自我价值，同时为门店创造更大的价值。

当然，让利给员工的策略也需要根据门店的实际情况进行灵活调整。要确保奖励机制的公平性和透明度，避免出现内部矛盾和不公平现象。同时，门店还要关注市场动态和顾客需求的变化，及时调整销售策略和奖励机制以适应市场变化。

### 落地时刻

亲爱的店主们,如果你正在为如何提升门店业绩而烦恼,不妨尝试一下将让利的钱转给员工这一策略。这不仅是一种管理智慧的体现,更是一种对人性深刻洞察后的明智选择。员工是门店最宝贵的财富,他们的笑容、专业和努力,是任何打折促销活动都无法替代的。当你将这份温暖和激励传递给员工时,你会发现,门店的业绩增长,其实比想象中来得更加轻松和持久。

**你的行动**

_____

_____

_____

_____

## 第88招

# 做好迎宾咨客揽客员,进店人数立飙升

线下实体门店如同城市中的温暖港湾,静静地等待着每一位过客的光临。而站在那扇门前的员工,就像一道风景,他们的每一个微笑、每一句问候,都在讲述着门店的故事,编织着顾客与店铺之间最初的缘分。今天,我们就来聊聊这些看似微小却至关重要的角色—0—迎宾员、咨客员、揽客员,看看他们是如何以不同的身份,让进店客人数量飙升的。

小小岗位,大大不同。走进任何一家门店,最先映入眼帘的往往是站在门口的那位员工。他们有的被称为"迎宾员",用温暖的笑容和亲切的问候,为每一位踏入店门的顾客拂去尘世的疲惫;有的则被称作"咨客员",他们不仅承担了迎宾的职责,更像是一位贴心的向导,耐心解答顾客的每一个疑问,用专业的知识为顾客的购物之旅保驾护航;更有甚者,他们被称为"揽客员",他们的眼神闪烁着热情与智慧,仿佛有魔力一般,能将路过的行人一一吸引进店,成为店内亮丽的风景。

## 第9章 员工——不用PUA员工，也会拼命来打工

这些不同的命名和定位，实际上反映了门店对于服务质量和客户体验的不同追求。一个迎宾员可能只给顾客留下浅显的印象，而一个咨客员或揽客员则更有可能与顾客建立深层次的互动和联系。这种深层次的互动不仅能够提升顾客满意度，还能有效促进门店的销售业绩增长。

### 案例88-1：从平凡到非凡的蜕变

在一条热闹非凡的美食街上，有一家不起眼的火锅店，起初此店门可罗雀，但自从店里招来了一位揽客员小李替换之前的迎宾后，一切悄然发生了变化。小李不仅长相讨喜，更有一副好口才和一颗敏锐的心。他总能准确捕捉过往行人的微妙表情，用恰到好处的幽默和真诚的推荐，将那些原本只是匆匆路过的行人吸引进店。

有一次，一对年轻情侣被小李的热情打动，决定进店一试。小李根据他们的口味偏好，精心推荐了几道特色菜品，并细心安排了座位。那一晚，这对情侣不仅享受了一顿美味的火锅，更被小李无微不至的服务深深打动，从此成了这家火锅店的常客，还主动在朋友圈里分享了他们的美好体验，吸引了更多朋友前来光顾。

为什么仅仅是岗位名称的改变，就能带来如此显著的变化呢？这背后，其实是门店对顾客体验的深刻理解和不懈追求。迎宾员，是对顾客最基本的尊重与欢迎；咨客员，则是在此基础上，通过提供专业咨询服务提升顾客满意度；而揽客员，则是一种更高层次的服务理念。它要求员工不仅要会"守株待兔"，还要学会"主动出击"，用智慧和汗水为门店赢得更多客源。这种命名方式，不仅让员工更加明确自己的职责和目标，也激发了他们的工作热情和创造力。某品牌火锅店揽客员曾坦言，自从成为揽客员后，他感到自己与门店的命运紧密相连，每一次成功吸引顾客进店，都是对自己工作最大的肯定。

当然，仅仅改变岗位的命名和定位是远远不够的。为了充分发挥这一岗位的作用，门店还需要对员工提供相应的培训和支持。例如，定期对员工进行销售技巧、产品知识和沟通能力的培训，以确保他们能够胜任新的角色和职责。同时，门店还需要建立一套完善的激励机制，以鼓励员工更好地发挥自己的潜

能和创造力。

||| 落地时刻

　　现在，是时候重新审视你门店门口的员工了。根据你门店的产品特性和服务需求，为员工量身定制合适的岗位名称和职责范围。同时，加强培训和激励力度，让员工成为门店最亮丽的名片和最有能力的推销员。不要忽视门店门口那个小小的职位，此岗位上员工的每一个微笑、每一句问候、每一次主动出击，都可能促进门店业绩增长。

> 你的行动

---
---
---
---

## 第89招

# 员工干得好，即时奖励不可少

　　在线下实体门店的运营中，员工的工作态度和工作效率直接影响门店的业绩。为了激发员工的工作热情，提升他们的工作效率，许多门店都会采取各种奖励措施。然而，奖励的时机和方式对于激励效果的影响至关重要。即时奖励，作为一种快速、直接的激励方式，近年来深受实体门店管理者的青睐。

　　即时奖励，顾名思义，就是在员工做出优秀表现后立即给予的奖励。这种奖励方式的好处显而易见：它能够让员工立刻感受到自己的努力得到了认可，从而增强工作动力，提高工作效率。与此同时，即时奖励还能够营造一种积极向上的工作氛围，激发其他员工的竞争意识，进而提升整个团队的工作效能。

　　想象一下，当你刚刚用心完成了一项复杂的工作，或是用贴心的服务和耐心的解答赢得了顾客的称赞，这时，如果有一位同事或上司走过来，轻轻地拍拍你的肩膀，对你说："干得漂亮，这是给你的奖励。"那份突如其来的喜悦，是不是能瞬间驱散疲惫，让你的心田泛起层层涟漪？这就是即时奖励的魅力——它像一股清泉，在员工最需要的时候给予滋润，使工作变得更有动力和意义。

### 案例89-1：一杯咖啡的温度

有一家温馨的小咖啡馆，这里是"即时奖励"理念的最佳实践场。这家咖啡馆以其独特的咖啡文化和贴心的服务闻名遐迩。店长李明深知，员工是咖啡馆的灵魂，只有让员工快乐，才能让顾客感受到更多的温暖。

于是，李明设计了一套简单而有效的即时奖励机制。每当员工完成一次出色的服务，比如为顾客推荐了一款心仪的咖啡并得到了好评，或者在忙碌的时段依然保持微笑与耐心，李明就会亲自送上一杯特制的"感谢咖啡"，并附上一张手写的小卡片，上面写着："你的笑容，比咖啡更甜。"

起初，员工们以为这只是个小小的惊喜，但随着时间的推移，他们发现这份即时的认可与奖励，如同冬日里的一缕阳光，温暖而明亮。有了这份奖励，大家更加积极地投入工作，相互之间也形成了良性的竞争与合作氛围。咖啡馆的业绩因此稳步提升，而这一切，都源于那杯"感谢咖啡"。

那么，即时奖励为何具有如此强大的激励效果呢？首先，即时奖励满足了人们内心的即时满足感。当员工做出优秀表现时，他们渴望得到及时的认可和奖励。这种即时的正向反馈能够迅速强化员工的积极行为，使他们更加明确自己的工作目标和方向。其次，即时奖励有助于提高员工的自我价值感。员工在获得奖励的同时，会感受到自己对于门店的价值和贡献得到了认可，从而更加珍惜自己的工作机会，努力提升自己的工作表现。

此外，即时奖励还有助于营造门店内部的良性竞争氛围。当员工看到其他同事因为优秀表现而获得奖励时，他们会受到激励，努力提升自己的工作水平，以期获得同样的认可。这种良性竞争不仅能够提升员工的工作效率，还有助于培养团队合作精神，增强门店的整体竞争力。

然而，要想让即时奖励发挥最大的激励作用，门店管理者需要注意以下几点：首先，奖励要公平公正，避免主观偏见。只有确保奖励的公正性，才能让员工真正感受到自己的努力得到了认可。其次，奖励要及时且适度。过晚或过小的奖励都会削弱激励效果，甚至让员工产生不满情绪。因此，门店管理者要密切关注员工的工作表现，及时给予恰当的奖励。最后，奖励形式要多样化。除了现金奖励外，还可以考虑提供优惠券、小礼品、晋升机会等形式的奖励，以满足员工多样化的需求。

### ||| 落地时刻

现在请结合你线下门店产品及服务的特点，制定专属于你线下门店的即时奖励策略。即时奖励不仅是一种管理手段更是一种情感的传递。当你用心去设计、去实施这份奖励时，你收获的将不仅仅是业绩的提升，更是员工由衷的开心与感激。让我们一起努力让即时奖励成为门店业绩增长的不竭动力吧！

**你的行动**

___

___

___

___

## 第90招

# 设置一个创富岗，即使下班也不跑

在线下实体门店的经营中，如何有效激励员工，提升他们的工作积极性和工作效率，一直是管理者们关注的焦点。而"创富岗"这一策略的提出，为门店的员工激励制度创新提供了新的思路。通过设置创富岗，门店不仅能够激发员工的内在动力，还能使员工与门店之间建立起更加紧密的共赢关系，使二者成为利益共同体，从而促进门店业绩的持续增长。

## 第9章 员工——不用PUA员工，也会拼命来打工

创富岗，顾名思义，就是为员工提供一个在正常工作之外创造财富的机会。这一策略的核心目的是让员工在完成本职工作的同时，能够通过额外的努力获得更多的收入。这种模式的实施，不仅能够增加员工的收入，还能提高员工对门店的归属感和忠诚度，进一步推动门店的发展。

想象一下，结束了一天忙碌的工作，大多数人或许会选择回家休息，与家人共度时光，或是花时间追求个人的兴趣爱好。但在某些门店里，却有一群人，他们选择留下来，不是因为被强制加班，而是因为这里有一个特别的舞台——创富岗，一个让他们在工作之余也能创造更多价值的平台。

### 案例90-1：餐饮店的"夜归人"

在一条繁华的街道上，有一家口碑极佳的连锁餐厅。每当夜幕降临，大多数食客散去，餐厅内却多了一群"夜归人"。他们不是夜班员工，而是自愿留下的白天班同事。原来，餐厅为了激励员工，特别设立了"夜场助力"创富岗。在这个岗位上，员工可以在晚餐高峰后，根据自己的时间安排，参与夜间营业的准备工作、接待

少量晚到的客人或是协助外卖打包。每完成一项任务，都能获得额外的报酬。

小李是餐厅的前台服务员，他利用晚上空闲时间，积极参与夜场助力，不仅增加了收入，还结识了许多夜归的食客，收获了满满的成就感。他说："以前下班就回家，现在觉得在餐厅多待一会儿也挺有意思的，还能多赚点钱，何乐而不为呢？"

### 案例90-2：烘焙店的"甜蜜使者"

转角处的烘焙店，总是散发着诱人的香气。这家小店有个不成文的规矩，那就是鼓励所有员工成为"甜蜜使者"，利用自己的社交圈推广店里的蛋糕和甜点。无论是店员、面包师还是办公室文员，只要成功推荐朋友或客户预订蛋糕，就能获得一笔可观的提成。

张阿姨是店里的资深服务员，她平日里乐于助人，自从知道了店里

> 这项销售措施后，更是乐此不疲地向亲朋好友推荐店里的新品。她说："每次看到朋友们因为喜欢我的推荐而来店里，我就特别开心，而且还能有额外的收入，真是两全其美。"

创富岗的设置对于线下实体门店业绩的持续增长具有重要意义。首先，它打破了传统的固定薪酬模式，让员工有机会通过额外的努力获得更高的收入。这种激励机制能够有效地提升员工的工作积极性和工作效率，进而推动门店业绩的增长。其次，创富岗增强了员工的归属感和忠诚度。当员工意识到自己的努力与门店的业绩紧密相关时，他们会更加珍惜这份工作，并愿意为门店的发展贡献自己的力量。最后，创富岗还能帮助门店拓展业务渠道和增加销售额。通过员工的积极参与和推广，门店的产品和服务能够触达更多的潜在客户，从而实现业绩的持续增长。

然而，要想成功实施创富岗策略，门店需要注意以下几点：一是要确保创富岗的工作内容与员工的本职工作不冲突，避免影响正常的业务运营；二是要制定合理的计费标准和提成比例，以确保员工的收入与他们的付出相匹配；三是要建立完善的考核和激励机制，以激发员工的参与热情并保障他们的利益。

### ||| 落地时刻

结合你线下门店的产品或服务的特点，合理设置一个或者若干个专属于你门店的创富岗，通过激发员工的工作积极性和创造力，提升门店的业绩和竞争力，为门店的长期发展和业绩增长注入新的活力。创富岗不仅仅是一个增加收入的机会，更是一个让员工与门店共同成长、共享成果的舞台。当你用心打造好这个舞台时，你会发现，即使下班铃声响起，员工们依然愿意留在这里，与你一起打拼，创造更多的可能。

**你的行动**

_____
_____
_____

第9章 员工——不用PUA员工，也会拼命来打工

第91招

# 精神奖励证书，效果更胜物质

在线下实体门店的运营管理中，员工激励是提升门店业绩和团队凝聚力的关键环节。通常，我们会通过物质奖励来肯定员工的努力和成绩，然而，有时候精神奖励的效果远胜物质上的回馈。特别是在当今这个物质充裕，人们精神需求日益增长的社会，给员工发奖杯、发证书这样的精神奖励，往往能够更深入地激发员工的工作热情。

以"证书""奖杯"为策略的精神奖励，指的是通过颁发各种形式的证书，来表彰员工在工作中的优异表现。这些证书可以是"最佳销售员""顾客满意度之星""创新贡献奖"等，旨在从不同角度认可和鼓励员工的努力和成果。与一次性的物质奖励相比，证书具有更强的持久性和象征意义，能够让员工长时间感受到门店的认可和尊重。

想象一下，当你走进一家服饰店，里面有琳琅满目的衣物，最吸引你目光的或许不是那些精心陈列的商品，而是墙上那条"星光大道"。那里，一张张笑脸与荣誉证书交相辉映，它们讲述着每一位员工的努力与汗水，也彰显着这家店对人才的珍视与尊重。这就是某连锁服饰店"星光大道"计划的魅力所在。

### 案例91-1：星光下的荣耀

这家服饰店，从不起眼的角落到成为街区上的明星店铺，转变的秘诀之一，就是这套别出心裁的激励机制。每个月末，店里都会举行一场简朴而不失庄重的表彰大会。不是简单的发红包，而是根据销售业绩、顾客反馈、团队协作等多个维度，评选出"最佳销售员""顾客满意度之星""创新小能手"等奖项，并为获奖员工颁发精心设计的荣誉证书。

这些证书，不仅仅是几张纸的集合，它们承载着员工的汗水与泪

233

> 水，记录着他们每一次挑战自我的瞬间。每一张证书背后，都有一个关于成长、关于坚持、关于超越的故事。当小李接过"最佳销售员"的证书时，她的眼中闪烁着泪光，那是被看见、被认可的幸福的眼泪。而这份荣耀，也成了她继续前行的强大动力。
>
> 　　这项计划实施后，员工们工作热情高涨，他们不仅努力提升自己的销售业绩，还积极参与店内的各项活动，争取获得荣誉证书。店内的工作氛围更加积极向上，员工之间形成了良性的竞争，他们共同为门店的业绩增长贡献力量。

精神奖励之所以能够有效激励员工，主要有以下几个方面的原因。

首先，精神奖励满足了员工被认可和被尊重的心理需求。每个人都希望自己的工作得到他人的肯定和赞赏，这种心理上的满足感能够极大地提升员工的工作积极性和自信心。当员工看到自己的名字和荣誉被展示在公众视野中，他们会感到无比自豪和骄傲，从而更加珍惜这份工作，并努力保持和提升自己的表现。

其次，精神奖励具有更强的持久性和影响力。物质奖励往往是一时的，而精神奖励则可以长时间地留在员工的记忆中，甚至成为他们职业生涯中的宝贵财富。每当员工回顾自己的工作经历时，这些荣誉证书都会成为他们骄傲的资本，激励他们继续前行。

最后，精神奖励有助于塑造企业文化和增强团队凝聚力。通过公开表彰优秀员工，企业能够明确传递出自己的价值观和期望，引导其他员工向榜样学习。同时，这种正面的激励方式也有助于营造积极向上的工作氛围，增强团队的凝聚力和战斗力。

### ||| 落地时刻

精神奖励有时比物质奖励更能激发员工的潜能与热情。因为，在这个时代，人心的力量是无价的。让我们用爱与尊重，点亮每一位员工的星光之路，共同创造更加辉煌的业绩篇章。现在，请拿起笔来，结合你门店的实际情况，制定一套切实可行的精神奖励方案吧。让精神奖励成为推动门店发展的强大动力，让每一位员工都成为你门店最闪耀的明星。

**你的行动**

第 9 章　员工——不用 PUA 员工，也会拼命来打工

_____
_____
_____

第92招

# 员工名字来命名，有利团结又有名

在线下实体门店的运营管理中，团队凝聚力和员工对门店的归属感是至关重要的。一个具有强大凝聚力的团队，能够更好地协同工作，提供优质的服务，从而推动门店业绩持续增长。今天，我想分享一招既简单又具实效的团队建设秘诀：用员工的名字给团队命名，这不仅能让团队更加团结，还能让员工感受到前所未有的归属感，为门店业绩的增长注入不竭的动力。

案例 92-1：

故事得从一家温馨的咖啡馆说起。这家咖啡馆坐落在城市一隅，虽然所处位置不算繁华地段，但因其独特的氛围和贴心的服务，赢得了众多顾客的喜爱。咖啡馆的老板李先生，是个细心且具有远见的人。他深知，在这样一个快节奏的社会里，团队的凝聚力和员工的归属感是维系顾客忠诚、保持竞争力的关键。于是，他大胆尝试

了一种新颖的团队建设方式——以员工的名字来命名不同的工作小组。

比如，负责咖啡烘焙的师傅名叫张晨光，他的小组就被亲切地称为"晨光烘焙队"。每天清晨，阳光照进店铺，张晨光和他的队友们就开始忙碌起来，他们用心烘焙每一粒咖啡豆，仿佛在为整个咖啡馆注入新的一天的活力。小组名字，不仅是对张晨光技艺的认可，更是对他及团队

235

成员辛勤付出的肯定。每当有顾客夸赞咖啡香浓时,张晨光和队友们的脸上总会洋溢着自豪的笑容,那是一种难以言喻的成就感和归属感。

同样,负责顾客服务的团队中,有一位热情开朗的领班叫王丽。她的服务团队被命名为"丽人服务队"。王丽和她的团队总是以最温暖的笑容、最贴心的服务迎接每一位走进咖啡馆的顾客。她们团队的名字就像一道亮丽的风景线,让顾客在享受美味咖啡的同时,也感受到了如家般的温暖。渐渐地,"丽人服务队"成为咖啡馆的一张名片,吸引了更多顾客光顾。

这样的命名方式,不仅让员工们感受到了前所未有的荣誉感和使命感,还极大地增强了团队的凝聚力和向心力。大家开始更加主动地交流工作经验,相互学习,共同进步。每当遇到困难或挑战时,团队成员总是能够迅速集结,共同面对,因为他们知道,他们不仅仅是在为自己而战,更是在为那个以他们名字命名的团队而战。

除了提升团队凝聚力和增强员工归属感外,这种命名方式还意外地带来了品牌传播的效应。每当顾客在社交媒体上分享自己在咖啡馆的愉快经历时,总会不自觉地提到这些富有特色的团队名字。这些名字就像是一个个生动的标签,让咖啡馆在众多竞争者中脱颖而出,吸引了更多潜在顾客的关注。

更重要的是,这种命名策略激发了员工的创造力。他们开始主动思考如何通过自己的努力,让团队的名字更加响亮,让咖啡馆的品牌更加深入人心。于是,我们看到了更多富有创意的服务项目、更加精致的咖啡饮品……这些点点滴滴的改变,汇聚成了咖啡馆不断向前发展的强大动力。

当然,在实施这一策略时,也需要注意一些细节。首先,要确保员工对自己的名字被用作团队名称表示同意。其次,要避免使用可能引发争议或误解的名字。最后,要确保这种命名方式不影响团队工作的正式性和专业性。

为了进一步巩固这一策略的效果,门店还可以结合其他激励措施,如设立团队奖励、提供培训机会等,以全面提升员工的工作积极性和满意度。同时,门店也可以定期举办团队建设活动,加强团队成员之间的沟通和协作能力,共同推动门店业绩的持续增长。

综上所述,用员工的名字来命名团队是一种富有创意和实效的管理策略。它不仅能够增强团队的凝聚力和员工的归属感,还能提升门店的品牌形象和知名度。对于线下实体门店来说，这种策略有助于创造一种积极向上、团结协作的工作氛围，从而推动业绩的持续增长。因此，值得更多的门店管理者去尝试和推广。

在实际操作中，这种命名策略也可以与其他管理方法相结合，形成一套完整的员工激励和团队建设体系。例如，可以结合目标设定和绩效考核，为每个团队设定明确的目标和奖励机制。当团队完成或超越目标时，可以给予相应的奖励，进一步激发员工的工作热情和团队精神。

此外，这种命名策略还有助于培养员工的自主性和创新性。当员工意识到自己的名字与团队建设紧密相关时，他们会更加珍惜这份工作，并努力为团队的发展出谋划策。这种自下而上的创新力量，能够为门店带来更多的发展机遇和竞争优势。

### ||| 落地时刻

结合你店的管理实践，看能否把某个团队或者某个片区，用负责人名字命名，通过此举增强团队的凝聚力和员工的归属感，激发员工的工作热情和创新能力，以此推动门店业绩增长和团队建设。

**你的行动**

_____
_____
_____
_____

## 第93招

# 工装设计有讲究，员工下班也爱穿

工装不仅是员工的制服，它还是企业灵魂的外在表达，是品牌故事的低语，更是员工每日心情的晴雨表。然而，许多时候，我们看到员工着工装更像是行走的广告牌,缺乏温度与个性,员工在工作之后总迫不及待地脱下。那么,如何打破这一常规,设计出既彰显企业特色,又让员工爱不释手的工装呢?

先明确一点:最好的工装,是能够让员工在下班后都乐于穿的衣服,而不仅仅是企业的"广告衫"。这样的工装设计,需要兼顾实用性、舒适性和时尚性。

### 案例93-1:咖啡香里的时尚宣言

想象一下,走进一家弥漫着浓郁咖啡香的小店,店内每位员工都身着设计感十足的工装,他们面带微笑,举止间透露出一种难以言喻的优雅与自信。这家知名咖啡店,便是工装设计的典范。他们的工装,简约而不失格调,色彩选择与品牌Logo相呼应,温暖而充满活力,让人一眼便能感受到品牌的温度。

工装的剪裁恰到好处,既不过于紧绷束缚,也不显得松垮无型,为每位员工量身定制。面料选择上,他们摒弃了传统工装沉闷的面料,转而采用柔软透气的材质,即使是在忙碌的午后,员工的皮肤也能保持干爽舒适。更令人称道的是,这家工装还融入了诸多贴心的细节设计,如多功能的口袋便于存放小物件,精致的纽扣和领口设计则增添了几分时尚感。

员工们穿着这样的工装,不仅提升了工作效率,更在无形中提升了个人形象,他们自豪地向顾客展示着这份来自品牌的荣耀。更令人意想不到的是,许多员工在下班后依然选择穿着这身工装,它成了员工日常穿搭的一部分。

案例中这样的工装设计,不仅提升了员工的职业形象,更激发了他们的工作热情。员工们纷纷表示,穿着这样的工装工作让他们感到自豪并有归属感,即使是在下班以后,员工也愿意继续穿着它,这无疑为品牌带来了更多的曝光机会。

那么,如何设计出这样的工装呢?5步打造员工心中的"时尚单品"。

（1）倾听员工的心声：设计之初，不妨先放下老板的身份，坐下来与员工们聊聊。问问他们喜欢什么样的颜色、款式，对现有的工装有哪些不满意的地方。记住，工装是为员工设计的，他们的意见至关重要。通过这种方式，你能更准确地把握员工的喜好，为后续的设计提供方向。

（2）舒适度，永远的优先级：工装不是时装秀上的华服，它要陪伴员工度过每一个忙碌的日子。因此，必须把舒适性放在首位。选择面料时，要考虑到透气性、吸汗性以及耐穿性，确保员工在长时间穿着后依然感到舒适自在。剪裁也要尽量合身。

（3）时尚与实用并重：在保持工装整体风格统一的前提下，适当地融入一些时尚元素。比如，采用流行的色彩搭配、独特的图案设计或是别出心裁的剪裁方式。同时，也要确保工装的实用性，如设置足够的口袋、安装耐用的拉链等，让员工在工作中穿着它得心应手。

（4）细节之处见真章：工装虽小，但细节之处往往能体现设计的用心。从纽扣的选择到领口的设计，从袖口的长度到衣摆的剪裁，每一个细节都值得仔细推敲。精致的细节设计，不仅能提升工装的整体品质，还能让员工感受到店家的关怀与尊重。

（5）与时俱进，不断更新：时尚潮流瞬息万变，工装设计也应紧跟时代步伐。定期更新工装款式，避免视觉疲劳。不断更新工装款式，不仅使员工能保持工作的热情和参与度，还能为店铺注入新的活力，吸引更多顾客的关注。

### ▍落地时刻

不妨从现在开始，重新审视你的工装。站在员工的角度去思考、去设计，让工装成为你门店业绩增长的新动力。记住，优秀的工装设计不仅能够提升员工的幸福感和归属感，还能抓住更多顾客的眼球，促进业绩增长。

**你的行动**

_____

_____

_____

_____

## 第94招

# 员工命名的新产品，销量当天第一名

在实体店运营的日常里，经营者的每一分努力都像精心培育花朵，店里业绩长虹，便是花朵绽放的时刻。而如何点燃员工心中的那团火，让他们的热情与创造力成为推动门店业绩增长的不竭动力，是每一位管理者都应思考的问题。今天，我们就来聊聊一个既温暖人心又效果显著的策略——让员工为自己的产品命名。

> **案例 94-1：从归属感到市场认可**
>
>
>
> 以某知名餐饮品牌为例，他们在研发新品时，决定尝试一种全新的方式——让负责研发这款新菜品的员工为自己创新的产品命名。这一举措立刻激发了员工的创造力和热情。员工纷纷为自己的"作品"起了一个个富有创意和个性的名字，如"小李飞刀烤鱼""张师傅秘制牛肉"等。
>
> 新品上市当天，命名产品的员工小李和张师傅等人对自己的"专属"产品充满了自豪感。他们不仅在服务过程中大力推荐自己的菜品，还主动向顾客介绍菜品的独特之处和烹饪心得。这种真挚的热情和专业的推荐，使顾客对新品产生了浓厚的兴趣，纷纷下单品尝。
>
> 结果，其中一款由员工命名的产品在上市当天就创下了销量佳绩，成为当日的销量冠军。员工们看到自己的努力得到了市场的认可，工作积极性更加高涨，团队的凝聚力和向心力也得到了显著提升。

员工命名产品策略的成功，并非偶然。它深刻地体现了管理中的一种智慧——赋能员工，让他们成为企业发展的重要驱动力。

首先，这种策略让员工感受到了前所未有的归属感和责任感。他们不再仅仅是策略的执行者,还是产品的创造者和推广者。这种角色的转变,让他们更加珍惜自己的工作成果,也更加愿意投入时间和精力去完善和提升产品品质。

其次,员工命名产品策略有助于赋予产品个性化和差异化。在市场竞争激烈的今天,如何让产品于同类商品中脱颖而出,成为消费者的独特选择,是每一家产品制造商、经销商都需要思考的问题。员工命名为产品注入了更多的人文情感元素,使得每一个产品都成为独一无二的"艺术品"。这种人文性和独特性,无疑能够吸引更多消费者关注和喜爱。

再者,这种策略还促进了团队成员之间的合作与交流。在命名过程中,员工之间需要相互协作、集思广益,共同赋予产品一个合适的名字。这种团队合作的工作氛围不仅增进了员工之间的友谊和信任,还培养了大家的集体荣誉感和归属感。当看到自己的命名作品在市场上取得成功时,整个团队都会为之振奋和自豪。

当然,员工命名产品策略的实施也需要注意一些细节问题。比如,要确保命名的合理性和市场接受度,避免过于个性化或难以理解;同时,要尊重员工的创意和劳动成果,给予他们足够的支持和鼓励。只有这样,才能让员工命名产品策略真正发挥出其应有的作用。

### ||| 落地时刻

现在,轮到你将这份创意与智慧带入你的实体店了。不妨盘点一下你的产品或服务特点,思考一下是否可以借鉴这种员工命名产品的策略来激发团队的创造力和热情。想象一下,员工们围坐在一起为新品命名那种热烈的氛围;想象一下,顾客在听到产品背后的故事时那份好奇与期待;再想象一下,这些含有员工心血与汗水的产品在市场上大获成功时那份由衷的喜悦与自豪,这一切都将为你的实体门店注入新的活力与动力。让员工命名产品策略成为你门店业绩增长的一把利器吧!通过它,你不仅可以赋予产品个性化和差异化,还可以增强团队的凝聚力和合作精神。最终你会发现,实施此策略将带来远超想象的回报。

你的行动

## 第95招

# 制定门店的 SOP，效率提升 37%

在繁忙的餐饮街角，或是人来人往的购物中心，每一家线下实体门店都在为了吸引顾客、提升效率而不断努力。想象一下，当你踏入一家咖啡店，无论是忙碌的早晨还是悠闲的午后，每一杯咖啡的味道都恰到好处，每一次服务都让人感到贴心而专业，这背后，其实离不开一个强大的秘密武器——标准化操作流程（SOP）。今天，我们就来聊聊如何通过这份"秘籍"，让您的门店效率飙升37%，甚至更多。

### 案例95-1：从一杯咖啡说起

故事的主角，是一家从不起眼到声名鹊起的连锁咖啡店。起初，它只是同行业众多竞争者中的一员，但自从店主决定引入SOP后，一切都变了样。

在咖啡制作环节，他们不再依赖咖啡师的个人手感，而是将咖啡豆的研磨粗细、水温控制、萃取时间等细节一一量化，写入SOP手册。这样一来，即便是新入职的员工，也能在短时间内掌握制作一杯完美咖啡的秘诀。顾客们惊喜地发现，无论光顾哪家分店，那熟悉而迷人的咖啡香总能准时抵达味蕾，顾客满意度越来越高。

而服务方面，从顾客推开门的那一刻起，就仿佛踏入了精心设计的旅程。迎宾的微笑、点单的流畅、咖啡的精准送达，每一个环节无缝衔接，整个服务流程就像一个精密的齿轮。这份标准化带来的不仅是工作效率，更能满足顾客需求，提升顾客满意度。

据统计，实施SOP后，这家咖啡店的平均服务时间缩短了近20%，而顾客满意度评分则直线上升，门店的运营效率更是实现了37%的提升。这一切，都源于那份看似简单却充满智慧的SOP手册。

## 第9章 员工——不用 PUA 员工，也会拼命来打工

SOP，门店业绩增长的隐形推手。

（1）效率革命：在快节奏的现代生活中，时间就是金钱。SOP 通过规范流程、减少冗余，让每位员工都能像精密的机器一样高效运转。无须反复确认操作步骤，不再担心新手失误，一切尽在掌握之中，工作高效。

（2）品质守护：在餐饮和零售行业，产品质量是生命线。SOP 确保无论是食材的采购、处理，还是服务的每一个环节，都能达到既定的标准。这样一来，顾客在整个消费过程中享受到的都是一致的高品质服务，利于建立对商家的信任感和忠诚度。

（3）培训加速器：员工入职，最怕的就是"摸不着门道"。而有了 SOP，这一切都变得简单起来。新员工只需按照手册一步步操作，就能迅速上手，减少了对老员工的依赖，也降低了培训成本和时间。

（4）团队黏合剂：在 SOP 的框架下，团队成员之间的协作变得更加默契。每个人都清楚自己的角色和职责，遇到问题也能迅速找到解决方案。这种团队精神，是门店应对各种挑战、实现业绩持续增长的强大动力。

（5）扩张催化剂：若门店规模扩大，如何确保新店也能迅速融入品牌体系，成为一大难题。而 SOP 就像品牌的 DNA，确保新店在开业之初就能与老店保持高度一致。这种标准化管理，能为门店的快速扩张提供有力保障。

那么，应该如何制定属于您的 SOP "秘籍"呢？可以参考以下几点。

（1）深入洞察，细化流程：首先，要对门店的每一个细节进行深入的观察和分析，找出影响效率和质量的关键因素。然后，将这些因素细化成具体的操作步骤和要求，形成初步的 SOP 框架。

（2）以人为本，倾听心声：在制定 SOP 的过程中，千万不要忘记征求员工的意见。他们是最了解门店实际情况的人，他们的建议往往能让 SOP 更贴近实际、更人性化。

（3）试点先行，持续优化：SOP 不是一成不变的，它需要随着市场和门店的变化而不断调整和优化。可以先在某个分店进行试点，收集反馈后再进行修改和完善。这样既能保证 SOP 的实用性，又能激发员工的参与感和归属感。

（4）文化传承，情感链接：在 SOP 的基础上，还可以融入品牌的文化元素和情感链接。比如，在服务流程中加入一些个性化的问候和关怀，让顾客在享受标准化服务的同时，也能感受到品牌的温度和人情味。

## 落地时刻

现在，轮到您了。无论是经营一家小店，还是管理多家连锁门店，制定并执行一套科学、合理的SOP都是提升效率、保证品质、降低成本、增强团队凝聚力的关键。不妨从今天的阅读开始，结合您门店的实际情况，一步步制定属于您自己的SOP"秘籍"。相信在不久的将来，您会惊喜地发现，门店的每一个角落都充满了活力与希望，业绩的增长也如同制定这SOP一样，有条不紊、持续向前。

**你的行动**

_____

_____

_____

_____

## 第96招

# 提前一天发工资，反向操作显奇效

在员工管理中，激励制度的设计至关重要。而薪资作为最直接、最有效的激励手段之一，其发放时机和方式往往能显著影响员工的工作态度和团队士气。通常，企业会选择固定的日期发放工资，如每月的5日、15日或20日。然而，有一种"神奇的反向操作"正在被越来越多的企业所采用，那就是比约定的时间提前一两天发工资。这种看似微小的调整，实际上却能为企业带来意想不到的正向效果。

**案例96-1：意外的惊喜**

想象一下，在一个月光皎洁的夜晚，小李像往常一样期待着15日工资的到来，计划着如何安排这个月的开支。然而，当手机短信提示音

## 第9章 员工——不用PUA员工，也会拼命来打工

响起，他惊讶地发现，工资竟然在14日就悄然到账了。这份突如其来的惊喜，让小李的心情瞬间明媚起来，他意识到，这份工资不仅仅是生活的保障，更是公司对他辛勤付出的认可与关怀。

这家连锁餐饮企业，原本遵循每月15日发放工资的传统。一次偶然的财务操作失误——提前一天发工资，却意外地触动了员工的心弦。管理层在最初的忐忑之后，敏锐地捕捉到了这一变化带来的正面效应：员工们的工作状态更加饱满，笑容更加灿烂，连顾客都感受到了这份不同寻常的热情与温馨。

这次意外的"成功"，让企业管理层陷入了深思。他们意识到，提前发工资这一小小的调整，背后蕴含着巨大的激励潜力。于是，经过精心策划，企业决定将这一"意外"变为常态，不定期地将工资发放日提前一两天，作为对员工努力工作的特别奖励。

提前一两天发工资的策略为何能带来如此显著的效果？它产生的积极影响体现在以下几个方面。

（1）信任与归属的桥梁：在这个快节奏的时代，人的信任与归属感成了稀缺品。提前发工资，就像是在员工与企业之间搭建了一座坚实的桥梁。它无声地告诉员工："我们重视你，你的付出我们看得见。"这种被重视的感觉，极大地增强了员工的归属感和忠诚度，让他们更愿意与企业同舟共济。

（2）温柔缓解经济压力：对于许多员工而言，工资是他们生活的命脉。提前发放工资，意味着他们可以更早地规划生活，应对日常开销，或是实现一些小小的愿望。这种实质性的帮助，使员工生活无忧，从而更加专注于工作，减少员工因个人财务问题而产生的分心与焦虑。

（3）工作动力的源泉：人们常说，付出总有回报。提前发工资，就像是对员工辛勤付出的即时反馈，让他们感受到努力的价值。这种正向的激励机制，激发了员工内在的工作动力，促使他们更加积极地投入工作，追求更高的工作质量和效率。

（4）企业文化的温馨注脚：企业文化，是企业的灵魂所在。提前发工资这一举措，不仅体现了企业对员工的尊重与关怀，更在无形中营造了一种温馨、

和谐的工作氛围。这种以人为本的企业文化，不仅能够吸引更多优秀人才的加入，还能够激发员工的创新意识和团队协作意识，为企业的长远发展注入源源不断的活力。

当然，任何策略的实施都不是一帆风顺的。提前发工资，无疑会对企业的现金流管理提出更高的要求。但正如那句老话所说："办法总比困难多。"通过合理的财务规划和预算管理，企业完全可以在保证正常运营的同时，实现这一激励策略的有效落地。

### ||| 落地时刻

亲爱的店主们，现在正是你们将这份"神奇的反向操作"引入自己门店的绝佳时机。不妨从下个月开始，尝试将工资发放日提前一两天，看看这一小小的改变能为你的门店带来怎样的惊喜。员工是企业最宝贵的资源，当他们感受到来自企业的关怀与认可，他们的工作热情会如同被点燃的火焰，照亮门店的每一个角落。而这份热情与努力，最终将汇聚成推动门店业绩增长的强大动力。

> 你的行动

_____

_____

_____

_____

## 第97招

# 离开公司两年多，每年收礼还多多

在纷繁复杂的商业世界里，人力资源管理常常被视作企业发展的幕后推手。而如何对待那些曾经为公司挥洒汗水，如今已踏上新征途的离职员工，往往能折射出一家企业的温度与格局。过去，不少企业认为，员工一旦离职，便"桥归桥，路归路"，如今，一种更加人性化、富有前瞻性的管理理念正悄然兴起——

即便员工离开了，但企业的关怀依旧相随，这便是"离职员工关怀计划"。

> **案例97-1：温情不减，情谊长存**
>
> 中秋之夜，家家户户团圆赏月时，郑先生收到了来自前就职企业——那家他曾深爱并为之奋斗的某知名企业赠送的礼品。礼盒内，不仅有精致的月饼，还有一封手写的卡片，上面写着："虽已远行，但心仍相连。愿你在新的旅程中，也能感受到家的温暖。"这份突如其来的惊喜，让郑先生的心头涌起一股暖流，也让那段前尘往事，在岁月的长河中多了几分温馨的色彩。
>
>
>
> 这家企业，正是"离职员工关怀计划"的践行者。他们相信，每一位离职员工都是公司宝贵的财富，不仅因为员工曾为公司的发展贡献过力量，更因为员工在离开后，仍能以不同的方式影响公司的未来。因此，无论春秋更迭，每逢佳节，公司都会精心准备礼物，通过邮寄的方式，将关怀送达曾经的奋斗者手中。
>
> 这个小小的举动，在离职员工中激起了层层涟漪。他们纷纷在社交媒体上晒出收到的礼品，讲述着自己与前企业的温馨故事。这些真实而感人的分享，如同一股股清流，汇聚成对企业的高度认可与赞誉。在这个信息爆炸的时代，口碑的力量不容小觑。离职员工的正面反馈，比任何华丽的广告词更能打动人心，企业由此获得了更多潜在客户的关注与信赖。

本案例中的知名企业通过实施"离职员工关怀计划"，不仅传递了企业温情，还收获了离职员工的正面反馈，提升了企业形象。此计划促进了资源再生，增强了在职员工的忠诚度，同时吸引了更多优秀人才。长远来看，这些投入为公司带来了无法估量的回报，是追求长期发展的企业的明智之举，值得线下实体门店借鉴。

（1）资源再生，共赢未来：更为深远的意义是，"离职员工关怀计划"可为企业搭建一座宝贵的资源桥梁。离职员工虽然离开了公司，但他们在新岗位所属的领域继续耕耘，积累了丰富的经验和人脉。老东家通过保持与他们的联系,不仅能够及时了解行业动态,还能在合适的时机,探索合作机会,共享市场资源。这样双方可以互利共赢,让企业的发展之路更加宽广。

(2)激发在职员工,营造和谐:同时,"离职员工关怀计划"如同一股暖流,可以温暖在职员工的心田。当他们看到公司对离职员工都如此用心,自然会更加珍惜现有的工作机会,这样公司间接提升了员工的工作满意度和忠诚度。这种正能量的传递,不仅可以增强团队凝聚力,还能激发员工的工作热情和创新精神,为企业的发展注入源源不断的活力。

(3)吸引人才,共创辉煌:在人才竞争日益激烈的今天,企业自身具有的吸引力往往决定其未来发展的高度。而实施离职员工关怀计划,正是提升企业吸引力的一张王牌。当潜在求职者了解到公司对离职员工的善待时,他们会更加认同公司的文化和价值观,愿意于此就职,将这里作为自己职业发展的舞台。这样的企业,能够在激烈的市场竞争中吸引更多优秀人才的加入。

当然,实施"离职员工关怀计划"也需要投入一定的时间和成本。但从长远来看,这些投入将为公司带来无法估量的回报。无论是品牌形象的提升、市场信息的获取、员工忠诚度的提高还是优秀人才的吸引,都将对公司的业绩提升产生积极影响。

### ||| 落地时刻

实施对离职员工发福利的策略,对于线下实体门店业绩持续增长具有重要意义,你的门店能够做到吗?通过实施"离职员工关怀计划",企业不仅能够维护品牌形象、获取市场信息、提升员工忠诚度,还能吸引更多优秀人才加入。因此,对于寻求长期发展的企业来说,善待离职员工无疑是一项明智之举。

**你的行动**

_____
_____
_____
_____

第 10 章

## 番外
## ——专属增长的攻略,打造赚钱的门店

在经营线下门店时,创业者或老板应兼具顾客视角与专家水平,深入了解顾客需求,制定个性化的增长策略。结合门店特色,通过不断尝试和创新,打造自己门店专属的 DIY 增长攻略,才能让门店在激烈的市场竞争中脱颖而出。保持灵活变通,立足于顾客体验,是实现门店业绩持续增长的关键。

## 第98招

# 顾客视角多体验，增长心里更有数

顾客视角，对于线下门店的创业者或老板来说，是一个至关重要的经营理念。在这个以消费者为中心的时代，只有深入了解并满足顾客的需求，才能在激烈的市场竞争中脱颖而出，实现门店业绩的持续增长。下面，我们将通过案例分析，来探讨顾客视角在门店经营中的重要性。

**案例98-1：**

想象一下，你是一家连锁餐厅的创业者。在餐厅开业初期，你投入了大量的时间和精力来打造独特的菜品、优雅的环境。然而，尽管你付出了很多努力，餐厅的生意却始终没有达到你的预期。你可能会感到困惑和沮丧，不知道问题出在哪里。

这个时候，你需要做的，就是换位思考，从顾客的角度出发，重新审视你的餐厅。你可以尝试扮演一个普通顾客，亲自去餐厅用餐，体验从进门到离店的整个过程。你可能会发现，虽然你的菜品美味独特，但菜单设计过于复杂，让顾客在选择时感到困惑；虽然你的餐厅环境幽雅，但背景音乐过于吵闹，影响了顾客的用餐体验；店内服务虽然周到，但服务员的态度不够亲切，让顾客感到不适。

这些问题，只有当你真正站在顾客的角度去体验，才能深切地感受到。发现了这些问题后，你就可以针对性地进行改进。例如，你可以简化菜单，让顾客一目了然更容易做出选择；调整背景音乐的音量和风格，营造轻松、愉快的用餐环境；加强服务员培训，提升他们的服务态度和专业水平。

**案例98-2：**

除了餐饮行业，顾客视角在商品零售、美容美发、教育培训等各行业的线下门店经营中都同样重要。以一家时尚服装店为例,老板扮演顾客,来体验消费感受,其中包括店铺的陈列、试衣间布局、收银服务等方面。在这个过程中,老板发现,虽然店铺的服装款式新颖时尚,但陈列过于杂乱,不方便顾客挑选;试衣间的灯光和环境不够舒适,影响顾客的试衣体验;收银过程烦琐,浪费时间。针对这些问题,老板做出相应的改进,包括优化陈列方式、改善试衣间环境、简化收银流程等,从而提升顾客的购物体验,促进销售业绩的增长。

**案例98-3:**

再来看一个美容美发店的例子。老板亲自体验美发服务,从预约、洗发、剪发、染发等各个环节去发现顾客可能遇到的问题。包括预约过程是否便捷?洗发液的味道和水温是否适宜?剪发和染发过程中,美发师是否注重与顾客的沟通,尽量去了解顾客的需求和期望?通过亲身体验,老板可以精准地找到服务中的不足,进而改进,提升顾客对店铺的满意度和忠诚度。

**案例98-4:**

在教育培训行业,顾客视角同样重要。教育机构的创办者或负责人可以亲自试听一些课程,从学员的角度出发,去感受课程的质量、教师的教学风格以及教室的设施设备使用效果等。这样,老板可以直观地了解学员的学习体验,从而针对性地优化课程内容和教学方式,提高学员的学习效果和满意度。

通过以上的案例分析,我们可以看到,顾客视角在门店经营中的重要性不言而喻。作为创业者或老板,应时刻保持对顾客需求的敏感度,及时发现和解决顾客在消费过程中可能遇到或是已经遇到的问题。只有这样,老板才能真正做到"增长心里更有数",达到实现门店业绩的持续增长。

总之,"顾客视角多体验,增长心里更有数"这一招数的核心在于换位思考和理解顾客。通过深入了解和满足顾客的需求,打造更优质的门店消费体验,提升顾客对店铺的满意度和忠诚度,从而实现门店业绩的持续增长。在这个过程中,商家不仅需要用心去感受顾客的体验,更需要用行动去回应顾客的期待,不断优化和改进门店的服务或产品质量。

### ▎落地时刻

现在，请结合你门店产品或服务的特点，尝试以顾客视角来增强门店客户体验度吧。例如，定期组织员工进行角色扮演，让员工从顾客的角度出发去体验门店的服务和产品，从而培养他们的顾客意识和服务意识。同时，也可以利用社交媒体和在线平台的客户评价等渠道，收集并分析顾客的反馈意见，更加精准地了解顾客的需求和期望，为进一步改进和优化产品或服务提供依据。长此以往，保持精进，最终确保线下门店业绩的持久增长。

**你的行动**

_____
_____
_____
_____

## 第 99 招

# 专家顾问型老板，保障增长更见长

在门店经营中，创业者或老板的专业水平是确保业绩持久增长的关键因素之一。一个具备专业知识和顾问能力的老板，不仅能够为门店的运营提供科学的指导，还能够在激烈的市场竞争中为门店赢得更多的机会和资源。接下来，我们将通过几个不同行业的案例，来探讨老板或经营者的专业度对于门店业绩增长的重要性。

> **案例 99-1：**
>
> 在餐饮行业中，老板的专业度直接关系到菜品的品质、服务的水平和门店的整体运营。假设有两家相邻的餐厅，其中一家餐厅的老板是资深的厨师出身，对食材的挑选、菜品的烹饪和口味的调配都有着独到的见

解。而另一家餐厅的老板则对餐饮行业了解不多,主要依赖雇用的厨师和经理来运营门店。在相同的市场环境下,哪家餐厅更有可能取得成功呢?

显然是第一家餐厅。因为资深厨师出身的老板能够确保菜品的品质和口味始终保持在行业前列,他还能根据市场变化和顾客反馈及时调整菜品结构和烹饪方法,以满足不同顾客群体的需求。老板专业度赋予第一家餐厅的竞争优势,是第二家餐厅所无法比拟的。

**案例99-2:**

在零售行业中,老板的专业度同样至关重要。以一家售卖户外用品的门店为例,如果老板是户外运动的爱好者,并且对各类户外用品的性能、品质和价格都有深入的了解,他就能够为顾客提供更加专业的购物建议,帮助顾客挑选最适合自己的产品。同时,他还能够根据市场动态和消费者需求,及时调整进货策略和库存管理,确保门店始终有货可卖,且产品种类丰富、品质上乘。

相反,如果一个户外用品店的老板对户外运动和户外用品一知半解,他很可能无法准确判断哪些产品是受市场欢迎的,哪些产品可能存在质量问题。这样一来,门店的货品结构就可能出现问题,导致顾客流失和业绩下滑。

**案例99-3:**

在美容美发行业中,老板的专业度更是直接关系到门店的生死存亡。一个具备专业知识和技能的美发店老板,不仅能够为顾客提供个性化的发型设计和修剪服务,还能够根据顾客的肤质、发质和脸型,为其推荐最适合的护发产品和美容方案。这种专业度不仅能够提升顾客对门店的满意度和忠诚度,还能够为门店带来更多的口碑宣传和回头客。

而如果美发店的老板缺乏专业知识和技能,他很可能无法满足顾客对于发型和美容的高标准要求。这样一来,顾客就会对门店失去信心,转而选择其他更专业的美发店。长此以往,门店的业绩必然会受到严重影响。

通过以上三个案例的分析，我们可以清楚地看到老板或经营者的专业度对于门店业绩增长的重要性。一个具备专业知识和技能的老板，能够为门店的运营提供全方位的指导和支持，帮助门店在激烈的市场竞争中脱颖而出。

那么，老板或经营者如何提升专业度呢？首先，可以通过参加行业培训、研讨会和交流活动等方式，不断学习和掌握最新的行业知识和技能。其次，还可以积极引进和培养专业人才，借助他们的力量来提升门店的整体运营水平。最后，还应该保持敏锐的市场洞察力，及时捕捉市场动态和消费者需求的变化，以便做出更加明智的决策。

||| 落地时刻

"专家顾问型老板，保障增长更见长"这一招数的核心在于强调创业者或老板的专业度对于门店业绩增长的重要性。你能看到这里，说明你买了这本书，你本身也是位爱学习的创业者，你可以继续学习，提升自己，为门店的运营提供更加科学的指导和支持，从而实现门店业绩的持续增长。同时，老板注重专业度的提升，还能够为门店赢得更多的顾客信任和口碑宣传，为门店的长远发展奠定坚实的基础。

**你的行动**

_____
_____
_____
_____

## 第100招

# DIY 小攻略实验，让增长立竿见影

通过对本书的阅读，你已经学习了前面的 99 招，现在，是时候将这些宝贵的经验与你门店的独特性相结合，打造出属于你自己门店的增长攻略了。第

100招，这一招，我们称之为"DIY小攻略实验"，它将是你实现门店业绩增长的关键一步。

每一家门店都有其独特之处，无论是产品特性、服务风格，还是客户群体，都各具特色。因此，将通用的增长策略与你的门店特点相结合，是提升业绩的必由之路。现在，就请你拿起笔来，参考前面99招的启发，开始设计你的DIY增长攻略吧！

首先，回顾一下你的门店在哪些方面做得最出色。是产品质量、服务水平，还是客户体验？找出这些亮点，并思考如何在此基础上进行放大。例如，如果你的门店以手工烘焙蛋糕为特色，那么你可以考虑开设烘焙课程，吸引更多对烘焙感兴趣的客户，同时通过课程销售更多的烘焙原料和工具。

接下来，分析你的客户群体。他们是谁？他们的需求和偏好是什么？如何通过定制化的产品或服务来满足他们？如果你的门店主要服务于年轻妈妈群体，你可以考虑推出针对儿童的健康零食或亲子活动，以吸引这一特定客户群体。

在制定DIY增长攻略时，不要忘记利用社交媒体和线上渠道进行推广。通过精心策划的线上活动，你可以扩大品牌知名度，吸引更多潜在客户。例如，你可以在社交媒体上发起一场"最美烘焙作品"的投票活动，鼓励客户分享他们在你的门店购买的烘焙原料制作的作品，这样既能增强客户黏性，又能吸引新的客户关注。

此外，你还可以考虑与其他相关行业进行合作，共同开展促销活动。比如与当地的咖啡店合作，推出"买蛋糕送咖啡"的优惠活动，通过互惠互利的方式吸引更多客户。

当然，创新是持续增长的关键。在DIY小攻略实验中，不要害怕尝试新的方法。你可以定期推出新品试吃活动，收集客户的反馈并不断优化产品。或者尝试实行会员制度，为忠实客户提供更多优惠和特权，以增加他们的复购率。

在实施DIY增长攻略的过程中，务必保持灵活变通。市场环境和客户需求是不断变化的，你需要根据实际情况随时调整策略。同时，密切关注行业趋势和竞争对手的动态，以便及时调整自己的经营策略。

最后，不要忘记持续学习和改进。经营门店是一个长期的过程，只有不断学习新知识、掌握新技能，才能在激烈的市场竞争中立于不败之地。你可以参加行业相关的研讨会或培训课程，与同行交流经验心得，共同提升经营水平。

总之,"DIY 小攻略实验"意味着你需要结合自己门店的特点进行创新和尝试。通过深入分析客户群体、市场需求以及行业趋势,制定出独具特色的增长策略。记住:只有敢于尝试和不断创新,才能在实体门店经营的道路上走得更远、更稳。

### ‖‖ 落地时刻

请开始你的 DIY 小攻略实验吧!用你的智慧和创意为门店带来源源不断的增长动力!在这个过程中,你将会发现无数可能性和新的机遇。不要害怕失败,因为每一次的尝试都是向成功迈进的一步。祝你实验成功,门店业绩蒸蒸日上!

**你的行动**

---

---

---

实体门店的经营并非一成不变,而是需要不断地创新和调整。通过 DIY 小攻略实验,你不仅能够找到适合自己门店的增长策略,还能够在实践中不断提升自己的经营能力。记住,持续增长的关键在于不断学习和改进,以及勇于尝试新的方法和策略。愿你在实体门店经营的道路上越走越宽广!

# 结语：实体门店经营仍有无限可能

感谢您，亲爱的读者，选择了这本书，并耐心地阅读到最后。在这漫长的旅程中，我们一同探索了实体门店业绩增长的百种策略。您的陪伴，是我继续前行的动力。

在这个数字化时代，有人或许会质疑：实体门店是否还有未来？而我想告诉您，实体门店的未来依然可期，而且它还拥有无限的可能性。

线下门店，是我们日常生活离不开的购物场所，本书就此探讨，从精心策划的引流妙招，到别出心裁的锁客策略，再到深入骨髓的数据分析，每一个环节都蕴藏着巨大的商业智慧。

本书介绍的100招并非孤立的技巧，而是一个相互关联、相互促进的有机整体。它们共同构成了实体门店增长的完整图谱，为创业者们指明了一条可行的道路。

线下门店的优势在于它能够提供真实的、可触摸的购物体验。顾客可以亲身感受产品的质地、颜色、大小，这种直观的购物体验是线上购物所无法替代的。而我们所探讨的这100招，正是为了放大这一优势，让顾客在享受购物体验的同时，也能成为门店的忠实拥趸。

无论是通过巧妙的引流策略吸引顾客进店，还是通过精心设计的锁客技巧留住顾客的心，抑或通过科学的数据分析来优化商品结构和销售策略，都是为了提升顾客的购物体验，增加他们的满意度和忠诚度。

当然，实体门店的业绩增长并非一蹴而就。它需要创业者们不断地尝试、探索和创新。但正是这些努力和挑战，让实体门店的未来变得更加值得期待。

在未来的日子里，线下门店将继续发挥其独特的魅力，成为创业者们实现梦想的舞台。它不仅是一个购物的场所，更是一个社交、体验和互动的平台。在这里，顾客可以找到志同道合的朋友，分享彼此的购物心得和生活经验；在这里，创业者可以实现自己的商业理想，创造社会价值和经济价值。

实体门店的未来并不局限于眼前的模样，它有着无限的可能性和潜力。随着科技的进步和消费者需求的变化，线下门店将不断焕发出新的生机与活力。

因此，我坚信：无论是为了养家糊口，还是为了实现财务自由，实体门店都是创业者们值得投入和努力的领域。在这个充满变革与机遇的时代，让我们一起携手前行，共同探索实体门店的无限可能吧！

最后，我要向所有选择并读完这本书的读者表示衷心的感谢。是您的支持和鼓励让我有动力继续前行。同时，我也要向所有在实体门店领域奋斗着的创业者们致以最崇高的敬意。您的努力和拼搏是这个世界变得更加美好的重要力量。

愿您的门店生意兴隆、财源滚滚；愿您的创业之路充满阳光与希望；愿您所愿皆可实现、梦想成真！在未来的日子里，让我们一起见证实体门店的辉煌吧！